KB050645

문화예술지원론

체계와 쟁점

김진각
지음

Culture and Arts Support Theory

박영사

머리말

문화예술이 갖는 가치와 의미를 부연 설명하는 것은 진부한 시도일지도 모른다. 문화예술이란 더이상 특정 계층의 전유물이 아닌, 이미 우리의 삶에 깊숙이 자리잡고 있는 일상이나 마찬가지인 까닭에서다.

문화예술정책은 문화예술 발전을 위한 거대한 기둥이자 동시에 나침반 같은 것이다. 우리나라를 비롯하여 영국, 미국, 프랑스, 캐나다 등 문화예술에 대한 투자를 아끼지 않고 있는 주요 나라들은 문화예술정책의 틀 속에서 문화예술 분야를 적극적으로 지원하고 있다. 다만 지원의 형태가 국가 주도형인지, 민간 주도형인지가 다를 뿐이다. 이러한 관점에서 문화예술지원정책은 문화예술의 미래를 결정하는 중차대한 과업이라고 해도 과언이 아닐 듯하다.

사실 문화예술지원정책을 학문적으로 다룬 학술 서적은 적지 않다. 문화정책과 문화행정, 예술경영 등을 종합적으로 묶어 소개하면서 문화예술 전공 학생들과 현장 실무자들의 개념적 이해를 돕고 있다. 하지만 문화예술정책의 핵심이라고 할 수 있는 지원과 관련한 담론을 주요 사례와 쟁점을 곁들여 심층적으로 다룬 이론서를 찾아보긴 어렵다.

이 책의 발간은 이러한 문화예술지원 관련 전문 서적에 대한 갈증이 시발이었다. 대학 학부에서 문화예술정책 수업을 하면서, 현장의 문화예술인들을 만나 예술지원에 관한 이야기를 나누어보니, 예술지원 분야를 이론적으로 뒷받침해줄 학술 서적의 필요성은 점점 커질 수밖에 없었다. 문화예술의 발전은 갈수록 속도를 내는 모양새이지만, 정작 이것의 토대가 되는 문화예술지원은 어떠한 체계와 구조로 이루어져 있는지, 현실적 문제점과 주요 쟁점은 무엇인지, 해결 방안은 또 어떻게 설정해야 하는지 등에 대한 연구 결과물이 녹아든 이론서가 절박했던 것이다.

이 책은 문화예술지원과 관련한 기본적인 이해와 함께 주요 이론, 예술지원기관을 둘러싼 다양한 쟁점을 집중적으로 분석하고 있다. 또한 영국, 프랑스, 미국 등 문화예술 선진국 예술지원의 현황과 시사점도 함께 다루면서 한국적 상황에서 벤치마킹해야 할 정책적 포인트를 짚고 있으며, 특히 우리나라의 대표적인 예술지원기관인 한국문화예술위원회의 운영 사례를 중심으로 예술지원체계를 집중적으로 분석함으로써 문화예술지원의 올바른 방향성을 제시하고 있다. 이 책에서 이론에 근거한 집중적 분석 대상은 한국문화예술위원회임을 밝혀둔다.

한국문화예술위원회를 논의의 한가운데에 두면서 문화예술지원 관련 주요 이론과 체계, 쟁점을 전문적으로 다룬 첫 학술서가 될 이 책이 문화예술을 전공하는 학부생과 대학원생 외에도 수많은 연구자들, 정부와 지방자치단체 공직자들, 문화예술단체 및 기관 종사자들, 현장 문화예술가들에게 사고의 폭을 넓힐 수 있는 정보와 담론을 함께 제공할 것으로 기대한다.

2021년 5월
서울 강북 연구실에서
저자 김진각

CONTENTS

차례

+ **PART**

02 문화예술지원 주요 이론

CHAPTER 04 **문화예술 거버넌스의 이해**

CHAPTER 05   네트워크 거버넌스 분석을 위한 제도주의 논의

+ PART

03   문화예술 지원체계 분석

CHAPTER 06   주요 국가 문화예술 지원체계

+ PART

05 결론

CHAPTER 11	문화예술 지원체계 재설정

PART

01

서론

CHAPTER

01
문화예술정책의 기본적 이해

　문화예술정책의 개념을 한마디로 규정하는 것은 대단히 어려운 작업이다. 이것은 문화예술정책에 대한 통일된 개념 정의가 없다는 의미로 볼 수 있다. '문화예술 발전이라는 목표를 향하여 공권력의 배경 하에 문화예술정책을 형성 내지 결정하며, 이를 능률적이고 효과적으로 집행하는 합동적 집단행위'[1]라는 정의에서부터 '정부 등 공공기관이 예술을 발전시키고 국민들의 문화적 삶의 질을 높이기 위해 문화예술 부문에 개입하는 일련의 행위 및 상호작용'[2]이라는 규정, 그리고 '국가단위가 추구하는 문화예술에 대한 이상적 목표를 국가 개입을 통하여 수행하는 과정'[3] 등의 해석에 이르기까지 매우 다양한 견해들이 제시되어 있다.

　이처럼 문화예술정책 개념과 관련한 다양한 정의의 공통 키워드는 '정부'와 '행위'로 압축할 수 있다. 즉, 정책의 주체라고 할 수 있는 정부가 문화예술의 가치를 획득하거나 유지하고, 부가 및 증대시키기 위

1　이종인, "문화예술행정이란 무엇인가,"『문화예술』통권 104호(1986), pp.34~38.
2　임학순, 『창의적 문화사회와 문화정책』(진한도서, 2003), pp.53~56.
3　정갑영, "우리나라 문화정책의 이념에 관한 연구,"『문화예술정책논총』제5집(한국행정학회, 1993).

하여 의도하는 종합적인 생각, 행동, 대안 방침과 계획으로 논의를 확장할 수 있는 것이다.

또한 문화예술정책은 보다 거시적으로 정의되기도 한다. 문화주의에 입각한 문화예술의 본질적인 진흥과 국민의 문화적 삶의 증진을 도모하고 창조적인 문화 활동과 그 결과로서의 문화적 가치 창출을 돕는 정책적 활동[4]이라는 것이다.

문화예술정책을 실질적 접근과 분석적 접근으로 분류[5]하는 시각도 있다. 정부의 실제 문화예술정책의 내용을 조사하여 이를 문화예술정책의 범주로 수용하는 방법이 실질적 접근이라고 한다면, 분석적 접근은 일정한 논리실증적 기준에 따라 문화예술정책의 범주를 정하는 방법으로 규정된다.[6]

I 한국의 문화예술정책 개관

1. 정책 부처의 변화

전술한 문화예술정책의 다양한 개념들을 압축하자면, 국가 차원의 문화예술 발전 목표를 달성하고 이를 실현하기 위한 구체적인 문제 해결 과정으로 정의할 수 있다.[7] 이러한 맥락에서 문화예술정책 수립 및

---

4 박광무, "한국 문화정책의 변동에 관한 연구: 정책기조와 핵심정책을 중심으로," 성균관대학교 국정관리대학원 박사학위논문(2009).

5 정홍익 외, 『문화행정론』(대영문화사, 2008).

6 현실적으로는 실질적 접근에 의한 문화예술정책 영역의 설정이 타당한 방법이라고 할 수 있다. 금성희, "문화예술정책 제도변화에 관한 연구," 단국대학교 대학원 박사학위논문(2017), p.52.

7 김형수, "한국 정부의 문화정책에 대한 비교 고찰: 정책 목표와 기능을 중심으로," 『서석사회과학논총』 제3권 1호(조선대학교 사회과학연구원, 2010), pp.161~162.

집행 업무인 문화예술 행정은 문화예술 발전의 목표를 달성하기 위한 계획적이고 협동적인 노력인 동시에 인적·물적 자원의 동원과 관리 과정을 통해 문화예술정책을 형성하고 이를 합리적으로 구체화하는 것으로 이해할 수 있다.

1) 문화부의 탄생

정부 수립 이후 한국의 문화예술정책은 다양한 경로를 통해 변화해 왔다. 초기 문교부에서 문화공보부로 분리되어 정책집행 기관을 담당해 왔으며, 공보기능과의 중첩성으로 인하여 문화 기능의 독립성에 대한 요구가 지속되어 왔다. 1968년 이후 '문화공보부' 체제로 유지됐던 문화 관련 부처는 1990년 노태우 정부에 이르러 공보기능과 분리된 '문화부'라는 명칭을 갖게 되었다.**8** 짧은 기간이지만 1990년에 출범한 '문화부' 독립 체제는 문화예술 분야를 전담한 독립 부처 체제를 유지했다는 점에서 의미가 있다. 김영삼 정부 출범과 함께 개편된 '문화체육부'는 문화·예술, 국정홍보, 체육·청소년, 관광 등의 복합 기능을 담당하였다. 1998년 김대중 정부는 '문화관광부'로 명칭을 변경하였고, 1999년 3월 공보기능은 '국정홍보처'로 분리하였다. 이명박 정부의 출범과 함께 정부조직법의 개정에 맞추어 국정홍보처, 문화관광부, 체육청소년부를 통합하여 '문화체육관광부'로 명칭을 변경하였다. 이같이 문화·예술 관련 정부 조직은 공보, 체육, 관광 등과 연계된 정책 대상으로 관리됐으며, 정권의 특성에 따라 기능이 조정되거나 예산이 축소

---

8 1989년 12월 30일 「정부조직법(법률 제4183호)」에 따라 문화부와 공보처를 분리하고, 1990년 1월 3일 대통령령 제12895호에 의해 '문화부'를 신설하였다. 김영삼 정부의 출범과 함께 1993년 3월 6일 대통령령 제13869호에 의해 문화부는 체육청소년부와 통합하여 '문화체육부'로 변경되었다.

되는 등의 문제점을 안고 있었다. 이러한 흐름은 문화·예술 정책을 독립하여 정치적·행정적 이해관계로부터 자율성을 보장하는 서구의 사례들과 차이를 갖고 있다.

2. 예술위원회 체제의 출범

이와 같은 관점에서 2005년 노무현 정부 중반에 출범한 '한국문화예술위원회'(한국예술위)[9]는 상징적인 성과로 살필 수 있다. 독임제 예술지원 기관으로 기능해 왔던 한국문화예술진흥원[10]이 합의제 기구인 한국예술위로 기능 변경이 이루어졌다는 것은 후술한 문화예술지원정책의 패러다임이 관료 체제에서 현장 예술인 중심으로 변경되었음을 시사하기 때문이다.

문화예술지원정책의 논의 과정에서 한국예술위가 갖는 의미와 비중은 지대하다고 볼 수 있다. 대표적인 예술지원기구로서 한국예술위에 대한 정확한 이해 없이는 예술지원정책의 이해 또한 난망하다.

1) 합의기구

한국예술위 출범 이전까지 현장의 문화예술 전문가들은 정부 지원정책의 단순한 수혜 대상으로 위치했으며, 문화예술계 내재적 문제에 대한 개선점이나 미래지향적 대안 수립을 위한 정책적 대응에서는 소외됐던 경향이 강했다. 이러한 문제점을 개선하기 위해 등장한 한국예술위는 합의기구로의 전환과 함께 현장의 문화예술 전문가들이 직접

---

9 한국문화예술위원회의 영문 표기는 ARKO(Arts Council Korea)임을 밝혀둔다.
10 한국문화예술진흥원은 1972년 8월 14일 제정된 '문화예술진흥법'에 근거해 출범했으며, 1973년 10월 11일 개원했다.

정책을 입안하고 집행의 근거를 입안할 수 있는 교두보를 마련하였다는 점에서 의미를 부여할 수 있다. 동시에 이는 한국예술위가 예술지원체계의 핵심적인 역할을 하게 됐음을 규정한 것으로 파악할 수 있고, 문화예술계의 폭넓은 지지 속에 그 역할과 기능에 대한 기대 또한 컸던 것으로 이해된다.

무엇보다도 위원회 체제가 시행되면 진흥원 체제에서는 접근이 쉽지 않았던 예술지원정책의 자율성 및 독립성이 확보될 수 있을 것이라는 점에서 문화예술계의 기대를 반영하였다. 한국예술위의 출범은 문화예술정책의 자율성과 독립성을 보장하는 일반 원리로서 '팔길이 원칙'11을 운영 원리로 부각하였다는 점에서 의미를 갖기 때문이다.

2) 내재적 혼선

그동안 우리나라의 문화예술정책은 정치 권력의 특성에 따라 국정홍보에 동원되거나, 권위주의 정권의 체제 유지 수단으로 작용해 왔다는 점에서 비판의 여지를 남기고 있다. 이러한 연유로 인하여 문화예술인들의 창작 및 제작 환경이 왜곡됨은 물론 시민들의 문화예술 향유권 확보라는 문화예술정책 이념의 실현을 기대하기 어려운 정책 환경이 조성되었다. 이러한 정책 환경에서는 문화예술인과 시민의 요구에 기반을 둔 일관성 있는 문화예술정책의 수립이라는 전략적인 비전 제시에는 역부족이었던 것으로 분석할 수 있다.

문화예술계의 내재적인 혼선과 이해충돌 문제 또한 문화예술정책

---

11 이론적으로 팔길이 원칙은 예술지원의 재원은 항상성을 유지하되, 정부나 정당의 정치적 이해관계를 비롯하여 예술계의 각종 이해관계에 따른 불합리한 간섭을 받지 않아야 한다는 것을 의미한다. 즉, "지원은 하되 간섭하지 않는다."라는 것이 핵심 개념이다. 팔길이 원칙과 관련한 내용은 제2장에 상세하게 서술되어 있다. 이민아, "예술지원정책의 자율성에 관한 연구 – 한국문화예술위원회의 예산분석을 중심으로," 서울대학교 대학원 박사학위논문(2018) 참고.

의 일관성을 유지하는 데 장애 요인으로 살필 수 있다. 한국예술위의 출범과정에서 이념적 성향을 달리하는 문화예술단체 간의 갈등과 문화예술 장르별 구성원들 간의 이해충돌은 대표적인 사례이다.

Ⅱ 문화예술지원정책

1. 문화예술지원의 함의

문화예술정책의 핵심은 문화예술단체와 기관, 예술가들의 창작 활동과 운영을 돕는 지원정책이라고 할 수 있다. 문화예술 분야의 공공지원 의존이 특히 높은 한국적 상황에서 이러한 특성은 두드러진다.

문화예술정책은 지원정책, 향유정책, 문화산업정책 등 크게 세 가지로 분류할 수 있으며, 이 중에서 학문적으로도 문화예술지원 관련 정책 논의가 가장 활발한 편이다. 최근에는 문화예술 향유정책을 별도의 정책이 아닌 지원정책의 범주에 포함시켜 논의하는 분위기도 적지 않다.

문화예술지원이란 기본적으로 공공지원의 의미를 내포하고 있다. 문화예술 활동에 필수적으로 동반되는 재원을 중앙 정부나 지방자치단체에서 지원해주는 것을 통칭하는 개념이다. 특히 우리나라의 경우 중앙정부가 직접적으로 문화예술 분야를 지원하기보다는 한국문화예술위원회를 축으로 예술경영지원센터 등 정부 산하의 예술지원기관들이 지원 사업 관련 업무를 총괄하고 있다.

문화예술지원정책은 문화예술 분야 공공지원을 위해 필요한 제도와 구체적인 방안을 법령 제정 등을 통해 정함으로써 예술지원에 대한 정당성을 확보하고 있는 것이다.

이처럼 공공 영역에서의 문화예술지원뿐만 아니라 기업이나 개인 등 민간 영역에서도 메세나[12]와 기부[13] 등을 통한 예술지원이 활발히 이루어지고 있다. 요약하자면, 공공 영역의 문화예술지원은 세금 등 공공재원이라는 수단을 통해 중앙 정부와 지방자치단체에 의해 이루어지고 있으며, 민간 영역은 문화예술 활동에 관심이 많은 기업과 개인들의 지원이 바탕이 되고 있는 것이다.

2. 문화예술지원 관련 주요 모델

1) Titmuss 모델

정부의 문화예술지원과 관련한 주요한 논의는 문화예술지원 동기와 결부되어 있다. 이에 관해서는 Titmuss가 제시한 모델로 설명이 가능하다.[14]

첫째, 황금시기 모델(The glory Model)은 국가 통치자와 정부는 그들이 지배했던 시절이 국민국가의 전성기나 황금시대였고, 통치시기가 문명화되었다고 기억되길 바라는 희망을 현실화시키는 방법의 하나로 문화예술을 지원한다는 것이다. 1981년부터 14년 동안 프랑스를 통치했던 미테랑 정부에 의한 새로운 바스티유 오페라하우스 건립 등이 여기에 해당한다. 이 모델은 주요 통치수단으로서 문화예술을 대하는 국가의 시각을 반영한다고 볼 수 있다.

---

12 메세나(mecenat)는 기업의 문화예술지원 활동을 의미하는 용어다. 로마제국 당시 문화예술가들에게 지원을 아끼지 않았던 정치인 마에케나스(Maecenas)의 이름에 기원했으며, 기업의 이미지 등에 미치는 영향이 적지 않아 재계에서는 '제3의 경영'으로 불리고 있다.

13 후원의 가장 대표적인 방법인 기부는 대가성은 없지만 금전적인 액수로 파악 가능한 형태를 뜻하는데, 재원 등의 물질적인 요소가 수반된다.

14 한국문화관광정책연구원, 『예술지원의 원칙과 기준에 관한 연구』(한국문화관광정책연구원, 2005), pp.13~15.

둘째, 위안 제공 모델(The Palacebo Model)은 엔터테인먼트 관점이 드러난 경우다. 즉, 국가는 고난의 시기에 국민들이 겪은 어려움과 분노를 달래기 위해 예술을 지원해 국민들에게 기쁨과 즐거움을 제공해 주고자 한다는 것이다. 이 모델의 대표적인 사례로는 미국이 대공황 시기에 연방차원에서 기획한, '대중들을 위한 예술 지원 프로그램'(Art for the Millions)이 꼽히고 있다.

셋째, 보상 모델(The Reward Model)은 예술단체가 국민에 대한 봉사로 대가를 받을 만하다고 여겨질 때 국가가 그 단체의 예술 활동을 장려하고 지원해준다는 개념이다. 영국 정부가 제2차 세계대전 중 드라마와 음악 등으로 어려움에 처한 국민들을 위해 위문공연을 한 '국가오락연예서비스협회'(ENSA: Entertainment National Services Association)를 후원한 사례를 들 수 있다. 이 협회는 전쟁이 끝난 뒤 문화예술에 대한 최초의 국가 지원 모델로 평가받고 있는 영국예술위원회[15]로 발전하게 된다.

넷째, 국민 교육 모델(The Education Model)은 대중들의 행동과 생각을 교화하기 위한 교육용으로 예술지원이 이뤄진다고 보고 있다. 독일의 히틀러와 소련의 스탈린 치하에서 정부가 사상적, 이념적, 정치적으로 허용하는 예술을 장려했던 경우가 여기에 해당한다. 이 모델은 많은 논란에도 불구하고 훗날 예술교육의 중요성을 촉발시키는 방향으로 논의가 확대되는 데 기여한 측면이 있다.

다섯째, 상업적 모델(The Commercial Model)로 문화예술 작품 등 콘텐츠가 유·무형의 상업적 이득을 유발할 수 있는 '상품'으로 간주되면서, 이 같은 상품 판매량을 높이기 위해 정부가 지원하는 유형으로 볼 수 있다. 예컨대 영국 정부가 로열 셰익스피어극장을 명소로 홍보하고

---

15 영국예술위원회는 자율적이고 독립적인 운영으로 세계적으로도 예술지원의 전형으로 분류된다. 이에 대해서는 제6장에 상세하게 서술되어 있다.

지원하면서 유무형의 국부를 창출해내고 있는 식이다. 상업적 모델은 문화예술을 산업적 관점에서 논의할 때 유용한 분석 틀이라고 할 수 있다.

2) 공공서비스 모델

이 밖에 공공서비스 모델(The Service Model)과 정부 대체 모델(The Compensatory Model)도 Titmuss의 문화예술 지원 모형에 포함되며, 이 가운데 공공서비스 모델은 정부가 예술 자원을 공공재로 인식하고 대중들이 이를 널리 이용할 수 있도록 공공서비스 차원에서 예술을 지원해주는 것을 의미한다. 이 모델은 영국과 프랑스, 독일 등 유럽 대다수 국가들의 문화예술 지원 근거로 활용되고 있다. 정부 대체 모델은 민간 문화예술 시설이나 기관 운영이 경영난 등으로 불가능해졌을 때 정부가 운영 시스템을 대신 맡는 형태를 지칭한다. 과거 독일 주정부가 민간 소유였던 오페라하우스의 경영을 대신한 사례가 있지만, 문화예술 지원의 타당성 논란이 여전한 현실을 감안하면 보편적인 모델로는 보기 힘들다.

Ⅲ 문화예술 향유정책

1. 문화예술 향유와 문화복지

문화예술 향유정책은 좁게는 문화예술을 소비하는 수요자와 소외계층 등 문화예술 사각지대에 놓여 있는 특정 계층과 관련한 정책이며, 범위를 좀 더 넓히자면 모든 국민을 대상으로 하는 정책으로 볼 수 있다.

우리나라의 경우 1980년대 이후 국민의 삶을 증진하기 위해 향유자 중심의 문화예술정책이 시행되기 시작했음을 감안하면 문화예술 향유정책의 역사는 일천한 셈이다.

문화예술 향유정책은 문화복지 정책의 개념으로 이해하기도 한다. 이 과정에서 문화복지를 사회복지의 한 분야로 간주해야 할지, 확장된 문화예술정책의 고유 영역으로 간주할 것인지에 대한 논란은 적지 않다. 전자의 논의는 사회보장기본법의 사회서비스에 명시적으로 문화서비스와 문화생활도 포함되어 있어 협의의 사회보장 관점에서 접근해야 한다는 논리다. 후자는 명확한 사회복지의 관점보다는 각국의 사회복지 징책의 관점에 따른다는 현실적 접근을 하기도 한다.[16] 이 관점은 문화복지 정책은 별개의 용어로 다루어야 한다는 것으로, 논의를 확장하면 문화예술 향유정책은 사회복지 정책이 아닌 문화예술정책의 틀에서 봐야 옳다는 인식인 것이다.

1980년대 이후부터 문화예술정책이 본격적으로 소개되고 현장에 시행되면서 인프라 조성과 문화예술활동 지원에 무게 중심을 두었으나, 점차 수요자 대상 정책과 지원의 필요성이 대두되었다. 이 때 문화복지 개념이 등장했으며, 문화예술 향유정책과 거의 비슷한 의미로 사용되었다.

1) 정책의 방향성

문화예술 향유정책이 본격화된 시기는 국민들의 삶의 질 제고가 국정의 주요 과제로 부상한 김영삼 정부 시절이다. 당시 문화복지기획단을 설치하고 문화예술 향유정책, 즉 문화복지의 개념 정립과 기본계

---

16 정광렬, 『맞춤형 문화복지 정책 및 서비스 전달체계 구축방안 연구』(한국문화관광연구원, 2015), p.15.

획 수립 및 추진 등을 시도하였다. 하지만 이러한 문화예술 향유정책
은 외환위기를 맞으면서 기본 계획만 마련된 상태에서 실제 시행은 불
가능하게 되었다.

문화예술 향유정책과 관련한 최대 쟁점은 선별적 정책과 보편적
정책의 양대 방향성이다. 즉, 향유정책의 지원 대상을 모든 국민으로
해야 할지, 아니면 취약계층 중심으로 해야 할지가 화두인 것이다. 이
러한 논의는 문화예술정책의 주요 이념이기도 한 문화민주화와 문화
민주주의[17]와도 맞닿아 있다.

문화민주화는 문화예술이 상류층과 엘리트 계층 등 소수의 전유물
이 아니라 모두를 위한 문화를 의미하는 개념으로, 취약계층을 위한
소극적인 문화예술 향유 정책을 비롯하여 문화바우처, 문화향유기회확
대, 문화예술 인프라 및 문화예술 프로그램 확대, 지역문화 정책 등이
중심에 있다. 이는 주로 정부와 지방자치단체, 예술지원기관 등 공급
자 입장이 우선시 된 정책으로 볼 수 있으며, 국민은 하나의 객체로서
수동적으로 문화예술을 접근하는 대상으로 간주한다.

2) 문화적 역량

이에 반해 문화민주주의는 문화예술에 대한 주체적 참여와 결정으
로 자기 계발과 민주주의 구현을 위한 통로로 인식하는데, 이것은 문
화예술을 수동적인 향유가 아닌 삶의 질 제고를 위하여 자신을 창조적
이고 주체적으로 표현하는 가장 중요한 요인으로 인식하는 것이 특징
이다.[18] 문화민주주의에서는 문화예술교육, 문화적기본권, 문해력(cultural
literacy), 문화적 역량 등이 강조되고 있다. 이 가운데 문화예술 향유에

---

17 문화민주화와 문화민주주의에 대해서는 제3장에 후술되어 있다.
18 정광렬, 앞의 보고서(2015), p.25.

서 가장 중요한 요인은 문화적 역량으로 볼 수 있다. 이는 문화적 역량이란 후천적 학습에 의해 생기는 것이기 때문에 대다수 국민이 문화적 역량이 취약하다는 인식에 바탕을 두고 있다. 다시 말해, 문화예술 정책 주체들은 문화적 역량이 취약한 국민 모두 문화예술 향유정책의 대상이 된다고 보고 문화예술정책의 확장 선상에서 문화예술 향유정책을 다룬다는 것인데, 이러한 접근은 결국 문화민주주의를 강조하는 것으로 귀결지을 수 있다. 이 같은 논의는 공급자 중심의 문화예술정책이 국민의 문화예술 향유와 문화적 역량 제고에 기여하지 못하고 있다는 문화예술정책의 인과이론(causal theory)에 대한 비판으로 볼 수 있다.[19]

요약하자면 문화예술 향유정책은 공급자 중심의 문화예술정책을 수요자 중심으로 바꾼, 정책의 일대 전환 결과물로 이해할 수 있을 것이다.

2. 문화예술 향유정책의 유형

그렇다면 문화예술 향유정책의 대상은 구체적으로 어떻게 설정되어 있는가. 우리나라의 경우 문화예술 향유정책의 대상은 <문화예술진흥법> 제15조의3[20]에 따라 문화소외계층으로 국한하고 있다. 문화소외계층이란 경제·사회·지리적 제약으로 문화예술을 향유하지 못하는 계층을 일컫는다.

---

19 정광렬, 앞의 보고서(2015), p.26.
20 해당 조항은 "국가 및 지방자치단체는 경제적, 사회적, 지리적 제약 등으로 문화예술을 향유하지 못하고 있는 문화소외계층의 문화예술 향유 기회를 확대하고 문화예술 활동을 장려하기 위하여 필요한 시책을 강구하여야 한다"고 규정하고 있다.

1) 네 가지 유형

문화예술 향유정책은 목적, 정책대상, 지원방식, 정책수단에 따라 네 가지 유형으로 분류할 수 있다.

첫째, 목적에 따른 유형으로 문화예술에 대한 접근성 확대와 문화예술 역량 개발이 여기에 해당한다. 접근성 확대는 오페라, 연극, 발레, 클래식 음악 등 고급예술을 보다 많은 국민들이 누릴 수 있도록 하는 데 초점을 맞추고 있으며, 문화예술 역량 개발은 국민이 스스로 문화예술 역량을 개발하고 참여를 유도하는 것에 목적을 두고 있다.

둘째, 정책 대상에 따른 유형은 일반 국민과 취약 계층 등 두 부류로 구분한다. 일반 국민은 문화예술 접근의 기회나 역량이 부족한 일반 국민을 대상으로 문화예술 향유정책을 추진하는 것으로, 예컨대 '문화가 있는 날' 사업을 비롯하여 문화바우처의 기획공연, 문화예술교육 참여 등이 포함된다.

셋째, 지원 방식에 따른 유형 분류는 공급자 지원방식, 수요자 지원방식으로 나눌 수 있다. 공급자 지원방식은 문화예술 시설 및 관련 단체 지원을 통해 간접적으로 문화예술 향유정책을 확대하는 것을 의미한다.

도서 지방 등 취약지역 문화예술 인프라 조성, 프로그램 및 단체 지원, 순회 공연 등이 해당되며, 수요자 지원방식은 문화예술 소비자인 국민에게 직접적으로 지원하는 것으로 사랑티켓, 바우처 등을 들 수 있다.

마지막으로 정책 수단에 따른 유형은 현금과 현물 지급방식, 문화예술 서비스 공급방식 등으로 분류할 수 있다.

현금 및 현물 지급은 문화예술 향유정책 수요자에게 직접적으로 보조금을 주거나 가격보조 및 바우처 등을 지급한다. 사랑티켓 등 관람료의 일정 부분을 보조해주는 가격보조금과 기초생활수급자와 차상위계층 대상의 문화바우처 지급 등이 주요 사례라고 할 수 있다.

문화예술 서비스 공급방식은 취약계층과 지역을 대상으로 정부가 직접 또는 민간단체를 통하여 문화예술 서비스를 공급하는 것을 의미하는데, '문화가 있는 날' 등 다양한 문화예술 사업의 무료 공연이나 초청 공연, 전시 및 교육, 지역문화예술회관 특별 프로그램 지원 등이 여기에 해당한다.

표 1-1 문화예술 향유정책의 유형 분류

유형 분류 기준	유형 구분	주요 내용
목적	접근성 확대	문화민주화, 문화예술향유기회 확대
	문화역량 개발	문화민주주의, 문화예술 역량 개발
정책대상	일반 국민	문화예술에 대한 접근 기회 확대, 문화가 있는 날, 문화예술교육
	취약 계층	문화바우처, 장애인·노인·이주민 대상 문화예술복지
지원방식	공급자 지원방식	문화예술 단체 지원을 통한 문화예술 향유정책 활동, 순회공연, 소외지역 문화예술 인프라 조성
	수요자 지원방식	문화바우처, 사랑티켓
정책대상	현금, 현물 직접 지급 방식	가격보조금, 문화바우처, 도서 지급 등
	문화예술 서비스 공급 방식	문화가 있는 날, 문화바우처 기획사업, 지역문화예술회관 특별 프로그램

출처: 정광렬, 앞의 보고서(2015), p.33 재인용.

2) 관련 법령

문화예술 향유정책을 제도적으로 뒷받침하려면 관련 법령 구비가 필수적이라고 할 수 있다. 관련 법령은 전술한 <문화예술진흥법> 외에도 <사회보장기본법>, <문화예술교육지원법> 등이 있으며, 이 중에서 문화체육관광부 소관 법령은 <문화예술진흥법>과 <문화예술교육지원법>으로 압축된다.

<문화예술진흥법>은 전반적인 문화예술생활과 관련하여 지역문화예술회관 등 문화 시설이나 강좌를 설치하거나, 문화산업의 진흥과 소외계층 문화예술 향유 증진 등이 문화예술 향유정책과 연관 지을 수 있는 내용이다. <국민기초생활보장법>에 근거하여 문화이용권의 기준을 마련하고 있으며, <문화예술교육지원법>을 통해 학교와 사회 예술교육을 지원토록 하고 있다.

우리나라 문화예술교육은 학교교육과 사회교육으로 나눠지는데, 학교교육은 초중고교를 주축으로 예술강사를 파견하거나 교사 연수를 통해 학교 내에서 문화예술교육을 시행하고 있다. 평생교육의 관점에서 접근하고 있는 사회교육은 지역내 문화예술 단체 및 기관과 협업하여 지역의 특성을 반영한 지역문화예술프로젝트 운영을 목적으로 하고 있다.[21]

---

21 정광렬, 앞의 보고서(2015), p.45.

1. 문화예술 콘텐츠와 문화산업의 영역

문화산업은 문화예술을 경제적 가치 창출의 소재로 활용해 산업화한 일련의 경제활동을 의미[22]하는데, 주로 문화예술의 경제적 가치를 부각시킨다는 점에서는 심미적 가치를 추구하는 순수예술의 영역과는 상반되는 개념이라고 볼 수 있다.

우리나라도 관련 법령을 통해 문화산업을 정의내리고 있다. <문화산업진흥기본법>은 "문화상품의 기획, 개발, 제작, 생산, 유통, 소비 등과 이에 관련된 서비스를 하는 산업"으로, <문화예술진흥법>은 "문화예술의 창작물 또는 문화예술 용품을 산업 수단에 의하여 기획, 제작, 공연, 전시, 판매하는 것을 업으로 하는 것"으로 각각 규정하고 있다.

1) 문화콘텐츠산업

대중예술산업으로 규정되는 문화산업을 창출해내는 힘은 다양한 문화예술 콘텐츠에서 나온다고 할 수 있다. 영화, 방송 드라마, 대중음악, 게임, 애니메이션, 웹툰, 웹드라마 등의 문화콘텐츠가 문화산업의 핵심인 것이다. 이러한 맥락에서 문화산업을 문화콘텐츠산업으로 부르는 것도 무리가 아니다. 21세기 지식경제의 선두산업으로 분류되고 있는 문화콘텐츠산업은 인간의 창의력과 지식이 집약된 분야, 디지털기술 및 미디어 발달에 의해 확대 재생산이 가능한 분야, 서비스산업의 핵심 분야, 환경오염을 유발하지 않는 환경친화적 산업으로도 각광받

---

22 김민주·윤성식, 『문화정책과 경영』(박영사, 2016), p.216.

고 있다.[23]

문화산업의 영역은 매우 광범위하다고 볼 수 있다. <문화산업진흥기본법>에 따르면 '영화·비디오물과 관련된 산업', '음악·게임과 관련된 산업', '출판·인쇄·정기간행물과 관련된 산업', '문화재와 관련된 산업', '방송영상물과 관련된 산업', '만화·캐릭터·애니메이션·에듀테인먼트·모바일문화콘텐츠·광고·공연·미술품·공예품과 관련된 산업', '대중문화예술산업' 등이 문화산업 영역에 포함하는 것으로 분류하고 있다.

문화예술정책에서 중요하게 다뤄지는 문화산업정책은 문화예술지원정책이나 문화예술향유정책에 비해 정책적 논의와 관련 연구가 상대적으로 늦은 편이다. 지금은 문화산업이 한 나라의 전체 산업에서 차지하는 규모와 비중이 웬만한 산업에 비해 뒤지지 않을만큼 커졌지만, 국가가 추구하는 문화예술정책의 하나로 본격적으로 다뤄진 것은 그다지 길지 않다.

2) 문화산업진흥기본법

우리의 경우 문화산업이 본격적으로 주목을 받기 시작한 것은 김대중 정부 시절인 1999년으로, 당시 <문화산업진흥기본법>이 제정되면서 문화산업의 르네상스가 본격적으로 열린 것이다. 이를 계기로 <음반·비디오 및 게임물에 관한 법령>과 <통합방송법>이 제정되었고, <영화진흥법>을 비롯한 수많은 법령 개정이 이루어졌다. 이러한 법령 체계의 정비는 자연스럽게 문화산업정책 수립과 시행으로 이어져 문화산업 관련 규제의 대폭 완화와 각종 행정 절차의 민주성·공정성 강화로 이어졌다.[24]

---

23 김민주·윤성식, 앞의 책(2016), p.217.
24 박광국, "한국 문화산업의 정책방향: 문화체육관광부의 역할을 중심으로," 한국문화산업학회

문화산업을 문화예술정책의 결과물 중에서 경제적 부가가치를 통해 국가에 기여할 수 있는 노력을 하는 활동으로 해석하기도 한다.[25] 이는 일정한 노력과 활동을 통해 경제적 가치의 잠재성을 보유한 문화예술로 전환할 수 있는 유·무형의 문화예술을 위한 정책이 문화산업정책이라는 시각으로, 예술적이고 심미적 가치 자체의 생산과 향유를 위한 문화예술지원정책과는 뚜렷이 구분된다고 볼 수 있다.

2. 프랑크푸르트학파와 문화제국주의

1) 대중문화

문화산업정책을 이해하기 위해 문화산업의 이론적 배경을 살펴보는 것은 유의미한 시도일 것이다. '문화산업'이라는 용어를 학문적으로 처음 사용한 학자는 독일 프랑크푸르트학파의 대표적 이론가들인 Adorno와 Horkheimer다. '문화산업'은 '상품으로서의 문화생산'이라는 새로운 현상에 대한 관점을 시사했다고 볼 수 있다. 즉, 문화가 상품화되는 것을 비판한 것이다. 이들은 1947년에 출간된 <계몽의 변증법>에서 당시 대량으로 생산되어 소비되는 문화적 산물을 문화 '상품'으로 부르면서 이 문화상품이 노동자들의 비판의식을 마비시켜 결국엔 사회가 전체주의화된다는 입장을 보였다.[26] 이들과 같은 프랑크푸르트학파인 Benjamin도 <기술복제시대의 예술작품>에서 '아우라'의 개념을 설명하면서 오늘날 문화산업의 근간인 대중문화를 비판했지만, 한편으로는 긍정적 측면을 제시하기도 했다. 즉, 예술작품이 가진 후광과 같은

학술대회 발표집(2008), p.3.

25 김민주·윤성식, 앞의 책(2016), p.220.

26 한국문화사회학회, 『문화사회학』(살림, 2017), p.111.

범접하기 어려운 그 무엇인 '아우라'가, 복제 가능해진 영화와 사진 같은 기술적으로 복제 가능한 문화산업의 상품에는 존재하지 않는다고 주장한 것이다. Benjamin의 이러한 주장은 아우라를 상실한 대중문화에 대해 지적하고 있으나, 다른 한편으로는 기술복제가 가능해져 대중적으로 확산 가능한 예술작품이 계몽적 기능을 할 수 있다는 긍정적 측면을 부각시키기도 했다.[27]

문화산업은 이처럼 프랑크푸르트학파의 이론가들 사이에서도 시각의 차이를 드러냈다고 볼 수 있는데, 특히 대중문화가 문화산업의 관점에서 처음으로 다뤄졌다는 사실을 주목할 필요가 있다. 이것은 21세기의 문화산업이란 결국 대중문화산업을 의미한다는 점에서 프랑크푸르트학파의 대중문화 관련 논의가 갖는 무게감은 크다고 볼 수 있다.

문화산업정책과 관련한 이론에서 문화제국주의(cultural imperialism model)와 문화네트워크도 빼놓을 수 없다. 문화제국주의는 문화산업이란 핵심 선진국에 의해 지배되고 아무런 힘도 없는 제3세계는 주변부에 머물 수밖에 없다고 보고 있으며, 여기서는 문화상품을 생산하고 유통시장을 통제하는 초강대국가 또는 다국적 기업들이 주요한 행위자로 등장한다. Salwen은 문화제국주의는 외국문화를 유입한 국가의 신념, 가치, 지식, 형태적 규범, 삶의 방식 등에 깊숙이 영향을 미침으로써 특정 사회의 민족정체성이 선진국 이미지로 개조되고 그 과정은 가공할 속도로 빠르게 진행될 것으로 파악했다. 여기서 중심부 국가의 '문화'가 바로 문화산업이 생산해낸 문화상품이라는 것이다. 이처럼 문화제국주의 이론은 문화산업을 대체적으로 부정적 시각에서 바라보고 있는 것이다.

---

27 한국문화사회학회, 앞의 책(2017), p.112.

2) 문화네트워크

문화제국주의 관점과 달리 문화네트워크 이론은 문화산업을 긍정적으로 파악하고 있다. 문화전파의 영향력은 한 장소에서만 기원하여 일방향으로 흐르는 것이 아니라 상호영향을 주고받는다는 것이다. 즉, 문화의 세계는 분명하게 정의된 중심부와 주변부가 없는 하나의 수평 네트워크를 이루면서 진행한다고 보는 관점이다. 이와 관련하여 Appadurai는 미디어, 기술, 이념, 인종 등으로 구성되는 문화네트워크가 문화수용 국가에 미치는 영향력은 문화의 동질성보다는 오히려 문화의 이질성으로 귀착될 가능성이 높다고 진단했다. 이러한 문화네트워크 이론에서는 지역이 중요한 의미를 지니고 있는데, 지역이야말로 그들 자신의 문화를 생산하고 동시에 소비하는 주체로서 기능한다는 것이다. 즉, 서구 중심의 글로벌 문화의 영향력도 글로벌 문화 내에 존재하는 지역문화의 다양성에 의해 상당한 정도로 상쇄될 수 있다고 보았다. 예컨대, 텔레비전 프로그램 제작에 드는 비용의 감소와 유연성으로 인해 브라질, 인도, 멕시코 같은 개발도상국들도 이제 영화와 텔레비전 프로그램을 수출할 수 있는 국가로 등장하게 됐다는 것이다. 이는 서구 중심국의 문화산업은 주변국 문화에 일방적으로 파괴적 영향력을 미친다고 본 문화제국주의와 대척점에 있다는 시각으로 파악할 수 있다.

CHAPTER

02
국가와 문화예술정책의 관계

문화국가의 원리와 유형

1. 문화국가의 개념과 단계

현대의 국가는 모두 문화국가를 지향하는 경향이 강하다. 문화국가의 원리는 현대 국가의 기본 이념이 되어 있으며, 우리 헌법도 문화국가 원리를 헌법상의 주요 기본 원리 중의 하나로 수용하고 있다.[1] 현대 문화국가는 기본적으로 문화주의[2] 이념을 좇고 있으며, 문화주의는 오늘날 보편적 문화이데올로기로 이해되고 있다.[3]

---

[1] 류시조, "지방분권체계에 있어서 문화국가원리의 의미," 『공법학연구』 제19권 3호(한국비교공법학회, 2018), pp.283~306.

[2] 문화주의는 특정 문화의 절대적 우월성을 배격하고, 다른 문화를 포용하는 보편적 이념으로서 오늘날 세계화·개방화가 급속히 진행되어 여러 문화가 상충하는 상황에서는 다른 문화를 이해하고 수용하기 위한 다원주의적 이념이라고 할 수 있다. 다른 해석도 상존한다. 대중을 대중문화의 주체로 판단하여 문화형성에 있어서 대중의 능동적 지위를 강조하면서 대중의 정치적 주체성을 담보하는 이념으로서 현대 국가의 대중민주주의 이념과 결부되어 있다. 문화주의 이론에서 문화는 특정한 역사와 사회 구조에 의해 구성된다는 점을 전제로 문화는 역사나 구조의 단순한 반영물로 결정되는 것이 아니며, 문화는 물질적 토대 위에서 상대적으로 독립적일 뿐만 아니라 적극적으로 물질적 토대에 개입할 수도 있다고 본다.

문화국가 개념은 독일의 'Kulturstaat'(문화국가)에서 상당한 영향을 받았다. 즉, 문화와 국가의 관계를 파악한다는 의미에서의 이 개념은 문화를 시민문화의 차원, 즉 사적 영역으로 파악하는 영미에서의 그것과는 다른, 공적 영역으로 편입시킨 독일적 논의의 결과물이라고 할 수 있다.[4] 특히 독일에서의 '문화'라는 것은 단순한 하나의 사회적 현상이 아니라 지방자치의 단위인 각 란트(Land) 간 유대를 통해 하나의 독일연방공화국으로 묶어주는 연결고리의 역할을 수행한다는 점을 염두에 둘 필요가 있다.[5]

철학자이며 독일의 민족국가적 통일에 기여한 인물로 평가받는 Fichte는 잘 알려진 「독일 국민에게 고함」이라는 분서를 통해 독일의 국민의식을 고취시키고 민족적 갱생과 함께 문화적 사명이 중시된 통일 독일을 강조한 바 있다.[6] 기존 학설은 '문화국가'의 개념이 1806년 출간된 Fichte의 강의록 모음집에 처음 등장하였다고 보는데, Fichte는 국가의 발전단계를 본능지배의 국가, 권위확립의 국가, 가치해소의 국가, 진리와 자유지향의 국가, 이성지배의 국가의 다섯 단계로 구분하였고, 그 중 이성지배의 국가를 문화국가로 불렀다.[7]

그러나 Fichte가 내세운 문화국가 개념은 오늘날 부정적 의미로 읽히기도 하는데, 이는 그의 논리가 문화예술의 직접적 수용자인 개인보다 국가를 절대적으로 우선시하였기 때문이다.

---

3 류시조, 앞의 논문(2018), p.285.
4 강은경, "문화예술과 국가의 관계 연구 – 공공지원의 중립성 원칙을 중심으로," 서울대학교 대학원 박사학위논문(2017), p.71.
5 최우정, 『문화예술법의 현주소』(준커뮤니케이션즈, 2014), p.5.; 강은경, 앞의 논문(2017), p.71.
6 강은경, 앞의 논문(2017), p.70.
7 정광렬, 『문화국가를 위한 헌법 연구』(한국문화관광연구원, 2017), p.11.; 강은경, 앞의 논문(2017).

1) 문화와 국가의 역학 관계

문화국가라는 개념은 '문화'에 대한 해석에 따라 달리 이해되기도한다. 통일조약에서의 문화개념을 모더니즘의 전통 속에 두는 학자가있는데, 법학자이자 법철학자, 정치가이기도 Maihofer가 그중 한명이다. Maihofer의 문화 개념은 Kant에 소급되면서 자율성과 보편성, 휴머니즘과 연관되며, 이를 통해 제3제국시대 이전의 문화를 강조하고자했고 동시에 민족문화와도 차별성을 두었다. 이러한 Maihofer의 문화개념에 기댄 Scheytt는 독일 연방은 정치적으로도 헌법상으로도 법의국가이자 사회국가, 문화국가라는 점을 명백히 하면서 연방정부, 주정부, 코뮌 모두 문화국가라는 사실로부터 자유롭지 않다는 점을 못박고있다. 이 같은 논의는 문화예술정책이란 법적인 문제에서나 재원조달에 있어 문화국가를 중심에 두어야 한다는 의미로 읽힌다.[8]

문화국가에 관한 이론을 체계적으로 정리한 대표적인 학자로 Huber도 빼놓을 수 없다.[9] 그는 문화와 국가의 관계를 단계별로 구분함으로써 문화국가의 지향점을 제시하였다. 국가로부터의 자유, 문화에 대한 국가의 봉사, 국가의 문화형성력, 문화의 국가형성력, 문화적 산물로서의 국가 등 다섯 단계로 설명하고 있는데, 이러한 Huber의 문화국가 개념과 단계는 변증법적 논증에 치우쳤다는 비판도 있지만 국가의 목적 규정으로서 문화국가 이념을 제시하는 데 크게 기여하였다.[10]

---

8 김화임, 『독일의 문화정책과 문화경영』(성균관대학교 출판부, 2016), p.71.

9 Huber는 "현대 세계에서는 문화국가에 있어서 그리고 문화국가를 위한 문화와 국가 공동의 자기발전 없이는 문화도 국가도 존재하지 않는다"라고 설명한다. E.R,Huber, *Zur Problematik des Kulturstaats*, Tübingen(1958).: 정광렬, 앞의 논문(2017).

10 정광렬, 앞의 보고서(217).

표 2-1 Huber의 문화국가 5단계

단계	내용
문화의 국가로부터의 자유	문화 분야가 국가로부터 완전한 자유의 원칙을 인정받는 단계
문화에 대한 국가의 봉사	국가가 자발적인 문화 보호
국가의 문화 형성력	국가가 문화 자율성을 인정하는 전제하에서 문화를 능동적으로 형성할 권한 보유 단계
문화의 국가 형성력	국가는 문화 자체를 국가의 목표 내지는 문화의 대상으로 설정 단계
문화적 산물로서의 국가	국가가 문화형상으로 이해되고 실현된다는 의미에 있어서의 분화국가 단계

출처: 정광렬, 『문화국가를 위한 헌법 연구』(한국문화관광연구원, 2017), p.14를 참조하여 재구성.

이처럼 문화주의 이념의 현대 국가 수용 이전에도 여러 학자들에 의해 문화국가란 개념이 사용되었지만, 문화와 국가의 역학 관계를 어떻게 설정하고 이해하느냐에 따라 문화국가의 성격과 의미도 판이하게 다른 결과물로 대두된다.[11] 이 경우 문화국가는 문화주의 이념을 받아들인 현대 문화국가 개념과는 확연히 구분되어야 한다는 시각이 있다. 예컨대 국가와 문화란 상호 독립적이거나 대립적 관계로 이해하는 경우로, 이는 국가를 정치·경제적 공동체로서의 성격만을 강조하여 국가의 문화공동체로서의 성격을 과소평가함으로써 국가와 문화를 상호 대립적이거나 상호 독립적인 관계로 이해하여 국가로부터의 자유를 문화의 본질적 요소로 본다.[12]

---

11 류시조, 앞의 논문(2018), pp.283~306.
12 위의 논문(2018), p.288.

2) 문화예술지원 중립성과 평등의 가치

문화국가 원리는 예술지원정책의 핵심 원칙이기도 한 이른바 '팔길이 원칙' 정신과 연관 지을 수 있다. 이는 문화의 특성에 기인한다고 볼 수 있다. 문화는 문화기능인에 의해서도 조종될 수 없고, 자신 안에 내재된 본질법칙성에 따라 자기 스스로 발생하고 성장하며 번창하는 것을 본질[13]로 하기 때문이다.

이러한 측면은 문화국가 원리의 핵심이 문화예술의 자율성, 즉 국가의 문화예술지원의 중립성 원칙을 강조하고 있음을 시사한다. 국가가 문화예술에 개입하는 것은 문화예술의 정형화, 다시 말해 특정한 틀을 강요함으로써 다양성 및 개방성 등 문화예술의 주요 가치를 훼손할 개연성이 높다는 것이다. 하지만 이는 역으로 문화국가 원리 실현의 한계를 드러낸다고 볼 수 있다. 문화국가 원리 실현을 위해서는 국가의 적극적인 지원과 개입이 이뤄져야 하고, 이를 위한 수단으로 국가의 재정적 뒷받침은 필수이기 때문이다.[14]

전술한 문화국가 원리 실현의 한계에도 불구하고 문화예술 지원 과정에서 평등의 가치는 다양하게 실현될 수 있는데, 이는 평등을 위한 전제인 차별금지와 기회균등의 원칙이 오히려 문화예술 분야에서 더욱 강화될 필요가 있다는 이유에서다.[15] 이른바 '문화예술계 블랙리스트'[16] 사태에서 나타나듯이 예술지원 과정에서 우선적으로 정치권력으로부터의 간섭 배제가 강력하게 요구되고 있는 것이다.

문화국가 원리 자체에 대한 한계도 상존한다. 이는 헌법상 문화의 개념이 매우 광범위하고 문화국가 육성을 위한 관련 법령 및 국가의

---

13 김수갑, 앞의 책(2012), p.221.
14 전광석, "헌법과 문화,"『공법연구』제18집(한국공법학회, 1990), pp.161~178.
15 전광렬, 앞의 보고서(2017).
16 문화예술계 블랙리스트에 대해서는 제9장에 상세하게 서술되어 있다.

의무를 기본권 관점에서 파악한다면 이른바 '사회국가'[17]의 원리와 겹칠 수 있다는 이유에서다.[18] 다시 말해, 사회국가 원리의 개념은 모든 국민이 생활의 기본적 수요가 충족되고, 그것이 건강하고 문화적인 생활로 이어질 수 있도록 하는 것과 맞닿아 있다. 이것이 가능하기 위한 국민의 권리가 설정되어 있다면 문화국가의 범주에 포함될 수 있을 것이다.[19]

2. 문화국가의 유형 분류

1) Grimm의 4모델

문화를 바라보는 국가의 시각을 감안한 문화국가의 유형 분류로서의 의의는 Grimm의 4모델에서 찾을 수 있다. Grimm은 미국, 프랑스, 독일 등 3개 나라를 역사적으로 파악하면서 문화와 국가 사이에 일어난 관계를 네 가지 모델로 제시하고 있다.[20]

첫 번째는 이원적 모델로, 국가와 문화의 완전한 분리의 모델을 의미한다.[21] 이 모델은 오늘날 존재하지 않는다고 Grimm은 파악했다.

---

17 사회국가에 대한 정의는 헌법재판소의 2012년 12월 18일 선고(2012 헌마 52)에서 비교적 뚜렷하게 확인할 수 있다. 헌재는 "사회국가란 사회정의의 이념을 헌법에 수용한 국가, 사회현상에 대하여 방관적인 국가가 아니라 경제, 사회, 문화의 모든 영역에서 정의로운 사회질서의 형성을 위하여 사회현상에 관여하고 간섭하고 분배하고 조정하는 국가이며, 궁극적으로는 국민 각자가 실제로 자유를 행사할 수 있는 그 실질적 조건을 마련해 줄 의무가 있는 국가"라고 정의했다.

18 정광렬, 앞의 보고서(2017), p.30.

19 위의 보고서(2017), p.30.

20 Dieter Grimm, *Recht und Staat der burgerlichen Gesellschaft*, Schrkamp (1987), p.58.

21 이원적 모델에 매우 근접한 이론은 Volkmann의 '자율성 이론'을 들 수 있다. 문화와 국가의 원칙적 분리를 주장하는 자율성 이론에서 문화는 우선적으로 자율적인 사회의 고유한 사항에 속하고, 국가는 다양한 문화현상들의 다원적 형성을 위한 중립화의 기제로서 이를 위한

Huber가 문화국가 의미 분석의 첫 번째 요소로 들고 있는 '문화의 국가로부터의 자유'도 국가와 문화의 완전한 분리를 의미하는 것이 아니며, 문화와 국가를 완전하게 분리시키는 것은 문화의 사회적 독점 현상을 가져오게 된다는 것이다.[22]

두 번째는 공리주의적 모델이다. 이 모델은 문화적 국가목적과는 다른 국가목적을 위하여 국가가 문화를 육성하는 모델로 설명된다. Grimm은 계몽절대주의[23]를 예로 들고 있고, Huber도 문화 자체의 목적 이외에 다른 목적을 위한 도구로 사용되는 목적국가는 문화국가에 절대적인 반대개념으로 보고 있다.[24]

세 번째는 지도적 모델로, 정치적 기준에 따라 국가가 문화를 조종하는 것으로 이해된다.[25] Grimm은 나치를 예로 들고 있다. 이 모델은 극단적으로 문화가 전적으로 국가에 종속되는 모델로, Huber가 말하는 독재적 문화국가 유형이다.[26] Maihofer는 이 모델을 획일주의적, 독재주의적, 권위적인 비자유주의적 문화국가의 유형으로 표현했다.[27] 문화의 자율성이 보장되기 이전의 시대에 국가의 문화에 대한 지배도 대체로 이 모델에 포함시킬 수 있을 것이다.[28]

테두리 내지 틀을 보장하는 것으로 이해된다. 이석민, "문화와 국가의 관계에 관한 헌법학적 연구," 서울대학교 대학원 석사학위논문(2007), p.36.

22 E.R.Huber, 앞의 책(1958), p.144.

23 18세기에 전개된 계몽사상을 실제의 정치에 실시하려고 한 절대주의의 정치형태이다. 특히 동유럽의 절대주의는 계몽적 전제정치라는 특징이 있다. 계몽전제주의로 불리기도 한다.

24 E.R.Huber, *op. cit.*, p.144.

25 전광석, "헌법과 문화,"『공법연구』제17집(한국공법학회, 1990), p.170.

26 독일의 경우 제2차 세계대전 이전에는 국가와 문화와의 연관성을 강조하는 소위 '결합테제'가 중심이었으나, 제2차 세계대전 중 나치 문화통치의 폐해를 경험하고 중국의 문화말살정책인 문화혁명 등의 폐단을 목도한 이후 무엇보다도 문화의 자율성을 강조하면서 문화와 국가를 분리시켜 보아야 한다는 관점이 설득력을 얻게 되었다. 강은경, 앞의 논문(2017), p.54.

27 Werner Maihofer, *Kulturelle Aufgaben des modernen Staates*, Walter de Gruyter Berlin New York(1983), p.956.

또한, 문화가 전적으로 국가에 종속되는 모델을 '체제 종속적 문화국가'와 '후견적 문화국가'로 분류하고, 전자는 역사적으로 기능 미분화 시대인 근대 이전에서 찾아볼 수 있는 유형인 데 반해 후자는 오늘날에도 사회적 정당성 조작의 수단으로 문화를 지도하는 정치제제 등에서 볼 수 있다는 시각도 있다.[29]

네 번째는 문화국가적 모델로, 문화적 목적 자체를 위한 국가의 문화 육성을 목적으로 한다. Grimm은 프로이센의 개혁과 Humboldt의 교육 개혁에서 이 모델이 두드러진다고 설명한다.[30]

지금까지 논의한 이러한 문화국가의 유형 중 국가와 문화가 상호의존성을 갖는다는 것을 전제하더라도 어떠한 형태가 우리가 추구하는 문화국가상인 것인가에 대해서는 고찰이 필요한 시점이다.

2) 보장국가

국민들이 향유하고 있는 문화를 공공서비스의 영역에 포함시킨다면 이는 보장국가의 관점에서도 설명이 가능할 것이다. 보장국가는 공적과제 이행의 민간 이양과 국가 역할의 전략적인 강화를 핵심적 요소로 하고 있으며, 공익추구를 위한 활동에 국가가 독점적 권한을 보유하는 것은 아니고 모든 공적 과제가 민간의 경쟁을 통해 이행될 수 있다고 본다.[31] 보장국가는 공적과제 수행의 방식과 관련하여 효율성을 중요한 기준으로 삼으면서 이를 위해 독자적인 급부제공자로서의 역할 대신 민간의 과제이행에 대한 보장자로서의 역할을 담당한다.[32] 이

---

28 전광석, 앞의 논문(1990), p.170.

29 위의 논문(1990), p.170.: 강은경, 앞의 논문(2017).

30 김수갑, 앞의 논문(2012), pp.62~63.

31 홍석한, "국가역할의 변화에 따른 규제된 자율규제에 관한 연구 – 개인정보보호 영역을 중심으로," 성균관대학교 대학원 박사학위논문(2008), pp.73~78.

는 국가가 스스로 과제를 이행하는 것에서 과제가 사인을 통하여 이행될 수 있도록 보장하는 방식으로의 전환인 것이다.[33] 이러한 논의는 공공서비스로서 문화에 대한 국가의 접근 방식의 변화를 의미한다고 볼 수 있다. 즉, 보장국가에서 가장 중요한 요소가 '보장책임'이라고 한다면, 문화 분야에 있어서도 관련 역할은 독립된 제3자에게 맡기고 그 행위와 밀접한 관련이 있는 틀에 영향을 미침으로써 목표의 달성을 유도하는 것이다.[34] 국가는 이를 위하여 직접 이행책임을 수행하지 않으면서도 공익과 관련한 최종 결정권을 유보하면서 민간에 의한 이행을 유도하고 규제하는 방식으로 공익적 기준의 달성을 보장하고 있다.[35]

이것은 예술지원 체계의 중심 기관으로 문화예술 현장 민간 전문가들로 위원들이 구성된 한국문화예술위원회의 기능과 역할을 논의하는 데 있어서도 보장국가론의 관점에서 살필 수 있음을 시사하고 있다.

Ⅱ 문화기본권과 문화예술정책의 관계

1. 문화적 기본권에 관한 규정

문화예술 영역에서의 권리를 의미하는 문화적 기본권은 우리 사회 다른 영역의 권리와 비교할 때 관심사에서 멀어져 있다. 이 같은 배경

---

32 Matthias Knauff, *Der Gewahrlesistungsstatt: Reform der Daseinsvorsorge: eine rechtswissenschaftliche Untersuchung unter besonderer Berucksichtigung des OPNV*, Duncker & Humblot(2004), p.64.
33 홍석한, "새로운 국가역할 모델로서 보장국가론의 의미와 가능성," 『공법학연구』제17집2호(한국비교공법학회, 2016), p.13
34 위의 논문(2016), p.14.
35 Matthias Knauff, *op. cit.*, pp.547~548.

에는 문화권이란 노동권과 같은 기초 권리들이 보장되고 나서야 획득 가능한 권리라는 인식, 대중들이 스스로 중요성을 인식하기보다는 국가가 혜택을 주는 복지의 형태라는 인식, 문화권을 창작자들이나 생산자들의 권리로 축소해서 이해하는 점 등이 원인으로 자리한다고 볼 수 있다.[36]

　문화적 기본권에서 '기본권'이라는 용어는 헌법에 직접적으로 언급되지 않고 있다. 다만 우리나라의 경우 헌법재판소법(제68조 제1항)과 같은 법률에서 기본권이란 용례가 사용될 뿐이다. 기본권을 좁은 의미로 볼 경우 자유와 자율의 개념으로 이해할 수 있다. 즉, 권력이나 다른 사회단체 구성원에 대하여 권리 주체의 안전과 자율을 직접 보장하는 조건인 것이다. 기본권을 넓은 의미로 본다면 자유와 참여의 개념으로 확대된다. 이것은 개인이 스스로 자유를 선택하고 실현할 수 있도록 개인에게 인정된 사상의 자유, 사상 표현의 자유, 결사의 자유, 정치적 권리까지 포괄한다.[37]

　통상적으로 기본권은 주체나 내용 등의 기준에 따라 다양하게 분류할 수 있다. 예컨대 주체를 기준으로 하면 인간의 권리와 국민의 권리, 자연인의 권리와 법인의 권리로 분류되고, 내용을 기준으로 할 경우 자유권, 평등권, 청구권, 참정권 등으로 분류되는 식이다.[38] 이와 관련하여 자유권, 수익권, 참정권, 국민의 의무 등으로 기본권을 분류하는 시각도 있다. 자유권이란 소극적 공권(公權)으로 해석되는데, 법률이 정하는 바에 의하지 아니하고는 국가의 명령, 강제 또는 제한을 받지 않는 권리를 의미한다. 수익권은 일종의 적극적 공권으로, 적극적

36　김수갑, 앞의 책(2012), p.117.
37　성낙인, 『헌법학』 제19판(법문사, 2019), pp.905~907.
38　정광렬, 앞의 보고서(2017), p.57.

으로 국가로부터 특정의 이익을 받는다는 점에서 국민의 공권이라고 할 수 있다.[39]

1) 문화권과 가치적 정의

그렇다면 문화적 기본권은 어떻게 규정되고 있는가. 문화권은 문화를 정의하는 방식에 따라 다양하게 기술될 수 있지만, 대체로 인간의 삶의 감성적인 발전을 위해 추구될 수 있는 보편적 가치이자 특수한 가치와 관련하여 정의되고 있다.[40] 김수갑은 문화권을 ① 협의의 문화 영역에서의 문화권: 학문의 자유, 예술의 자유, 종교의 자유, 교육권, ② 문화 활동의 소산 및 지적·정신적 창조물로서의 문화권: 문화재 향유권, 지식재산권, ③ 문화적 자율성과 문화적 다양성을 보장하기 위한 문화권: 양심(사상)의 자유, 표현의 자유, ④ 개인의 창의성 제고 및 감수성이 풍부한 삶을 영위하기 위한 문화권: 레저·스포츠권, 관광권 등으로 분류하였다.[41] 문화권이 다른 기본권과 구분되는 특성은 문화예술의 특성에서 찾을 수 있는데, 이것은 문화예술의 특성이야말로 국민의 삶 속에서 실질적으로 구현될 수 있도록 하는 법적 근거이자 도구라는 인식에 기반하기 때문이다.

유엔의 경제적·사회적·문화적 권리에 관한 국제규약(A) 제15조에서는 문화적 권리를 문화적인 생활에 참여할 권리, 과학의 진보와 그 응용에서 혜택을 누릴 수 있는 권리, 자기가 창조한 과학적·문학적·예술적 작품에서 생기는 유·무형의 이익을 보호받는 데에서 오는 혜

---

39 위의 보고서(2017), p.58. 김철수는 "실질적 평등과 인간다운 생활의 권리, 복지를 강조하면서 기본권보장의 중점이 자유권적 기본권에서 생존권적 기본권으로 옮겨가는 추세에 있다"고 설명한다. 김철수, 『헌법학신론』제21전정신판(박영사, 2013).

40 김수갑, 앞의 책(2012), p.119.

41 위의 책(2012), p.119.

택을 누릴 수 있는 권리로 각각 규정하고 있다.[42]

Niec는 문화권을 인간의 보편적 가치를 담고 있는 권리이면서 인권의 구체적인 실천영역이라고 정의하였고, Tay는 문화권을 보편성에 대한 욕망이라기보다는 다양성에 대한 욕망이라고 정의하였다.[43] 이들은 문화를 하나의 영역으로 한정하지 않고 문화권을 정의하고 있다고 할 수 있다. 이 외에도 Prott은 문화권이 문화유산이나 구체적인 사람들의 문화정체성, 문화발전을 보존하는데 사용되는 것만이 아니라 어떤 상황에서는 대중들의 권리로 간주된다고 하였으며, Stavenhagen은 문화권이란 문화적 발전을 요구할 권리, 집단성의 권리라고 주장한다.[44] 이들 내용을 정리하면 <표 2-2>와 같다.

표 2-2 문화적 기본권에 대한 정의

학자	내용
Halina Niec	인간의 보편적 가치를 담고 있는 권리이자 인권의 구체적인 실천영역
Alice Tay	보편성에 대한 욕망이라기보다는 다양성에 대한 욕망
Lyndel Prott	문화유산이나 문화정체성, 문화발전 보존에 사용되는 것만이 아닌, 상황에 따른 대중들의 권리로 간주
Rodolfo Stavenhagen	문화적 발전을 요구할 권리, 집단성의 권리
김수갑	국민이 문화적 활동을 자유롭게 행하고 타인의 문화 활동의 성과와 문화적 유산을 향유하고 승계하며 문화성이 풍부한 환경 아래에서 생활할 권리 내지 이익

출처: 정광렬, 앞의 보고서(2017); 이동연 외, 『문화권 NAP수립을 위한 기초현황 실태조사와 정책연계방안』(국가인권위원회, 2004)을 참조하여 재구성.

---

42 정광렬, 앞의 보고서(2017).
43 강은경, 앞의 논문(2017). p.39.
44 위의 논문(2017), p.39.

2) 생존권적 기본권의 시각

문화적 권리를 사회적 기본권의 하위개념으로 분류하여 생존권적 기본권으로 분류하기도 한다. 김철수는 생존권적 기본권의 체계를 인간의 존엄 및 행복추구권이란 주기본권에서 파생하는 기본권으로 판단하여 ① 주생존권: 인간다운 생활을 할 권리, ② 문화적 생존권: 교육을 받을 권리, 문화생활을 할 권리, ③ 사회적 생존권: 가족과 혼인생활을 할 권리, ④ 경제·물질적 생존권: 최저한도의 물질적 생활을 할 권리, 사회보장청구권, 생활보호청구권, ⑤ 노동생존권: 노동을 할 권리, 노동자의 근로 3권, ⑥ 환경권: 쾌적한 환경생활권, 주거의 권리, ⑦ 건강권: 보건에 관한 권리, 의료보호청구권 등으로 분류하였다. 즉, 문화기본권을 문화적 생존권으로 파악한 것이다.[45] 하지만 이는 자유권적 문화기본권, 평등권적 문화기본권 등의 관점을 포괄하지 못하는 문제가 있으며, 새롭게 강조되고 있는 환경권 등의 강조가 부족하다는 지적도 존재한다. 이런 이유로 문화적 기본권을 자유권적 문화기본권(문화자유권), 사회적 문화기본권(문화참여권), 평등권적 문화기본권(문화평등권), 환경권적 문화기본권(문화환경권)으로 구분하는 분류가 있다.[46]

문화자유권은 국가로부터 문화적 활동을 부당하게 제한받아서는 안 되는 '국가로부터의 문화의 자유' 성격으로, 모든 국민의 권리이지만 주로 문화예술 창작활동을 하는 사람들에게 현실적으로 중요한 권리이다.[47] 문화평등권은 문화 활동에 있어서 국가로부터 부당하게 차별대우를 받지 않는 것은 물론 국가에 대하여 평등한 처우를 요구할

---

45 김철수, 앞의 책(2013).

46 이동연 외, 『문화권 NAP 수립을 위한 기초현황 실태조사와 정책연계방안』(국가인권위원회, 2004), p.60.

47 김수갑, 앞의 책(2012), pp.127~128.

수 있는 권리로 문화적 실현의 방법적 기초로서 기능한다.[48] 문화참여권은 모든 국민이 적극적으로 자신들의 문화를 만들어나가고 찾아가는 여건 마련을 위하여 적극적인 국가의 육성과 지원을 요구하는 권리이다.[49] 문화환경권은 좁게는 물리적 환경 중 역사적·문화유산 등을 주된 대상으로 하지만, 넓게는 자연적, 인격적, 문화적 환경 속에서 살 수 있는 권리를 뜻한다.[50] 이러한 분류를 토대로 문화적 기본권의 효력에 대한 논의도 비교적 활발한 편이다. 특히 문화평등권과 문화자유권은 인간의 존엄성 및 인권과 관련이 있기 때문에 다른 평등권이나 자유권과 마찬가지로 구체적인 권리를 가지게 된다는 것이 다수 학자의 견해이다.[51]

문화적 기본권과 관련한 국제적 흐름은 매우 견고하게 전개했다. 1950년대를 전후하여 국제사회에서 주요한 정책 의제로 떠오르면서 각종 국제규약에 명시되었다.[52] 세계인권선언을 문화활동의 이론적 토대로 삼고 있는 유네스코도 「세계문화보고서」에서 '국가정책은 문화를 국민의 기본권의 하나로 인식해야 하며, 문화권의 신장을 정치적, 경제적 사회정의를 구현하기 위한 노력으로 규정해야 한다'라고 명시하여 문화권을 인간의 기본 권리로 규정하고 있다.[53]

---

48 위의 책(2012), pp.127~128.

49 위의 책(2012), pp.127~128.

50 위의 책(2012), pp.127~128. 김수갑은 "이러한 네 가지 문화권은 좁은 의미의 문화개념을 넘어 넓은 의미의 문화적 실천을 위해 문화의 영역을 확대한 것이라 볼 수 있다"고 설명한다.

51 정광렬, 앞의 보고서(2017), p.64.

52 1948년 12월, 제3차 국제연합 총회에서 채택된 「세계인권선언」 제22조는 '모든 사람에게는 사회의 일원으로서 사회 보장을 요구할 권리가 있으며, 국가적 노력과 국제적 협력을 통해 또한 각국의 조직과 자원에 따라 자신의 존엄성과 인격의 자유로운 발전에 필수불가결한 경제적이고 사회적이고 문화적인 권리들을 실현할 자격이 있다'고 규정했다.

53 정광렬, 앞의 보고서(2017),; 유네스코 등의 국제규약에 대한 전문은 이영욱, 『문화헌장 제

2. 문화기본법의 적용

국내의 경우 문화 관련 법률에 문화적 기본권, 즉 문화권의 내용을 직접적으로 규정한 것은 박근혜 정부 시절인 2013년 12월 제정한 <문화기본법>이 유일하다. 이러한 문화기본법에 근간하여 '문화가 있는 날' 정책이 수립되었는데, 이는 문화권이란 결국 문화예술정책과 접점을 이룬다고 볼 수 있을 것이다.

1) 문화기본법 제정

문화예술의 역할과 가치를 새롭게 인식하여야 한다는 시대적 요청에 부응하는 <문화기본법>의 제정은 1972년 만들어진 뒤 줄곧 운영되어온 <문화예술진흥법> 체계의 전면 개편이라는 역사적 의미를 띠는데, 두 가지 측면에서 고찰이 가능하다.

첫째, 문화예술정책의 범위와 대상의 확대, 장르별 발전과 문화현상의 다기화, 새로운 문화예술정책 대상과 내용의 등장 등으로 21세기 창조시대와 고도화하는 사회의 변동에 대응한 문화예술정책의 법적 규범을 발전적으로 정비하는 의미를 지닌다.

둘째, 문화예술의 가치를 사회적으로 확산하는 일과 국민의 문화적 기본권 보장을 위한 법적 기반을 갖추고 창의성 증진, 문화복지 구현, 문화향유 확대 등을 위한 상위 규범으로서 포괄적인 문화의 기본법을 만든 것이다.[54]

<문화기본법>의 제정 근거는 헌법 제9조 전통문화의 계승발전과 민족문화의 창달, 제10조 인간의 존엄과 행복추구권, 제22조 학문

정의의』(한국문화관광정책연구원, 2005) 부록 참조.

[54] 박광무, 『한국 문화정책론』(김영사, 2015), pp.362~363.

과 예술의 자유, 저작자 예술가 등의 권리보호, 제34조 인간다운 생활을 할 권리 등에 두고 있다. 제정방식은 <문화예술진흥법>을 <문화기본법>으로 대체하면서 예술진흥분야는 별도로 문화예술진흥법 체계로 개편하는 것이다.[55] <문화기본법>의 핵심은 모든 구간의 문화예술 향유를 법적 권리로 뒷받침하는 것으로, 성과 종교, 인종, 신체조건 등에 상관없이 국민 누구나 문화예술 활동에 참여하고 누릴 수 있는 기본 권리를 명시하고 있다.[56] 이러한 맥락에서 <문화기본법>은 문화예술 정책 수립과 깊은 상관성을 지닐 수밖에 없는데, 이 법령이 문화예술 향유와 관련하여 문화영향평가를 도입하는 등 국가와 지방자치단체에 관련 책무를 규정한 것도 같은 이유라고 할 수 있을 것이다.

그러나 박근혜 정부의 문화예술 분야 첫 번째 국정과제로 꼽힌 <문화기본법>의 구조는 형식면에서 문화예술정책의 확장이 내포하고 있는 문제점을 단적으로 보여주는 상징적 존재라는 시각도 있다. 다시 말해, <문화기본법>이 원칙으로 삼고 있는 가치와 내용은 나무랄 데가 없지만, 그 추상성으로 인해 시행령에의 위임 사항이 늘어나고 국회 의결을 거치지 않고 행정부가 독자적으로 결정할 수 있는 권한 영역을 확대하는 결과를 초래할 수 있다는 것이다.[57]

2) 문화기본법과 문화가 있는 날

<문화기본법>에 근거하여 탄생한 대표적인 문화예술정책으로는

---

55 위의 책(2015), pp.363~364.

56 금성희, "문화예술정책 제도변화에 관한 연구," 단국대학교 대학원 박사학위논문(2018), p.153.

57 박소현, "박근혜 정부 문화융성정책의 실체와 문제점," 『문화과학』 제89호(문화과학사, 2017), p.118.

'문화가 있는 날' 사업을 들 수 있다. <문화기본법> 제정 전까지는 법적 근거가 미비한 채 시행됐던 이 사업은 2016년 5월 문화기본법 개정으로 법적 토대를 갖추게 된 것이다. 매달 마지막 수요일에 영화관, 미술관, 박물관, 스포츠 시설, 문화재 등 전국 주요 문화시설을 할인 또는 무료로 이용할 수 있는 '문화가 있는 날' 사업은 국민의 문화권 부여라는 문화기본법 제정의 취지를 반영하여 비교적 성공한 정책이라는 평가를 받았다. 하지만 이른바 문화예술계 블랙리스트 사건과 국정농단 사태가 벌어지면서 국가의 문화예술정책 전반에 대한 국민의 신뢰를 떨어뜨리는 결과를 가져오기도 했다. 이는 역설적으로 이해되는 측면도 있다. 즉, 국민의 문화적 기본권 보장을 위한 제도적 토대인 <문화기본법>에 근거하여 만들어진 문화권 관련 특정 예술정책이 훼손된 것은 물론, 당시 정부가 내세웠던 거대 정책 담론인 문화융성정책의 불신을 자초한 것은 아이러니다.

<문화기본법>을 뒷받침하는 법률로는 <문화재보호법>, <저작권법>, <예술인복지법>, <대중문화예술산업발전법> 등의 규정이 있지만, 이러한 법률은 국민의 권리라는 관점에서 직접적인 문화권을 규정한 것이 아니라, 헌법 규정을 실현하기 위한 국가의 의무를 간접적으로 규정하고 있다는 점에서 한계를 지닌다.[58]

<문화기본법>상의 문화권은 헌법의 문화기본권 관점에서는 제한적일 수밖에 없는데, 이는 네 가지 측면에서 분석할 수 있다. 우선 문화권 개념에 평등권, 자유권, 문화향유권을 규정하고 있지만 다양한 사회적 문화기본권이 규정되지 못하고 있다. 또한, 문화권의 실현을 위하여 구체적인 방안이 규정되어야 함에도 오히려 문화교육권이나 환경권 등에서는 추상적 권리로 규정하고 있으며, 사회적 기본권이 강

---

58 정광렬, 앞의 보고서(2017).

화되는 추세를 제대로 반영하지 못하여 사회적 문화기본권 축소는 물론 문화예술 분야의 다양한 논의와 권리 반영에도 미흡하다.[59]

이 같은 논의는 현행 <문화기본법>의 문화권 조항에 대한 손질을 요구하고 있다고 할 것이다. 즉, 새로운 문화권 개념의 수용과 함께 문화권의 적용 범주를 보다 명확하게 정립할 필요성이 커지고 있다.

---

59 정광렬, 앞의 보고서(2017), p.55.

CHAPTER

03
문화예술 분야의 국가 개입 담론과 쟁점

---

1. 문화예술의 의미와 영역

예술의 사전적 의미는 일반적으로 일정한 작업을 해낼 수 있는 숙련된 능력이나 활동으로서의 기술로 정의된다.[1] 미적 예술, 수공, 기술의 의미를 모두 포함하였으나, 근대 사회 이후에는 점차 미적 의미에 한정되면서 일반 기술과 구별되는 순수예술, 혹은 기초예술(beaux arts, fine arts) 개념이 확립되었다. 학문적으로도 예술은 명확히 그 의미와 범주를 정의하는 것은 어려운데, '예술정의불가론'을 언급한 Weitz는 예술이란 계속해서 변화하는 일종의 열린 개념으로 이해해야 한다고 하였다. Griswold도 예술 작품을 공연이나 작품처럼 실체를 가진 구성물로 보고 이를 '문화적 대상'이라 불렀으며, Alexander는 명시적 문화(explicit culture)에 속하는 것을 예술로 지칭했다.[2] 예컨대 시각예

---

1 전병태, "예술지원의 원칙과 기준에 관한 연구," (한국문화관광연구원, 2005), p.45.
2 빅토리아 D. 알렉산더 저·김은하 외 역, 『예술사회학』(살림, 2017), p.34.; 이민아, 앞의

술, 오페라, 고전음악, 무용, 문학 등 이른바 순수예술 혹은 고급예술로 부를 수 있는 장르들이다. 대중음악이나 대중소설, 영화, 드라마 등을 포함하는 대중예술과 민속예술 등도 예술에 속한다고 판단하였다. Alexander는 특히 순수예술, 대중예술, 민속예술, 하위문화의 예술 외에 인터넷의 발달로 사이버 공간에서의 예술 활동이 증가함에 따라 '웹상의 예술'을 추가했으며, 광고를 대중예술에 넣었으며, 예술에 포함시키거나 배제하기 모호한 영역을 '회색지대'로 설정했다.[3]

1) 예술의 사회적 정의

무엇이 예술이고 아닌지는 사회적으로 정의된다고 보는 시각도 있는데 이는 주로 사회학계의 시선이다. 신문지, 폐타이어, 철사, 쇳조각 같은 산업폐기물을 소재로 한 정크아트는 20세기 중반 서구에서 등장했는데, 한국의 국립현대미술관도 520톤의 폐차 수백 대를 압축한 세자르의 '520t'을 소장하고 있다. 같은 양식의 작품을 미술관에서 전시하고 공모전을 연다는 점에서 우리 사회도 정크아트를 예술로 여긴다고 할 수 있다. 즉, 예술품이 작품의 내적 속성에 의해 예술로 간주되는 미학자들의 주장과 달리 물리적·사회적 맥락에 따라 정의되고 있음을 보여준다.[4]

예술을 정의하고 있는 국내 관련 법률은 다양한 편이다. 대표적인 문화관련 법률인 <문화예술진흥법> 제2조 제1항 제1호는 "문화예술이란 문학, 미술, 음악, 무용, 연극, 영화, 연예, 국악, 사진 건축, 어문, 출판 및 만화를 말한다"고 정의한다. 이러한 정의는 오늘날 문화예술

논문(2018).

3 위의 책(2017), p.77.

4 빅토리아 D. 알렉산더 저·김은하 외 역, 앞의 책(2017), pp.76~77.

이란 대중예술[5], 즉 문화산업이 포함된 범주로 보고 있다는 의미로, 전통적인 순수예술과 문화산업을 분리하지 않고 포괄적인 범위로서 이해하고 있다. 문화예술진흥법 외에 <문화예술후원활성화에 관한 법률>, <예술인 복지법>, <지역문화진흥법> 등은 문화예술에 대한 정의를 문화예술진흥법상 그것에 준용하고 있다. 다만 '공연'의 경우 <공연법>에서 별도로 정의[6]하고 있다. 이처럼 여러 법률이 명시하고 있는 예술의 개념을 고려하면 문화, 문화예술, 예술은 거의 같은 의미로 사용되고 있다.[7] 예술의 정의에 관한 이상의 내용을 정리하면 <표 3-1>과 같다.

표 3-1 예술의 정의

구분	정의
순수예술	오페라, 심포니, 회화, 조각, 실험적인 퍼포먼스, 무용, 발레, 현대무용 등, 문학
대중예술	대중음악(록, 팝, 컨트리 등), 대중소설, 영상과 영화(할리우드, TV방송용, 독립영화), TV 드라마(시리즈, 미니시리즈)와 시트콤, 광고(인쇄광고, 방송광고)
민속예술	민속음악, 퀼팅
웹상의 예술상품	웹 아트, 가상 미술관, 음악 클립

출처: 빅토리아 D. 알렉산더 저·김은하 외 역, 『예술사회학』(2017), p.35를 참조하여 재구성.

---

5 대중예술, 문화산업 분야는 전통적 예술로는 간주할 수 없으나, 예술적인 요소를 포함하고 있는 대중예술(popular art) 내지는 예술 주위에 있는 것들을 대중들이 향유하고 있기 때문에 문화예술에는 준 예술까지 포함할 수 있는 확장된 범위로서 이해된다. 이토오 야스오 외 저·이흥재 역, 『예술경영과 문화정책』(역사넷, 2006), p.37.
6 공연이란 음악, 무용, 연극, 연예, 국악, 곡예 등 예술적 관람물을 실연에 의하여 공중에게 관람하도록 하는 행위를 말한다.
7 이민아, 앞의 논문(2018), pp.13~14.

2) 문화예술의 영역 분류

문화체육관광부에서는 유네스코 2009 FCS에서 제시한 문화영역 (cultural domain)의 분류와 해외 주요국의 분류 기준 및 국내 관련 법

표 3-2 예술영역 분류체계

영역(대분류)	중분류	세분류
공연예술	음악	양악(관현악, 실내악, 합창, 오페라, 재즈 등)
		대중가요 콘서트
		전통음악(국악 등)
	연극	연극, 넌버벌 퍼포먼스, 인형극 등
		뮤지컬
		전통연희
	무용	고전발레, 현대무용, 비보이댄스 등
		전통무용
	기타 공연예술	기타 혼합장르
시각예술 및 공예	미술	현대미술(회화, 조각, 설치 및 영상, 판화)
		전통미술
	사진	사진
	만화	만화
	공예	현대공예(도자, 금속, 섬유, 옻칠 등)
		전통공예
	디자인	그래픽, 의상, 캘리그라피 등
	건축	건축설계(건축기공과 공학 제외)
	기타 시각예술	기타 혼합장르
문학	문학	소설, 시, 희곡, 평론, 번역 등
대중예술	영화	영화
	방송연예	교양, 드라마, 연예오락 등

출처: 문화체육관광부 홈페이지(2011.; 양혜원, 『문화예술통계 중장기발전 실행방안 연구』 (문화체육관광부, 2011)를 참조하여 재구성.

률 등을 토대로 문화예술에 대한 체계적 분류를 하고 있다. 공연예술 4분야(음악, 연극, 무용, 기타 공연예술), 시각예술 및 공연 7분야(미술, 사진, 만화, 공예, 디자인, 건축, 기타 시각예술), 문학 1분야, 대중예술 2분야(영화, 방송연예)가 그것이다.

2. 문화예술의 가치와 영향

예술은 각 철학 분야에서 최전방에 위치한 사유 주제가 되었다. 예술이란 무엇인가, 어떤 대상을 예술로 판단하는 인간 능력이나 그 대상의 속성, 그리고 이 판단 과정에 영향을 미치는 외부 요건은 무엇인가, 또 예술의 가치란 무엇이며 어떻게 결정되는가 등의 질문은 예술이 인간의 독특성을 담지하는 최정점의 활동인 한 끊임없이 지속될 것이다.[8] 예술에 대한 정의가 학자마다 다른 것만큼이나 예술의 가치와 관련한 담론 역시 다양한 편이다. 예술은 크게 본원적 가치인 문화적 가치와 사회적 가치 등, 두 가지로 나눌 수 있다. 본원적 가치는 예술이 가진 그 자체로서의 가치라고 할 수 있고, 사회적 가치는 상징적이고 소통적인 문화예술의 잠재력과 관련하여 문화적 매개자 확산에 따라 갖게 되는 가치를 의미한다.

1) 예술의 본원적 가치

예술의 본원적 가치에 대한 논의는 다음과 같은 두 가지 차원에서 살필 수 있다.

첫째, 예술의 본원적 가치는 예술의 본원적 목적과 맥락이 닿아 있

---

8 양혜원 외, 『예술의 가치와 영향 연구: 국내외 담론과 주요 연구결과 분석』(한국문화관광연구원, 2019), p.29.

다. 즉, 미의 추구와 자아의 인식 및 표출이라고 보는 시각이다. 이는 예술 행위를 통해 자기 내면의 세계를 표현하고 창작의 과정에서 상상력과 본능을 자극하며 감정을 일깨우는 것이다. 아름다움을 체험하고 그 체험을 표현하는 근본적인 성격은 인간의 공통된 특성이라고 할 수 있기 때문에, 인간이 예술을 향유하는 것은 예술 그 자체에 대한 이해라기보다는 인간의 일반적인 이해와 자기성취와 관련된 예술을 이해하는 것이다. Cizek은 예술, 특히 시각예술이란 인간 발전의 자연스러운 일부로 문화예술의 부재는 정신적 성장과 사회적 건강성을 약하게 만든다고 주장한다.

둘째, 예술의 문화적 가치는 내재적 가치로 치환할 수 있다. 예술의 가치 중 실증이 어려운 영역을 내재적 가치 또는 문화적 가치라고 할 수 있는데, 예술의 내재적 가치는 존재 자체의 가치를 의미하며 이러한 가치가 실증되지 않는다고 해서 무시할 수 없는 중요한 가치 영역이다. 이를 주장한 대표적인 연구자는 오스트리아의 경제학자 David Throsby로, 그는 문화적 가치를 미적 가치(Aesthetic value), 영적 가치(Spiritual value), 사회적 가치(Social value), 역사적 가치(Historical value), 상징적 가치(Symbolic value), 정통적 가치(Authenticity value) 등 크게 여섯 가지 요소로 구분했다.[9] 사회적 가치는 소통 매개로서의 예술을 의미한다. 사람들은 공통된 문화를 경험하고 같은 예술을 체험하면서 공감 능력과 소통 능력을 배양하는데, 이러한 소통은 공통된 문화를 공유하는 데서 생기는 것이기도 하지만 서로 다른 다양한 예술에 대한 이해에서 비롯되기도 한다.

한편, 예술은 문화 생산자와 향유자 간의 매개 역할을 함으로써 둘 사이에 소통이 이루어지도록 하며, 생산자 간 혹은 향유자 간에 교류

---

9 양혜원 외, 앞의 보고서(2019), p.29.

의 기회를 제공해주기도 한다는 점에서 사회적 가치와 연결된다. 이들을 세분해서 살핀다면 역사적·경제적 가치들과 연계되어 파악할 수 있다. 첫째, 역사적 가치는 예술의 역사성을 지칭한다. 예술이란 현재뿐 아니라 과거에 형성된 것을 학습을 통해서 전하고 서로 공유하고 향유하며, 이렇게 축적된 결과로 구현되는 것이 바로 문화라는 점에서 문화를 역사적 산물로도 여기는 것이다. 둘째, 경제적 가치는 종종 사물의 가격 또는 그것의 교환가치를 지칭하며, 이는 교환의 계기에 초점을 두기 때문에 가치평가의 매우 특별한 유형이라고 할 수 있다.[10] 이러한 경제적 가치의 측면에서 예술은 경제적 부흥 및 일자리 창출을 가능하게 하는 기제인데, 이는 동시에 국가 발전에의 직·간접적 경제적 기여를 함축하고 있다.

이러한 문화적 가치와 관련한 문화적 소비의 관점에서 해석은 보다 다층적으로 전개되고 있다. Thorsby는 문화적 가치의 구성 요소들이 문화 재화에 대한 개인의 경제적 가치에 영향을 줄 수 있으며, 문화 재화는 해당 재화를 직접적으로 경험하지 않은 이들에게도 경제적 가치를 창출할 수 있다고 지적한다.[11] 소비는 문화적 가치의 개념을 여러 개로 쪼개고 표준화된 척도에 따라 가치를 부여하는 것이 한계가 있음을 인정하지만, 그럼에도 불구하고 이러한 방법이 집합적인 문화적 가치를 계량적 형태로 나타낼 수 있는 실행 가능한 수단이라고 주장한다.[12] 예술의 가치를 '예술 작품이나 활동, 또는 이들과 수용자 간

---

10 양현미 외, 『문화의 사회적 가치 - 행복연구의 정책적 함의를 중심으로』(한국문화관광연구원, 2008).

11 양혜원 외, 앞의 보고서(2019), p.36.

12 Carnwath, J.D. & Brown, A.S., *Understanding the value and impacts of cultural experiences,* A literature review. Arts Council England(2014), p.35.: 양혜원 외, 앞의 보고서(2019).

의 상호작용 속에서 생성되는 긍정적인 잠재적 가치'라고 한다면, 이러한 잠재적인 가치가 예술적 경험의 결과로 실재화된 특정한 변화를 가져올 때 이를 영향이라 할 수 있다.[13]

2) 예술의 영향

예술의 영향과 관련해서는 McCarthy의 세 가지 편익, 즉 도구적 편익, 내재적 편익, 전이 편익 등으로 구분해 설명할 수 있다. 첫째, 도구적 편익이란 대상의 경험 영역이 아닌 영역에서 나타나는 편익을 의미하는데, 이는 예술뿐 아니라 다른 수단을 통해서도 달성된다는 것이다. 눌째, 내재적 편익은 예술 경험을 통해서만 발생하는 효과라고 할 수 있으며, 셋째, 전이 편익은 개인적 – 공공적 편익, 내재적 – 도구적 편익의 각각의 중간 영역에서 새롭게 구성됐다. 즉, 내재적이고 개인적인 편익이 전이를 통해 모든 영역의 편익에 영향을 주는 것으로 개념화했다.[14] 예술의 사회적 영향에 대한 정의는 크게 두 가지로 구분할 수 있다. '유물이나 공연 자체를 넘어서서 사람들의 삶에 지속적으로 영향을 주는 결과'와 '사람들과 그들이 관계 맺는 방식에 대한 영향'으로 정의된다.[15] 이러한 예술의 사회적 효과는 건강, 교육, 사회통합, 범죄예방에 미치는 효과 등 몇 가지 세부 효과로 범주화된다. 이를 종합하여 정리하면 <표 3-3>과 같다.

---

13 양혜원 외, 앞의 보고서(2019), pp.38~39.
14 McCarthy, K. F., Ondaatje, E. H., Zakaras, L. & Brooks, A., *Gifts of the Muse: Reframing the Debate about the Benefits of the Arts*, RAND Corporation(2004), pp.56~59.
15 양현미 외, 앞의 보고서(2008).

표 3-3 예술의 사회적 효과

효과 구분	세부 내용
사회통합 효과	• 사회적 자본을 강화함으로써 사회 통합 기여 • 문화예술은 타인과의 협동 및 소통능력 향상, 타인에 대한 포용력 증가, 개인의 사회적 네트워크 형성 등에 기여한다는 점에서 사회적 자본 형성의 토대 마련 일조
건강 효과	• (환자의 스트레스 감소) 스트레스, 우울, 긴장 감소. 특히 음악은 임산부의 혈압 감소, 수술 환자의 통증 감소에 기여 • (정신건강) 예술 치료는 환자의 자기표현, 커뮤니케이션, 사회적 기술을 향상시킴으로써 정신과 치료에 기여 • (의료진 양성) 시각예술은 삼차원적인 인식 능력을 필요로 하는 신경외과를 비롯한 외과 일반 교육에 기여 • (일반시민의 건강향상) 문화예술 행사에 참여한 그룹은 그렇지 않은 그룹보다 혈압 안정, 호르몬 균형, 면역력 향상, 장수
교육 효과	• 자부심과 자신감 향상 • 커뮤니케이션과 사회적 기술 향상 • 창의성 향상 • 공간적 인식능력 향상(모차르트 효과) • 성적 향상 • 학습동기 및 학교에 대한 소속감이 촉진되는 학교문화 형성
전이 편익	• (재범률 감소) 예술 프로그램 참여 재소자는 출소 후 전체 평균에 비해 재범률 낮아(참여자 재범률 31%, 평균 58%) • (청소년 범죄예방) 청소년 범죄예방 예술 프로그램 도입 지역은 그렇지 않은 지역보다 범죄율 약 5.2% 감소

출처: Joshua Guelkowl, *How the arts impact communities: An introduction to the literature on arts impact studies*, Princeton University(2002),: 양현미 외, 앞의 보고서(2008)를 참조하여 재구성.

3. 문화예술지원정책의 목표와 기능

문화는 집단과 사회의 삶의 양식을 규정하는데, 이를 다루는 국가 차원에서의 문화예술정책이란 창의성에 기반한 문화적, 예술적 행위에 관한 제도나 정책, 산업 등을 의미한다.[16] 정책 가치와 이념에 따라 설정되는 문화예술정책은 국민 생활의 질을 개선하고, 문화예술을 창조 발전시킨다는 거대한 목표를 지니고 있다. 이런 목적을 위하여 정부는 관련 예산을 배분하고, 이를 담당할 예술가의 사회적 지위와 조건 개선을 도모하고 있다. 문화예술정책의 기능은 크게 두 가지로 나눌 수 있다.[17] 첫째, '기여론'으로 사회의 문화 활동 총량을 증대시키고 나아가 사회 속에 흐르는 문화예술 수준 향상에 기여하는 것이다. 문화예술정책을 개인에 적용할 경우 개인에 대한 문화예술 서비스를 통해 개인의 문화권을 넓혀준다는 의미가 있다.

둘째, '목적론'으로 문화예술정책은 수단적 가치를 갖는 게 아니라, 그 자체가 문화예술 발전을 목적으로 하는 활동이라는 것이다. 즉, 문화예술정책이란 문화예술의 내용에 대한 관여를 탈피하여 자주적이고 자발적인 활동을 지원하는 데 중심을 두는 것이다. 이런 측면을 감안한다면, 문화예술정책은 정부 주도의 일방공급적 성격과는 원천적으로 거리가 멀다고 할 수 있을 것이다.

본 저서에서 집중적으로 논의할 문화예술 지원정책은 문화예술 진흥 및 이를 위한 예술에 대한 공공지원 필요성 등을 감안할 때 문화예술정책의 3대 범주, 다시 말해 문화예술 지원정책, 문화산업(콘텐츠)정책, 문화예술 향유정책 중에서도 핵심이라고 할 수 있다. 예술지원정책은 예술의 진흥과 발전을 위해 공적 자원을 배분하는 것을 지칭하는데, 예술 활동을 돕기 위한 공공보조금이 대표적인 정책 수단으로 여겨진다. 공공 재원이 예술에 투입되는 지원정책을 둘러싼 담론은 치열한 편이다. 예술에 대한 국가의 정당하다는 의견과 그렇지 않다는 반론이 상존한다.

---

16 원도연, "이명박 정부 이후 문화정책의 변화와 문화민주주의에 대한 연구," 『인문콘텐츠』 제32호(인문콘텐츠학회, 2014). pp.219~245.
17 이흥재, 『문화정책론』(박영사, 2014).

1) 공공재 논의

문화예술에 대한 공공지원은 정당하다는 견해는 공공재로서의 접근에 속한다. Clofelter는 "문화 분야에서는 시장기능에 의한 효율적인 재화의 분배가 이루어질 수 없기 때문에 정부 개입이 불가피하다."라고 설명했고,[18] Baumol은 비용질병(Cost Disease)[19]론을 강조하면서 연극, 무용, 클래식 음악 등 공연예술의 경우 숙달된 인간의 기예 그 자체로서 상품이 완성되는 것이기 때문에 대량 생산이나 생산 표준화가 불가능하다고 주장했다.[20] Baumol의 이 같은 판단은 공연예술은 공공 재원을 통한 지원 체제가 불가피하다는 사실을 강조한 것으로 이해할 수 있다.

예술적 가치 관점에서 문화예술에 대한 공공지원이 필요하다고 보는 입장으로 Frey가 대표적인데, 그는 "문화예술은 다양한 사회적 가치를 기대할 수 있기 때문에 공공지원의 논거가 된다."고 제시했다.[21] 또한, 문화예술 향유와 관련한 예술 소비의 형평성 차원에서 예술의 공공재원 투입은 타당하다고 보는 견해도 있다. Mulcahy와 Swaim은 예술적 기회의 재분배를 통한 사회적 형평성을 확보하기 위해서는 예술분야에 공적 지원이 뒤따르는 게 맞다는 입장을 보이고 있다.[22]

특히 Mulcahy는 문화예술의 공공성에 관한 인식이 국가별 예술지

---

18 Clofelter, C., *Who Benefit from the Nonprofit Sector?*, London: The University of Chicago(1992).
19 비용질병은 공연예술단체의 경우 필연적으로 적자에 직면할 수밖에 없다는 것을 설명하는 개념이다. 시장 형성이 어려운 공연예술 산업의 특성에 기인한다.
20 보몰 외 저·임상오 역, 『공연예술: 경제적 딜레마』(도서출판 해남, 2011).; 류정아, 앞의 논문(2015), p.81.
21 Frey, B., *State Support and Creativity in the Arts: Some New Consideration*, Journal of Cultural Economics, Vol.23(1999).
22 Mulcahy, K. and Swaim, R., *Public Policy and the Arts*, Boulder: Westview Press(1982).; 류정아, 앞의 논문(2005), p.81.

원 방식과 정당성에 주요한 요소라고 파악하면서, 국가별 문화예술정책이 갖는 행정·재정·정책적 특성들을 공공성의 강도, 중앙정부 역할의 직접성 및 간섭에 따라 세분화한 분석을 시도했다.[23]

이상의 논의를 통해 각국의 문화예술정책은 공공성을 가진 문화예술을 구체화시키는 제도, 조직, 지원방식, 미적 가치의 체계, 국가의 정치 이념을 긴밀히 반영한다고 파악하고, 예술에 대한 정책 지원을 거시적 차원에서의 헤게모니, 즉 정치 문화와 연관 지어 분석했다.[24]

이것은 문화예술의 공공성을 강조하면서 정책의 중요 순위로서의 당위성을 설명한 것이라고 할 수 있다.

표 3-4 Mulcahy의 문화예술정책의 행정적, 재정적, 정치적 모형 비교

구분	국가의 역할 직접성	국가의 역할 간접성
	중앙정부의 역할 직접성	중앙정부의 역할 간접성
문화예술의 공공성 강함	프랑스	캐나다
	• 국가주의 행정 • 재정지원 • 헤게모니적 문화정치	• 조합주의 행정 • 교부금 지원 • 자주성의 문화정치
문화예술의 공공성 약함	노르웨이	미국
	• 지역분권적 행정 • 사회보장적 권리 • 배분적 문화정치	• 다원주의적 행정 • 조세지출지원 • 사유화의 문화정치

출처: 홍기원, 『문화정책의 유형화를 통한 비교연구』(한국문화관광연구원, 2006), p.26을 참조하여 재구성.

---

23 최보연, 『주요국 문화예술정책 최근 동향과 행정체계 분석 연구』(한국문화관광연구원, 2016), pp.9~10.
24 위의 보고서(2016), pp.9~10.

2) 보편적 정책

이처럼 문화예술 분야에 공공 재원, 즉 국민의 세금이 투입되는 것이 정당하다고 보는 견해가 있는 반면에 부정적인 접근도 만만치 않다. Heilbrun과 Gray는 예술가들도 다른 직업인과 마찬가지로 자립해야 하고, 정부가 대중의 미적 요구까지 충족시켜줄 책임이 없으며, 예술의 공공지원에 대한 사회적 효용 또한 증명할 수 없다는 것을 예술의 공공지원 투입 반대 논리로 들고 있다.[25]

이와 같이 예술지원정책의 주요 담론인 문화예술 공공지원의 정당성을 둘러싼 찬반 논쟁에도 불구하고 대다수 국가에서는 예술분야 지원을 국가의 책무이자 역할의 한 영역으로 인식하고 있다. 예술지원 정책을 일종의 보편적 정책으로 바라보고 있는 것이다. 그 방식과 대상, 지원의 정도 등이 국가별 역사적, 경제적, 사회적 환경에 따라 다르게 적용되고 있을 뿐이다.[26]

Ⅱ 국가의 문화예술지원 주요 담론

1. 공공지원의 불가피성

1) 문화예술의 시장실패

문화예술 분야를 정부가 지원해야 한다는 논의는 1960년대 초 미

---

25 Heilbrun, J and Gray, C., *The Economics of Art and Culture: An American Perspective*, Cambridge, Cambridge University Press(1993),; 류정아, 앞의 논문 (2015), p.80.

26 정홍익, "문화정책의 가치론적 접근," 『문화정책논총』 제5집(한국문화관광연구원, 1993).

국의 경제학자 Baumol과 Bowen에 의해 처음 제기됐다. 이들의 주된 논리는 정부 지원의 정당성으로 요약할 수 있다. 즉, 문화예술 분야는 공공재적 성격이 강한 대표적인 '시장실패'[27] 영역이기 때문에 정부가 이를 보완할 필요성이 있다고 주장하였다. 시장 논리만 좇을 경우 문화예술, 특히 순수예술이나 전통문화는 제대로 생존하기 어렵고 도태될 가능성이 크며 문화예술의 생산, 유통, 소비도 왜곡될 가능성이 크기 때문에 국가 차원의 공적 지원이 필요하다는 것이다.

Baumol과 Bowen의 이 같은 주장은 문화예술 분야의 시장실패를 해결하기 위한 주요 방안으로 정부의 지원을 강조한 것이라고 할 수 있다. Throsby 역시 문화예술이 공공재적 특성을 갖는다고 보인다. 공공재란 그 재화나 서비스가 소비의 비배제성이나 비경합성 등의 성질을 갖고 있는지 여부에 따라 공공재와 사적 재화로 구별할 수 있다. 민간에서 공급된다 하더라도 공공재의 성질을 갖는 재화는 공공재이고, 정부가 공급하고 있더라도 공공재의 성질을 갖고 있지 않으면 공공재가 아니다. 그런데 소비의 비배제성이나 소비의 비경합성[28]은 현실에서는 상대적인 것으로, 순수한 공공재로서 존재하기보다는 사적 재화의 성질과 공공재의 성질을 동시에 갖고 있는 재화로 존재하는 경우가 많다.[29]

---

27 '시장실패' 개념은 기본적으로 문화예술의 공공재적 성격과 맞닿아 있다. 공공재적 성격은 비경합성과 비배제성을 특징으로 한다. 이는 문화예술 서비스의 사용은 사회 내의 다른 구성원과 경쟁하지 않아도 충분히 소비할 수 있으며, 문화예술 소비에 대하여 다른 사회 구성원의 소비를 배제하기 어렵다는 것이다. 바로 이러한 특성으로 인해 문화예술 서비스의 공급을 시장원리에만 의존할 수는 없고, 중앙정부나 지방자치단체 같은 공공부문의 개입이 필요하다는 것이다. 이흥재, 앞의 책(2014), p.140.

28 소비의 비배제성은 비용을 부담하지 않는 사람이 그 편익을 누리는 것을 배제할 수 없는 재화나 서비스의 성질을 의미하는데 국방 서비스 등이 여기에 해당하며, 소비의 비경합성은 누군가가 그 편익을 누리고 있어도 다른 사람이 동시에 그 편익을 누릴 수 있는 성질로 TV방송 등을 들 수 있다.

2) 외부성

이러한 공공재가 갖는 특성으로 인해 수요 측면에서 무임승차자 문제가 생기고 과대한 선호 표출의 문제 역시 발생하며, 사회적 후생 증진을 위해선 정부 지원이 필요하다고 인정한다.[30] 대체로 예술지원에 대한 일반적 논의에서는 세 가지 주장들이 제기된다.

첫째, 예술은 경제 활성화 기능을 하고, 예술은 관광을 촉진하고 그로 인해 지역경제에 긍정적인 파급효과를 발생시키며, 정부가 예술을 지원해야 예술가들은 일상적인 예술가로서의 직업을 유지할 수 있다는 것이다. 이러한 주장들은 예술이 순수하게 시장을 통해 자금을 조달하는 것에 반대하는 기본적 관점으로 볼 수 있는데, 자신들의 생산물이 가진 공공재적 속성 때문에 시장을 통해서는 예술가들이 수익 전체를 온전히 향유할 수 없으며, 따라서 정부의 예술 지원이 필수 불가결하다는 논리로 귀결된다.

둘째, 정부의 예술 지원의 또 다른 논리는 외부성이다. 한 사람이 어떤 재화를 소비할 때 소비의 행위와 직접 관련되지 않은 다른 개인에게 비용이나 이익 등의 파생효과를 주는 것을 의미하는 외부성은 문화예술에 적용할 수 있다는 논리다. 문화예술은 예술상품의 생산과 소비로 인해 사적 이상의 이익을 사회에 가져다준다는 것이다. 즉, 문화예술은 직접 향유하는 당사자 외에도 사회 여러 부분에 대해 후생을 증가시키는 외부효과를 발생시킨다.[31] 문화예술의 외부성을 설명할 수 있는 대표적인 사례가 지역에 설치되는 문화예술회관 등 문화 관련 시설로, 그 존재로 인해 많은 사회적 편익이 유발된다는 것으로 설명할 수

---

29 이토오 야스오 외 저·이흥재 역, 앞의 책(2003), pp.118~119.
30 김학실, "문화예술부문의 공적지원 정당성에 관한 연구,"『사회과학연구』제17권 2호(충북 대학교 사회과학연구소, 2001), p.323.
31 김학실, 앞의 논문(2001), p.324.

있다. 이와 관련하여 Baumol과 Bowen도 문화예술, 특히 공연예술의 경우 다수 방문객들을 특정한 도시로 유인하며 공연 관람에 따라 부속적으로 소비되는 서비스 부분의 수입 증대에 영향을 미친다고 설명했다.

셋째, 가치재적 성격 역시 정부의 예술지원 정당성을 뒷받침하는 논거로 볼 수 있다. 문화예술의 근본적 가치는 인간의 마음에 감동과 기쁨을 주고 정신적 만족감을 제공함으로써 행복한 삶을 누리게 하는 것인데, 이러한 측면에서 예술이야말로 대표적인 가치재에 해당한다는 것이다.[32] 즉, 문화예술 자체의 특별한 가치가 있기 때문에 정부 지원이 필요하다는 논리이다.[33] 이는 전술한 Frey의 예술 가치 논의와 접점을 이룬다고 할 수 있다.

2. 공공지원의 부적절성

1) 규제와 간섭의 초래

문화예술이 내포하고 있는 가치 함축적 특성으로 인하여 문화예술

---

[32] 류정아, 앞의 논문(2015), p.82.

[33] 문화예술의 사회적 가치는 '비사용자 가치'로 정의되기도 한다. 이는 선택가치, 존재가치, 유산가치, 명성가치, 혁신가치 등 크게 다섯 가지로 구분된다. 선택가치(Option Value)는 비록 자신이 현재 문화상품을 사용하지 않더라도 개인의 문화공급이 존재하는 자체만으로 상당한 편익을 얻을 수 있는 가치를 의미한다. 존재가치(Existence Value)는 문화상품이나 문화활동이 존재한다는 자체를 아는 것만으로도 개별적인 편익을 얻게 된다는 것으로, 역사적 건물에 적용할 수 있다. 유산가치(Bequest Value)는 미래세대는 자신의 선호를 지금 시장에서 표현할 수 없기 때문에 예술적 창조라는 전통을 지켜 후세에 전해야 하는 가치를 말한다. 명성가치(Prestige Value)는 예술에 전혀 관심이 없고 개인적으로 예술을 소비하지 않는 사람에게도 적용되며, 지역이나 국가의 정체성을 보존하고 드높이는 가치를 의미하며, 혁신가치(Innovative Value)는 예술을 경험한다는 것은 사회에서의 창조적 사고의 발전, 비판적 평가능력의 향상, 미학적 기준의 창조 등에 기여함으로써 대다수 사람들에게 긍정적인 영향을 미치는 가치를 말한다. 선우영, "지방자치단체의 예술지원에 관한 고찰," 『지방정부연구』 제14권3호(한국지방정부학회, 2010), p.193.

분야의 공공지원 당위성 또는 정당성을 둘러싼 논란 역시 끊이지 않고 있다. 정부의 공공지원을 반대하는 논거는 크게 두 가지로 설명할 수 있다.

첫 번째 논거는 정부가 문화예술 분야의 질적인 부분을 판단할 수 있는 전문가 집단이 아니기 때문에 공적 지원이 이루어질 경우 자유로운 표현과 창의력에 기반을 둔 문화예술 활동에 큰 제약을 줄 것이고, 문화예술이 정치적 도구로 사용될 가능성이 있다는 것이다.[34] 이것은 정부 재정지원이 초래할 수 있는 규제와 간섭의 문제로 볼 수 있다. 후술할 '팔길이 원칙'도 이러한 맥락에서 살필 수 있다. 문화예술 선진국으로 분류되는 영국은 경제적인 여건이 좋아 공공자금이 넉넉할 때는 '지원은 하되 간섭은 하지 않는다'는 '팔길이 원칙'이 비교적 잘 이행됐지만, 1970년대 이후 정부 지출이 삭감되면서부터는 문화예술을 담당하는 부처(예컨대, 문화부와 예술위원회 등)들도 정부의 재정적, 관리적 통제로부터 더 이상 독립적일 수 없었다는 평가가 나오기도 했다.[35]

문화예술 분야 연구자 중에서도 Hagg는 공공지원에 대해 특히 부정적 입장을 견지하고 있다. Hagg는 정부가 바람직하지 못한 예술과 올바르거나 바람직한 예술을 구별할 능력이 없고, 공공재원이 무작위적으로 주어진다면 가짜 예술가들이 이러한 분야에 끼어들 유인을 갖게 돼 결국 정부 예산의 많은 부분이 '가짜금'(fool's gold) 생산에 낭비되어 버린다고 판단했다.[36]

정부가 문화예술 영역에 개입한다는 것은 개인의 감정이나 의식, 또는 사상과 같은 사적 테두리에 영향을 미치는 시도이며 정책 이념이

---

34 류정아, 앞의 논문(2015), p.80.
35 김학실, 앞의 논문(2001), p.328.
36 양혜원 외, 앞의 보고서(2019).

강하게 나타날 수밖에 없다는 전제가 실려 있다는 반증이기도 하다. 문화예술 지원정책을 중심으로 한 정책 기조와 정책 추진 의지 및 정책 방향 및 내용에 영향을 주는 요인으로는 집권 정당과 이들의 정책 이념이 핵심적인 부분이 된다. 즉, 일관되게 지향하는 특정한 가치에 대한 사고 체계 및 문제 상황이 벌어졌을 때 무엇을 선택할 것인가에 대한 판단도 포함하고 있다. 이런 이유로 실제 문화예술 영역에서 이념 갈등이나 문화권력의 사태가 벌어지기도 한다.[37]

두 번째 논거는 분배적 형평성의 문제다. 즉, 정부가 문화예술시장에 개입하여 문화예술자원의 효율적 분배에 접근한다 하더라도 이러한 분배가 형평성을 증진한다고 보장할 수 없고 오히려 역차별을 부추기는 결과를 낳을 수 있다는 것이다.[38] 이와 관련하여 Hagg의 입장이 분배적 형평성의 문제를 직접적으로 제기하고 있다. 그는 정부가 선택한 예술지원을 정부가 납세자들에게 정당화시킬 정치사회적 이유는 존재하지 않는다고 판단했다. 그렇게 하는 것은 모든 계층으로 하여금 중상층을 보조하도록 강요하는 것과 마찬가지이며, 이는 예술 창출에 도움을 주기보다는 오히려 해를 끼친다는 논리를 제시했다.

Hagg는 미국의 사례를 들었는데, 예술의 집단적 편익이 공공의 지원을 정당화 할 수 있다는 측면이 분명히 존재하지만 그러한 집단적 편익이 미국엔 존재하지 않는다는 것이다. 즉, 미국의 경우 연극, 무용, 오페라 등 고급예술이 국가적인 정체성을 형성하거나 유지하는 데 아무런 기여도 하지 않았다는 주장이다.[39] 오히려 스포츠, TV, 록 콘

---

37 이병량·황설화, "정책 이념과 정책의 변화: 노무현 정부와 이명박 정부에서의 문화 정책," 『한국정책연구』 제12권 3호(경인행정학회, 2012), pp.177~179.

38 김학실, 앞의 논문(2001), p.327.

39 Hagg는 오페라를 예로 들어 설명했다. 오페라는 그 가치가 무엇이든 이탈리아나 오스트리아에서처럼 미국도 오페라가 민족적인 응집력과 역사, 문화 그리고 공동체 의식에 기여해 왔

서트 등은 정부 지원 없이도 사회적 응집력에 크게 기여한 분야로 꼽히고 있다는 것이다.[40]

2) 지원과 이념의 배치

정부의 문화예술 지원이 자본주의의 이념과 배치된다는 주장도 있다. 자본주의의 기본은 기업 활동의 자유, 개인주의, 경쟁, 사유재산권, 작은 정부 지향 등에 있는데, 정부가 문화예술을 지원하는 것은 큰 정부를 이루는 효과로 나타나기 때문에 자본주의 이념에 위반된다는 것이다.[41]

또한, 국가 주도의 예술지원은 관료주의와 비전문성, 대중조작의 가능성 등의 문제점으로 논의를 확장시킨다. 관료조직의 비전문성은 지원예산 규모 산출 등에서도 확인되고 있는데, 예컨대 무형의 가치가 강조되는 예술의 지원과 평가에서도 계량적 지표를 선호하여 마련하려고 하는 것 등이다.[42] 이러한 지원예산의 문제를 한국에 적용할 경우, 중앙부처에서도 마찬가지로 발생하여 문화체육관광부 자체적으로 전체 예산을 조정하는 것이 아니라, 예산 주무 부처인 기획재정부에서 사업별로 심의, 재심의하기 때문에 지원정책의 방향성을 따르기보다는 예산부처의 선호도에 따라서 사업 지원금 여부가 결정되기도 한다는 것이다.[43]

거나 또는 미국에서 그렇게 하고 있다고 말할 수 없다는 것이다. 양혜원 외, 앞의 보고서 (2019).

40 Heilbrun, J., *The Economics of Art and Culture 2nd ed*, Cambridge University Press(2001), pp.186~188.

41 김흥수, "문화 거버넌스 모형 평가에 관한 연구 – 한국 문화축제 정책사례 분석을 중심으로," 세종대학교 대학원 박사학위논문(2004), p.71.

42 전병태, 앞의 보고서(2005), pp.75~80.

43 위의 보고서(2005), pp.70~71.

표 3-5 문화예술분야 공공지원에 관한 시각

정당성 여부	연구자	입장
문화예술 분야의 공공 지원은 정당하다	Clofelter(1992)	• 문화예술 분야는 시장기능에 의한 효율적 재화의 분배가 이루어질 수 없기 때문에 정부 개입 불가피
	Baumol(1996)	• 공연예술의 경우 숙달된 인간의 기예 그 자체로서 상품이 완성되는 것이기 때문에 대량 생산이나 생산표준화 불가능 • 문화예술은 비용-질병론 적용분야
	Heiburn(2003)	• 문화예술 분야의 생산성 지연 현상으로 경제적으로 어려운 예술단체를 공공지원을 통해 보전 필요
	Frey(2003)	• 예술작품의 공공재적 속성으로 시장을 통해서는 예술가들이 수익 전체를 온전히 향유할 수 없음 • 공공지원 없이는 예술재의 공급 축소 불가피
	Mulcahy & Swaim(1982)	• 예술적 기회의 재분배 통한 사회적 형평성 확보
	Cwi(1982)	• 최소한의 문화예술 활동을 향유하지 못하는 저소득자들에게 보편적 문화 향유의 기회를 제공해야 함
	Abbing(2004)	• 의료, 공교육 및 사회보장과 마찬가지로 예술도 '사회적 권리'라는 인식 필요
문화예술 분야 공공지원은 정당하지 않다	Heiburn & Grey(1993)	• 예술가들도 다른 직업인들과 마찬가지로 자립 필요 • 정부가 대중의 미적 요구까지 충족시켜줄 책임 없음 • 예술의 공공지원에 대한 사회적 효용 증명 불가능
	Hagg(1979)	• 정부는 바람직한 예술을 구분할 능력이 없어 지원 자체가 예술가들에게 독이 될 수 있음 • 정부가 선택한 예술지원에 대한 부담은 납세자들에게 정당화 될 수 없음
	Lingle(2005)	• 문화예술에 대한 공공지원의 정책의도와 결과가 여러 제도적 한계와 정치적 의도 때문에 달성되지 않을 수 있음

출처: 선우영, "지방자치단체의 예술지원에 관한 고찰,"『지방정부연구』제14권 3호(한국지방정부학회, 2010), pp.189~215,; 류정아, 앞의 논문(2015), pp.80~81을 참조하여 재구성.

정권의 정치적 목적을 위하여 예술의 자유를 규제하고 통제하는 것은 국가 주도형 문화예술정책이 가져온 또 다른 폐단으로 규정지을 수 있을 것이다. 우리의 경우도 역대 정권에서 문화예술을 정권 홍보나 체제의 홍보 수단, 선전 도구로 활용한 사례는 얼마든지 살필 수 있다. 영국 등 선진국에서는 이러한 부정적 측면을 제어하기 위해 일찍이 국가의 예술지원금 분배에 있어서 정부의 개입을 자제하면서 불간섭주의 원칙을 고수하고 있다.[44]

Ⅲ 국가의 문화예술지원정책 관련 쟁점

1. 자율성 측면의 논의

공공기관 또는 행정기관의 자율성이란 외부의 환경요인으로부터 영향을 받지 않고 독립하여 스스로 결정하고 관리할 수 있는 능력을 의미한다. 즉, 의사결정이 외부 요인에 의해 결정되는 것이 아니라, 기관 내부 방침에 따라 결정되는 것을 뜻한다.[45] 일반적으로 외부환경과 무관하게 내부에서 스스로 정한 기준에 따라 운영되는 수준이 높은 기관은 자율성이 높다고 할 수 있고, 반대로 조직이 정책결정 후 집행 과정에서 조직 외부의 다른 집단이나 조직 등에 의해 영향을 받는다면 그 영향의 수준에 따라 자율성의 수준 역시 변화할 수밖에 없다.[46]

---

[44] 위의 보고서(2005), p.73.

[45] 정광호·권기헌, "비영리조직의 자율성과 자원의존성에 관한 실증연구: 문화예술단체를 중심으로," 『한국정책학회보』 제12권 1호(한국정책학회, 2003), p.127.

[46] 이민아, 앞의 논문(2018), p.19.

자율성과 관련한 선행연구를 보면, 자율성 개념은 정치적 관점, 행정적 관점, 통합적 관점으로 나눌 수 있는데, 이는 각각 정치적·행정적·통합적 자율성을 지칭한다고 볼 수 있다.[47]

정치적 관점의 자율성은 정치적 개입이나 정치적 통제로부터 벗어남을 뜻하며, 전문성이 중요한 정책영역에서 핵심적으로 다루어진다.[48] 정치적 자율성은 정치 세력으로부터 분리되어 전문화된 공적 위임 기구를 통해 발현되어야 한다는 측면이 있고, 정치적 책임성과 관련한 기본적인 원칙에 방점을 찍는 측면이 있는데, 결국 둘 사이의 적절한 균형점을 고민하고 있는 개념이다.

행정적 관점의 자율성은 정치적 통제의 배제를 넘어서 조직 내부 인력이나 재정 등 수행의 행정적 자율성을 강조하고 있다.[49] 즉, 정치적 자율성의 개념에 더해 행정기관이 실질적인 의사결정을 할 수 있는가에 관심을 둔다고 할 수 있는데, 이는 동시에 공공기관의 자율성에 필수적으로 수반되는 조건인 책임성을 보장한 후 경영실적에 따라 책임을 묻는 것을 의미하는 것이다.[50]

통합적 관점의 자율성은 정치적 자율성과 행정적 자율성이 상호 간 영향을 주고받는 동적인 체제로 파악하고 있다.[51] 다시 말해, 행정

---

47 서성아, "독립규제기관의 독립성이 조직성과에 미치는 영향: 공정거래위원회를 중심으로," 『한국행정학보』 제45권 2호(한국행정학회, 2011), p.247.

48 Christensen, Tom. & Per Laegreid., *Regulatory Agencies – The Challenges of Balancing Agency Autonomy and Political Control*, Governance, Vol.20. No.3(2007), pp.499~520,; 이민아, 앞의 논문(2018)..

49 신복용, "예술지원기관의 자율성에 관한 비교연구," 서울대학교 행정대학원 석사학위논문 (2012).

50 임보영·류영아, "공공기관 개혁에 관한 연구 – 공공기관 직원들의 인식조사를 중심으로," 『지방행정연구』 제22권 1호(한국지방행정연구원, 2008), p.79.

51 Krause, George., *The Institutional Dynamics of Policy Administration: Bureaucratic Influence over Securities Regulation*, American Journal of Political Science,

기관이 정치권 등 권력으로부터 무방비 상태의 영향에 노출된 것이 아니라 일부 기관 중에는 상호 적응이 나타날 수 있다는 것이다. 이는 주인－대리인 관계 모델 이론으로 설명될 수 있는데 주인에 속하는 정치권과 대리인 범주에 들어가는 행정기관 모두 중요한 영향력을 발휘하여 서로 영향을 주고받는 관계라는 것이다.[52]

이러한 자율성의 개념은 정치적 자율성이 출발이라고 할 수 있다. 즉, 행정기관을 둘러싸고 이루어지는 전반적인 정치적 개입으로부터의 배제가 자율성 개념의 기초를 이루고 있다.[53]

2. 팔길이 원칙

정부의 예술지원을 논의할 때 핵심적으로 등장하는 개념이 '팔길이 원칙'이다. 이는 다분히 수사학적 표현[54]으로 볼 수 있지만, 이론적 무게감은 매우 크다고 할 수 있다. 팔길이 원칙의 이론적 의미는 정치계급, 엘리트, 문화예술계 특정 이해관계의 간섭이나 영향을 받지 않으면서 정부로부터 지속적인 지원을 받는 것을 말한다.[55] 즉, 정치적 이해관계와 문화예술 엘리트들로부터 운영 주체를 분리하여 특정 정책이나 결정권에 보다 견고한 타당성을 부여하기 위한 것이다.[56]

Vol.40. No.4(1996), pp.1083~1121.

52 서성아, 앞의 논문(2011), p.245.

53 이민아, 앞의 논문(2018), p.20.

54 이민아는 '팔길이'라는 표현과 관련하여 "인간의 손과 몸은 하나의 신체이지만, 동시에 이 둘이 직접적으로 서로 맞닿을 수 없기 때문에 팔의 길이만큼 떨어져 있을 수밖에 없음을 의미한다. 이러한 맥락에서 팔길이는 일정한 거리, 신중한 거리를 의미한다"고 설명했다. 즉, 너무 가깝지도 너무 멀지도 않은 거리인 것이다. 이민아, 앞의 논문(2018), p.20.

55 류정아, 앞의 논문(2015), p.15.

56 류정아, 앞의 논문(2015), p.15.

1) 정치적 영향력의 최소화

Quinn은 예술위원회가 정부로부터 상대적인 자율성에 의해 운영되는 것, 특히 정치적 영향력이 최소한으로 유지되는 것이 팔길이 원칙이라고 비교적 구체적으로 설명하고 있다.[57] Quinn의 이러한 해석은 대표적인 예술지원 기관이자 예술지원 체계의 중추적 기능을 담당하고 있는 예술위원회에 사실상 독립적 운영의 필요성을 주문한 것이라는 점에서 의의를 찾을 수 있다.

팔길이 원칙의 등장은 아이러니하게 전쟁과 연관성을 띠고 있다는 점이 흥미롭다. 제2차 세계대전이 끝난 뒤 영국 정부는 전쟁의 후유증에 시달리는 열악한 사회 환경 속에서 국민의 사기를 북돋고 활력을 불어넣으려는 방안으로 '최대한 많은 국민의 예술 향유' 정책을 내놓았다. 당시 영국 정부의 이러한 기조는 소수 특권층의 전유물로 여겨지던 문화예술에 대한 대중의 참여 및 접근 한계를 제거하기 위한 조치로 분석되고 있다.

제2차 세계대전 직후인 1946년, 당시 유명한 경제학자였던 Kaynes가 주도하여 지금의 영국예술위원회 전신인 '음악예술진흥위원회'(The Council for the Encourgement of Musis and Arts: CEMA)를 창설하면서 팔길이 원칙을 처음 내세웠다. 하지만 팔길이 원칙을 예술지원 정책의 이념으로 제시한 영국에서조차 그 개념이 제정 당시의 순수한 개념에서 크게 달라져서 정부로부터의 거리보다는, 오히려 정부와의 밀착 관계를 형성하고 있다는 진단도 제시된다.[58] 이러한 맥락에서 Quinn은

---

57 Quinn, R. B. M., *Distance or intimacy?: The arm's length principle, the British government and the arts council of Great Britain,* International journal of cultural policy, Vol.4. No.1(1997), pp.127~160,; 신복용, 앞의 논문(2012).
58 *Ibid*, pp.127~131.

표 3-6 '팔길이 원칙'에 대한 규정

연구자	년도	규정
Quinn	1997	예술위원회가 중앙 정부로부터 상대적 자율성을 갖고 존재 및 운영되어야 한다는 생각에 기반. 예술위원회 활동에 대한 정치적 영향력은 최소화되어야 하며, 이 거리는 예술위원회가 정치적 압력에 의한 과도한 영향과 간섭으로부터 벗어나 스스로 기능할 수 있게 함
Chartrand and McCaughey	1989	다원 민주주의에서 부당한 권력집중과 이해관계의 충돌을 방지하기 위해 필요하다고 여겨지는 '견제와 균형'에 관한 기본적인 시스템
Sweeting	1992	예술 활동, 기관 및 관리에 대한 직접적인 개입에 정부가 거리를 두는 것
Hewison	1995	국가와 국가가 설립하였거나 재정적 지원을 하는 기관 간의 관계를 의미. 1970년대까지 문화정책과 관련하여 성문화되지는 않았지만, 오랜 기간 정치인과 관료들의 사사로운 홍보 활동으로부터 거리를 두기 위해 운영되어온 실용적 수단으로서의 원칙
Madden	2009	독립적인 자금지원기관, 동료평가에 근거한 의사결정과 정의 두 가지 요소의 조합

출처: Aguayo, *An arts Council: what for?, Knowledge Politics and Intercultural Dynamics*, United Nations University(2012), pp.171~172,; 류정아, 앞의 논문(2015), p.17을 참조하여 재구성.

영국의 팔길이 원칙이 예술위원회의 자율성과 정부의 책무 위임 사이에서 움직이는 추와 같다고 설명하고 있다.

　영국예술위원회가 팔길이 원칙에 입각하여 문화예술 분야를 재정적으로 지원한 세계 최초의 국가기관이 되었으나, 이러한 배경에는 문화예술 지원정책의 전면 수정 필요성이 자리했다. 세계대전 이후 영국 정부는 잔재하던 러시아와 독일의 국가지원 시스템 제거를 시도했는데, 이 과정에서 러시아와 독일 사회에서 공식적으로 인정하는 예술

활동 대부분이 국가가 의무를 부여하고 지원하는 사실에 주목하면서 예술에 대한 국가의 지원과 간섭에 의문을 품게 했다.[59] 이러한 독소적 요소를 없애기 위해 문화예술 단체 스스로 운영의 주체가 될 수 있도록 하는 방안을 강구한 끝에 예술지원의 대상과 지원금 배분 등에 충분한 거리두기를 골자로 하는 팔길이 원칙을 등장시켰다.

2) 팔길이 원칙의 실현과 국가의 역할

문화예술지원 정책에서 팔길이 원칙이 어떻게 실현되는가는 정부나 국가의 역할과 깊은 연관성을 띠고 있다. Chartrand와 McCaughey는 문화예술과 관련한 국가의 역할과 정책 목표에 따라 네 가지 모델을 제시한다.[60]

첫째, 미국식 협력자 모델은 예술정책의 목표가 다양성에 있으므로 개인 기부까지를 포함한 재원 다양성을 확보할 수 있다는 장점이 있다. 둘째, 영국식 후원자 모델은 예술의 수월성 달성을 목표로 하므로 엘리트주의에 빠질 수 있는 한계를 내포하고 있다. 셋째, 프랑스식 설계자 모델은 사회복지 정책의 일환으로 예술지원이 이루어지면서 상업성을 극복할 수 있지만, 창조성 침체가 우려되고 있다. 넷째, 구 소련식 기술자 모델은 예술정책의 목표가 정치 교육이고 정치적 목적을 달성하기 위해 창조적 에너지가 집중되며, 그에 따른 복종 문화가 형

---

59 류정아, 앞의 논문(2015), p.16.

60 Chartrand, H. H., & McCaughey, C., *The arm's length principle and the arts: an international perspective-past, present and future. In M. C. Cummings Jr. & J. M. Schuster (Eds.), Who's to pay? For the Arts: The international search for models of support*, American Council for the Arts(1989), pp.1~10.; 김혜인, "문화예술위원회와 문화체육관광부 관계 변화 속에서 나타난 자율성과 책임성 연구," 『문화정책논총』 제34집 1호(한국문화관광연구원, 2020).

성된다는 것이 단점으로 지적되고 있다.[61]

이와 같은 Chartrand과 McCaughey 모델에 따르면, 정부 수립 이후 한국문화예술위원회 출범 전까지 우리나라 예술지원 체계는 설계자와 기술자 모형을 운용하였다고 볼 수 있다. 즉, 정부가 문화예술정책의 수립부터 집행까지 지원정책 전반을 주도적으로 실행해 나간 것이다.[62] 한국문화예술위원회 출범 이전에는 문화체육관광부가 문화예술정책의 기획과 규제를 담당하면서 집행기관인 한국문화예술진흥원을 직접 감독했는데, 이 같은 문체부와 진흥원 간의 관계는 당시 시행되었던 문화예술진흥법 시행령상의 관련 조항에 구체적으로 명시되어 있다.[63 · 64]

2005년 독임제 기구인 한국문화예술진흥원이 합의제 기구인 한국문화예술위원회로 전환됨으로써 영국식 후원자 모델 도입으로 이어졌는데, 이는 정부의 예술지원정책에 '팔길이 원칙' 적용의 결과로 나타났다. 다시 말해, 한국문화예술위원회로의 제도 변경은 영국식 후원자 모델을 벤치마킹한 형태를 띠게 됐다. 그러나 이처럼 위원회 체제 도입에 따라 제도적으로는 영국식의 후원자형 예술지원 체계를 취하게 됐지만, 실질적인 제도운영에서는 중앙정부 중심의 프랑스식의 설계자형의 지원체계를 갖추고 있다는 분석이 일반적이다.[65] 이것은 새로운 모델의 예술지원 체계 도입과 운용은 별개의 사안으로 파악할 수 있으며, 팔길이 원칙이 한국적 상황의 예술지원 체계에서도 중요한 정책

---

61 정인숙, "한국 문화예술 지원 정책의 팔길이 원칙 이념과 실현의 문제," 『언론정보연구』 54권 3호(서울대학교 언론정보연구소, 2017), pp.12~13.

62 김혜인, 앞의 논문(2020).

63 박민권·장웅조, 앞의 논문(2020), p.100.

64 당시 문체부의 지도감독의 근거가 되었던 해당 조항들은 2005년 한국문화예술진흥원이 한국예술위원회로 변경되면서 시행령에서 삭제되었다.

65 박민권·장웅조, 앞의 논문(2020), p.111.

표 3-7 문화예술 지원정책의 국가별 모형

국가 역할	협력자	후원자	설계자	기술자
정책 목표	다양성	수월성	사회복지	정치 교육
재원 운영	조세 지출	예술위원회	문화부(정부)	예술제작소
예술적 기준	무작위	전문적	커뮤니티	정치적
장점	재원 출처의 다양성	수월성 지원	상업성으로 부터의 해방	정치적 목적 달성 위해 창조 에너지 집중
단점	세금 계산 문제, 개인 기부지 평가	엘리트주의	창조성 침체	복종
해당 국가	미국	영국	프랑스	구 소련

출처: Chartrand, H. H., & McCaughey, C., *The arm's length principle and the arts: an international perspective-past, present and future*, American Council for the Arts(1989), p.10; 류정아, 앞의 논문(2015)을 참조하여 재구성.

원칙으로 도입됐지만, 실제 시행에는 구조적 한계를 드러내고 있다고 볼 수 있다.

3. 이념적 측면의 논의

기본적으로 문화예술정책의 이념들은 추상적이고 주관적으로 여겨진다. 통상 정책 이념이란 바람직하고 조화롭다고 여기는 사회가 지향하는 가치를 따르게 되어 있으며, 문화예술정책, 특히 지원정책의 이념 역시 본질적으로는 예술지원정책을 통해 인간이 살아가는 모습을 이롭게 하기 위한 목적성을 띠고 있다.[66] 예술지원정책은 '지원'이라는

---

66 이민아, 앞의 논문(2018), p.98.

표현이 말해주듯 정부 개입을 전제로 하고 있다. 다만 개별 정부가 추구하는 정책의 기준과 우선순위 등 예술지원의 지향점을 어디에 두느냐에 따라 국가가 예술계에 개입하는 정도가 달라진다.[67]

1) 문화민주화와 문화민주주의

문화예술 지원정책의 대표적인 이념적 개념은 문화민주화(democratization of culture)와 문화민주주의(cultural democracy)를 들 수 있다. 이 두 가지 개념을 통해 정부가 문화예술의 가치 혹은 세계관 구현을 위하여 어떤 철학이나 행동지침을 채택하고 있는지 정책적 관점에서 비교 가능하다.[68] 문화민주화와 문화민주주의는 프랑스 출신의 사학자 Girard가 처음 문화정책을 분석하기 위한 이론적 틀로서 소개한 이후 이념형으로 인식되어 왔지만, Langstead는 <표 3-8>이 설명하는 것처럼 이를 확장시켜 두 개념을 문화정책의 양대 전략으로 설명하고 그 특성을 구분하였다.[69]

<표 3-8>의 설명과 같이 문화민주화와 문화민주주의에 대한 Langstead의 해석은 명확하게 구분된다. 문화민주화는 예술가들이 전문성을 바탕으로 창작하고 구축해 온 수월성 높은 문화예술에 대한 접근성을 높이는 것이다. 즉, 문화민주화는 고급예술에 대한 일반인의 '접근'에 방점이 찍혀 있다. 반면 문화민주주의는 전문적인 예술가들뿐 아니라 비전문가와 대중들의 예술 활동을 격려하고 문화예술 자체의 다양성을 증진하는 것이라는 게 Langstead의 판단이다. 이 같은 판단

---

67 정창호, "정책이전 프레임워 연구: 한국문화예술위원회 설립과정 분석," 중앙대학교 대학원 박사학위논문(2013), p.141.
68 한승준, "'문화가 있는 날' 사업의 문화정책 특성에 관한 연구: 문화의 민주화를 위한 정책인 가? 문화민주주의를 위한 정책인가?," 『한국행정학보』 제51권 1호(한국행정학회, 2017), p.352.
69 이민아, 앞의 논문(2018), p.98.

표 3-8 문화민주화와 문화민주주의 비교

문화민주화	문화민주주의
모든 사람을 위한 문화	모든 사람에 의한 문화
문화의 단일성(하나의 고급문화)	문화의 다양성
정형화된 틀	정형화되지 않은 문화 활동
하향식 사업추진	상향식 사업추진
정부(기관) 중심	비공식·비전문가 조직
지리적 분산	사회집단의 분산
미학적 우수성	사회적 동등성
보존	변화
전통	개발과 역동성
향유자 중심	형성자 중심

출처: Langstead, Jorn., *Double Strategies in a Modern Cultural Policy*, The Journal of Arts, Management and Law(1990), Vol.19. No.4, pp.53~71을 참조하여 재구성.

은 정부가 향유자의 문화향유권 확대를 위한 정책을 펼칠 때 어떠한 관점의 전략을 선택하느냐에 따라 정책 집행의 결과가 달라질 수 있음을 암시한다고 볼 수 있다.[70]

문화민주화와 문화민주주의에 대한 논의는 국내 연구자들 사이에서도 비교적 다양하게 전개되는 편이다. 김경욱[71], 서순복[72], 김정수[73], 김가현[74] 등은 문화민주화의 경우 '모든 사람을 위한 문화'를 표방하며

---

70 이민아, 앞의 논문(2018), p.99.

71 김경욱, "문화민주주의와 문화정책에 대한 새로운 시각," 『문화경제연구』 제6권 2호(한국문화경제학회, 2003), pp.34~35.

72 서순복, "문화의 민주화와 문화민주주의의 정책적 함의," 『한국지방자치연구』 제8권 3호(대한지방자치학회, 2007), p.32.

73 김정수, 『개정2판 문화행정론』(집문당, 2017), p.89.

74 김가현, "민간전통공연예술단체의 지원정책 개선방안 연구-문화민주주의 관점에서 독일 문화정책과 비교를 중심으로," 『한국지방행정학보』 제15권 2호(한국지방행정학회, 2018),

고급예술을 특권층만 향유할 것이 아니라, 모든 사람들이 향유해야 한다고 강조했는데, 이는 지리적 문화격차 해소에 주목하는 시각이라고 할 수 있다. 김태운[75]은 이와 관련한 정부의 역할을 고급예술에 접근하기 어려운 대중들이 고급예술에 보다 많이 접근할 수 있도록 유도하는 것이라고 강조했다. 즉, 이전에는 접근이 불가능했던 장소나 문화예술 상품을 향유자인 일반 대중들에게 접근 가능한 가격으로 제공하는 것은 정부의 또 다른 임무라는 관점이다. 하지만 문화민주화가 사업 추진 방식에 있어서 전문가와 정부를 중심으로 사업을 진행하기 때문에 하향식이라는 비판도 있다.[76]

한편, 선진국에서는 프랑스가 문화민주화와 문화민주주의 두 가지 이념적 개념을 예술정책에 활발하게 운용했다. 특히 프랑스는 문화예술정책을 정치적 관점에서 접근한 편이다. 1959년 드골정부는 문화부를 창설하고 앙드레 말로를 초대 문화부 장관으로 영입했는데, 당시부터 형성된 프랑스 문화예술정책의 네 가지 준거가 문화민주화, 문화민주주의, 문화적 예외, 문화의 다양성[77]이었다. 앙드레 말로 당시 프랑스 문화부가 내세운 문화예술정책의 중심적 방향은 문화민주화였다. 프랑스의 문화민주화는 두 가지 차원의 의미를 내포했는데, 하나는 물려받은 지적 문화의 형태를 간직하고 전파하는 것, 다른 하나는 문화분야의 창작활동을 지원하는 것이었다. 프랑스 문화민주화의 근본적

---

pp.49~50.

75 김태운, "문화정책 의제로서 문화민주주의 실천에 관한 고찰,"『인문사회 21』제2권 2호(아시아문화학술원, 2011), p.5.

76 한승준, 앞의 논문(2017), pp.357~358.

77 문화적 예외는 WTO 협상에서 문화산업을 보호하고 문화의 다양성을 보존하기 위한 협정에서 중요한 논리가 됐다. 문화적 다양성은 문화적 예외 개념을 대체하면서 세계화라는 상황 안에서 문화의 역할을 확장시키는 개념으로 출연했다고 설명된다. 김선미·최준식, "프랑스 문화정책 준거의 발전과 문화의 민주화,"『인문학연구』21호(경희대학교 인문학연구원, 2012), p.156.

목표는 문화에 대한 대중의 접근성을 높이는 것이었고, 프랑스의 정치적 민주화와 지방분산 정책은 이를 효율적으로 수행하는 기초가 되었던 것이다.[78]

68혁명 이후 프랑스에서 문화민주화는 비전문가들의 창조적 활동을 돋우어 문화의 다양성을 높이는 개념인 문화민주주의라는 새로운 어젠다로 발전했다.

즉, 앙드레 말로의 문화민주화가 고급문화와 대중문화를 구분하지 않고 배포의 불평등 해소에 주력하는 것이었다면, 문화민주주의는 상

표 3-9 국내 연구자별 문화민수화 정의

연구자	주요 내용
김경욱 (2015)	지역과 신분의 제한이나 경제적 제약 없이 문화예술 창작물에 대한 접근성을 용이하게 하는 것
김선미·최준식 (2012)	문화적 불평등의 해소. 가능한 많은 사람들이 지적인 양식이 함축된 합법적인 문화에 접근하도록 하는 것. 문화예술정책과 문화활동 사이의 거리를 좁혀서 예술과 시민을 밀접하게 연결하며 정부의 중재를 통해 문화가 사회적으로 인정받도록 하는 것
김태운 (2011)	분배개념에 입각한 것으로, 이전에는 접근할 수 없었던 장소나 사람들에게 접근 가능한 가격으로 문화예술 생산물을 제공
이수진 (2010)	문화예술에 대해 보다 더 많은 사람들이 손쉽게 접근할 수 있도록 하는 접근성 강화가 문화민주화 정책의 주요 목표. 여기서 의미하는 문화예술은 대부분의 엘리트 문화를 지칭
서순복 (2007)	모든 사람에게 문화와 문화적 감상, 참여 개방해야

출처: 황설화, "김영삼 정부 이후 한국의 문화정책이념에 관한 연구: 문화적 민주주의인가, 문화의 민주화인가?,"『한국정책연구』제19집 1호(경인행정학회, 2019), p.74 재인용.

---

[78] 김선미·최준식, 앞의 논문(2012), p.145.

대적인 평등을 원칙으로 고급문화의 대중적 접근성을 높이고 나아가 노동자 혹은 농촌문화와 같은 소수 문화와 민족, 혹은 젊은 세대와 같은 사회문화적인 정체성을 확립하는 것을 목표로 했다는 것이다.[79]

문화민주주의는 평등과 관련된 개념으로 무엇보다 문화예술 분야에서 시민의 적극적 참여를 독려한다. 고급예술뿐만 아니라 다양한 예술까지 정책 대상의 범위로 아울렀는데, 주로 특권층이 즐겼던 고급예술부터 대중이 즐기는 대중예술까지 지적 수준에 따라서 문화예술의 계급을 검토하였으나 대중들이 좋아하는 예술이라면 고급예술과 대중예술을 구분하지 않고 향유할 권리가 있다고 보았다.[80]

특히 예술기관이라는 정형화된 틀 안에서 활동하기보다는 비공식적이고 비조직적인 정형화되지 않은 문화 활동에 초점을 맞추었다. 이는 규정된 틀 안에서 집권화된 문화예술 작품을 생산하기보다는 틀을 벗어난 분권화된 문화생산을 의미한다고 볼 수 있다.[81]

문화민주주의는 다음과 같은 몇 가지 특징을 내포하고 있다.

첫째, 종족의 정체성을 기반으로 한 소수문화, 소수집단의 이해를 바탕으로 진정한 통합을 추구하기 때문에 문화의 다양성과 문화권[82]에 대한 보호를 강조한다.

---

79 원도연, "이명박정부 이후 문화정책의 변화와 문화민주주의에 대한 연구," 『인문콘텐츠』 32호 (인문콘텐츠학회, 2014), pp.223~224.

80 황설화, "김영삼 정부 이후 한국의 문화정책이념에 관한 연구: 문화적 민주주의인가, 문화의 민주화인가?," 『한국정책연구』 제19권 1호(경인행정학회, 2019), p.75.

81 김정수, 앞의 책(2017), p.90.

82 문화권은 2장 1절 2항에서 논의한 문화적 기본권 개념과 맥락을 함께 한다. 문화를 향유할 권리, 문화를 창조할 권리, 문화 활동에 참가할 권리로 구성되는 복합적 권리를 의미한다. 문화권이 새로운 권리로 생성되는 과정은 각 사회의 상황과 밀접하게 관련되어 있다. 고토 가즈코 저·임상오 역, 『문화정책학』(시유시, 2004), pp.115~117. 개인적 차원분만 아니라 사회적·국가적으로도 경제발전 토대 위에서 정신적 풍요로움을 추구하며 문화적 권리를 누리고 있다. 김정수, 『문화행정론』(집문당, 2010), p.13.

둘째, 삶의 질에 영향을 미치는 문화예술과 관련된 정책 결정에 대한 적극적인 참여를 강조한다. 이것은 궁극적으로 문화예술이 시민의 삶을 통해 대중적이고 일상적으로 스며드는 것을 지향함을 의미한다.

셋째, 문화자원과 지원에 대해 사회적으로 동등한 접근을 강조한다. 따라서 문화민주주의는 다양한 사회집단의 형평성과 아마추어의 참여에 주목한다.

넷째, 공동체 문화에 대한 대중들의 참여를 독려하고 강조하고 있다. 특히 문화예술 관련 사업을 추진할 때 아마추어 일반 국민들도 모두 참여할 수 있기 때문에 상향식이라는 평가를 받는다.[83·84·85]

2) 정부의 문화예술 이념

한국의 문화예술 지원정책에서 문화민주주의에 대한 언급은 노무현 정부에서 처음 등장하였다. 노무현 정부는 이러한 문화민주주의 원리가 문화예술 정책 수립 및 집행을 통해 구현될 필요가 있다고 강조하였는데, 여기서 문화민주주의란 "시민사회를 구성하는 다양한 집단들이 자신을 문화적으로 표현할 수 있는 권리를 보장받을 때 실현될 수 있는 것"으로, 이를 실현하기 위해선 "문화권이 기본권으로 보장되어야 한다"는 것이다.[86] 결과적으로 문화민주주의 원리에 따르면, 모든 국민은 소득, 나이, 성, 지역 등에 관계없이 문화적으로 예술을 표현할 수 있어야 하며, 이를 위해선 필요한 자원에 동등하게 접근할 수 있어야 한다는 것이다.[87]

83 김태운, 앞의 논문(2011), p.5.
84 장세길, "문화민주주의를 넘어 – 전라북도 사례로 살펴본 새로운 문화전략 모색,"『지역사회연구』(한국지역사회학회, 2015), p.47.
85 한승준, 앞의 논문(2017), pp.357~359.
86 문화관광부, 『창의한국: 21세기 새로운 문화의 비전』(문화관광부, 2004), p.23.
87 이민아, 앞의 논문(2018), p.102.

문화민주주의를 지탱하는 기본 이념이자 핵심 이념이라고 할 수 있는 참여와 평등을 가장 잘 구현한 정부는 노무현 정부라고 할 수 있다. 노무현 정부의 국정철학이라고 할 수 있는 자율, 참여, 분권이 문화민주주의의 본질과 일맥상통하기 때문이다.

기관 중심의 문화예술정책에서 벗어나 현장을 강조했던 노무현 정부는 예술작업에 있어서도 전문가와 아마추어의 구분을 인정하지 않고 예술참여와 경험을 중요하게 강조했던 문화민주주의 성격을 띤다.[88]

특히 문화예술정책에서 중앙을 넘어 지방으로, 남성을 넘어 여성으로 참여의 범위를 확장시킨 것은 문화예술의 다양성과 사회적 평등을 의미[89]하는 것으로 문화민주주의 구현에 한발짝 다가선 시도라고 할 수 있을 것이다.

이명박 정부 들어서는 예술인들의 자립을 유도하는 방향으로 문화예술 정책의 일부 전환이 이뤄지면서 문화민주화 개념이 상대적으로 약화된 측면이 있다. 그러나 한편으론 소외 계층들이 문화예술에 접근할 수 있도록 문화 향유자를 위한 정책을 추진하였는데, 이는 문화민주화의 관점에서 소수계층이 아닌 모든 사람이 문화를 향유할 수 있도록 접근성을 높인 것으로 볼 수 있다.[90]

또한, 문화민주주의 입장에서 지역의 문화예술 공간화를 통해 지역 스스로 경쟁력을 갖출 수 있도록 유도한 것은 중앙에서만 문화를 생산하지 않고 지방에서도 문화생산이 가능한 문화예술 생산의 분권화를 추진한 것과 궤를 같이 한다.[91] 즉, 이명박 정부는 문화민주화와 문화민주주의 성격을 모두 지닌 것으로 볼 수 있을 것이다.

---

88 서순복, 앞의 논문(2007), p.32.
89 황설화, 앞의 논문(2019), p.90.
90 서순복, 앞의 논문(2007), p.32.
91 한승준, 앞의 논문(2017), p.353.

박근혜 정부 역시 문화민주화와 문화민주주의 성격을 함께 띠었다고 할 수 있다. 예컨대 문화산업의 ·경쟁력을 확보하기 위해 문화창조융합벨트와 창조경제혁신센터를 중심으로 정부와 기관이 역할을 주도하려는 방식을 갖추었는데, 이는 문화민주화의 특성에 부합한다.

또한, 고급예술보다 방송과 문화산업 등 다양한 예술 장르로 관심을 확대함으로써 문화민주주의 성격으로 나타난 측면도 있다.[92]

표 3-10 국내 연구자별 문화민주주의 정의

연구자	주요 내용
김가현 (2018)	문화민주회 단계를 넘어 문화다양성을 기반으로 소외계층 없이 공동체 모든 구성원이 문화예술의 생산과 향유에 주체적으로 참여하고, 문화예술을 통해 자신의 욕구와 문제를 표현하고 소통을 추구하는 것
김경욱 (2015)	문화다양성을 보호하고 추진하며 우리 사회와 세계의 모든 시민이 문화를 누릴 수 있는 권리. 지역 사회의 문화생활에 참여하는 것을 돕고 우리의 문화적 생활에 영향을 끼칠 수 있는 문화정책 결정에 참여할 수 있고, 문화자원과 지원에 접근 가능하도록 하는 것
김태운 (2011)	문화정책 차원에서 고려되는 실천적 의제에 관한 것들로서 문화가 시민의 삶을 통해 대중적·일상적으로 진행되도록 하는 것
서순복 (2007)	문화민주화 정책이 지닌 한계를 극복하고자 대두된 평등주의적 개념. 창의성의 표현, 삶의 질과 관련된 문제에서 자기결정권, 지속적인 교육, 지역사회 개발, 범사회적 의사결정에서 서로 의견을 나누고 참여할 수 있는 능력을 키우기 위한 제반여건을 개선하는 새로운 방법

출처: 황설화, 앞의 논문(2019), p.75,; 강은경, 앞의 논문(2017)을 참조하여 재구성.

---

92 황설화, 앞의 논문(2019), p.93.

02

문화예술지원 주요 이론

04
문화예술 거버넌스의 이해

문화예술 지원정책과 네트워크 거버넌스

1. 정책의 자율적 참여와 수평적 관계

거버넌스는 행정에서 나타나고 있는 새로운 현상으로, 일반적으로 정책 형성과 집행에 있어 정부의 역할, 운영체계 또는 사회문제 해결 방식 등의 변화를 의미한다.[1] 이러한 거버넌스의 개념은 매우 광범위하고 개념상의 모호성이나 자체에 내포되어 있는 다양한 의미로 인하여 아직 학문적 합의가 존재하지 않지만, 세 가지 정도의 의미를 내포하고 있다.

첫째, 공공문제는 물론 개인적인 문제를 포함하는 다양한 문제를 해결하는 방법, 즉 일반적인 의미의 사회적 조정[2]인데, 이는 거버넌스

---

1 박광무, 앞의 책(2013), p.97.
2 '사회적 조정'이란 집합행동의 문제를 극복하기 위한 노력을 의미한다. 흔히 계층제, 시장, 네트워크를 사회적 조정 양식의 세 가지 유형으로 분류한다. 계층제는 정부에 의해, 또는 정부에서 이루어지는 사회적 조정을 의미하며, 시장은 시장의 기업에 의해 또는 시장에서 이루어지는 사회적 조정을 뜻한다. 네트워크는 시민사회의 비영리단체에 의해 또는 시민사회에서 이

의 '최광의의 정의'라고 할 수 있다. 거버넌스는 공적 또는 사적인 공동의 문제를 함께 해결하기를 원하는 행위자들의 상호작용과 관련된 권리와 의무를 규정하는 방법인 것이다.

둘째, 보다 일반적으로 사회문제 또는 공공문제를 해결하는 방법이나 사회적 조정 양식을 총칭하는 개념으로 '광의의 정의'라고 볼 수 있으며, '최광의의 정의'와 다른 것은 순전히 공공문제만을 대상으로 한다는 점이다.[3]

셋째, 공공문제를 해결하는 방법 또는 사회적 특정 양식의 특정한 유형으로 정의할 수 있는데 이를 '좁은 의미의 거버넌스'로 해석하기도 한다. 이 경우 거버넌스는 시장과 계층제의 대안이라고 할 수 있는 제3의 사회적 조정 양식인 네트워크를 의미한다고 볼 수 있다.[4] 거버넌스의 전통적 개념과 사전적 개념은 '정부'와 동의어로 정의하는 경향이 있지만, 오늘날 거버넌스 연구에서는 그것을 재정의하려는 시도가 엿보인다. 이는 거버넌스는 통치의 새로운 과정, 질서화된 규칙의 변화된 조건, 그리고 사회를 통치하는 새로운 방법 등 정부의 의미 변화를 암시하기 때문이다.[5]

1) 협의의 거버넌스

좁은 의미로서 거버넌스의 가장 중요한 특징은 네트워크이다.[6] 네

루어지는 사회적 조정으로 규정된다.

3 이명석, 『거버넌스 신드롬』(성균관대학교 출판부, 2017), p.145.

4 이명석, 앞의 책(2017), p.146.

5 Rhodes, Roderick AW., *Governance and Public Administration, In Debating Governance: Authority, Steering, and Democracy*, Oxford University Press (2000), p.55.

6 Jessop, B., *The Social Embeddeness of the Economy and Its Implications for Economic Governance*, Black Rose Book(1999), p.351.

트워크는 비공식적이고 유동적인 존재로 구성원의 빈번한 교체, 모호하게 규정된 권리 및 의무 관계 등을 특성으로 하고 있다.[7] 이러한 네트워크는 정부의 명령이 아니라 정부와의 협상의 결과로 형성되는 것으로 정부와의 공식적인 파트너십과는 개념적으로 뚜렷하게 구분될 수 있다.[8] 사실 네트워크는 조직 간 관계로 비계층적이고 수평적이며 자발적인 성격을 갖고 있으며, 그러면서도 정형화되거나 즉흥적이지 않고 어느 정도의 연속성도 지닌다. 네트워크에 참여한 집단들 간의 의사소통은 유연하게 연계되어 있어야 하며, 경직된 공식 조직이 아니고 공식성을 넘어선 통합이라 할 수 있다.

거버넌스 개념을 이 같은 네트워크 관점에서 보면 정치 과정이나 행정 과정 등 국정관리 과정에서 공공부문의 정부와 민간부문의 시장, 그리고 NGO 등이 자율적인 행위자로서 상호 작용이 존재하는 양식이라 할 수 있을 것이다.

특히 이들 간의 연계 양식이 단순히 연결망에 그치는 것이 아니라 주요 이해당사자들의 자율적 참여를 통한 수평적 관계 구조를 형성하고 이들 간 상호의존에 의해 공동의 목표가 달성될 수 있도록 하는 일종의 협력적 조정 기제를 의미한다고 볼 수 있다.[9]

또한, 네트워크 거버넌스는 특정 분야와 관련된 정책 관련 집단들에게 정책의 형성과 집행 과정에 필요한 사항에 대하여 자문하고 합의를 유도하기 위하여 이들을 연계하여 관리하는 제도적 장치로 해석된다. 통상적으로 정책 네트워크에 의한 관리는 정책공동체를 대상으로 이루어지는데, 정책공동체란 특정 정책과 관련하여 이해관계를 함께

---

7 김흥수, 앞의 논문(2004), p.32.

8 위의 논문(2004), p.32.

9 강동완, 『대북지원정책 거버넌스』(한국학술정보, 2008), pp.42~43.

하는 집단과 개인들로 구성된다. 이러한 정책공동체를 연계하여 필요한 자원을 공유하거나 나눔으로써, 이들의 이해관계를 극대화시킬 수 있는 방법을 정부 차원에서 제도화하거나 구조화하여 운영하는 것을 네트워크 거버넌스로 지칭하기도 한다.[10]

전술한 논의를 해제하자면, 네트워크형 거버넌스는 국가, 시장, 시민사회가 각각의 작동원리를 기반으로 하지만, 상호 간 변화하는 새로운 질서에 공동으로 능동적으로 대응하기 위한 제도적인 장치를 구축한다고 볼 수 있다.[11]

즉, 정책공동체의 개별 주체들이 자율성을 유지하면서도 제도적으로 상호 공동 목표와 기본 가치를 공유하면서 하나의 실체로 존재할 수 있는 방식으로 연결된 관리 체제를 형성하는 것이다.[12] 이러한 이유로 네트워크 거버넌스의 행위자 혹은 행위 주체들은 어느 하나가 다른 주체들을 배타적으로 통치하는 대신 상호 존중의 파트너십을 통해 하나로 묶여지게 되는 것이다.[13]

네트워크 거버넌스의 이러한 특성은 우리나라 문화예술 분야 지원에 있어 정책공동체의 핵심 행위자로 규정되는 정부와 예술지원기관, 즉 문화체육관광부와 한국문화예술위원회의 역할과 관리 체제 형성에 심대한 시사점을 던진다고 볼 수 있다. 즉, 네트워크 거버넌스 측면에서 문화체육관광부와 한국문화예술위원회는 상호 존중의 관계에서 정책의 자율적 참여를 보장하고 수평적 관계를 유지하면서 예술지원이라는 일치된 목표를 추구해야 하는데, 현실은 그렇지 않다는 것이다.

---

10 Hill, Michael & Hupe, Peter., *Implementing Public Policy,* London: Sage Publications(2002), p.68.
11 김흥수, 앞의 논문(2004), p.46.
12 김흥수, 앞의 논문(2004), p.45~47.
13 위의 논문(2004), p.47.

이와 같이 네트워크 거버넌스는 협의의 거버넌스가 탄생시켰다고 할 수 있다. 네트워크 거버넌스는 시민사회에 중심적 접근을 하는 경향도 있는데, 이는 국가 중심의 조정기능 약화와 함께 정부실패라는 한계 상황을 맞으면서 그 대안으로 나타난 것이다.[14] 이를 네트워크 거버넌스로 명명하면서, 공식적 권위 없이도 다양한 행위자들이 자율적이고 호혜적인 상호 의존성을 기초로 하여 협력하도록 하는 제도 및 조종 상태로 정의하고 있다.[15]

2) 신공공가치 관리 패러다임

네트워크 거버넌스 이론은 효율성을 추구하는 관료제 모형[16]과 신공공관리모형에 대조적인 위치에서 민주성을 이념으로 하는 새로운 공공가치 관리의 패러다임으로 등장하였다. 이 이론은 정치나 정책과정에서 행정의 역할을 재정립하려고 하고 다양한 이해 관계자들을 포함시켜 이들 간의 협상이나 담론의 네트워크를 강조한다.

네트워크의 이론은 경제학으로부터 발전되었다. 다수의 행위자가 참여하는 비계층적 집단행동을 연구하는 게임이론, 거래비용이론,[17]

---

14 Jessop, B., *op.cit*(1999), p.351.; 김흥수, 앞의 논문(2004).

15 Kooiman, Jan., *Modern Governance: New Government-Society Interaction*, London: Sage(1993), p.64; 윤희기, "주민자치센터 실질화 방안에 관한 연구: 주민자치센터와 지역 거버넌스: 파주시 주민자치센터를 중심으로," 국민대학교 행정대학원 석사학위논문(2010).

16 관료제 모형은 계층제를 통한 정부조직 구성과 중앙집권적 행정체제를 통한 사회문제 해결을 강조하는 것이 특징이다. 이는 일반 시민이 공공문제를 해결할 능력이 부족하기 때문에 유능한 지도자들로 하여금 공공문제를 해결하게 하는 것이 필요하고, 따라서 참여적이고 민주적 행정은 현실에서는 이루어질 수 없는 환상에 불과하다는 기본적인 가정에 근거한다. Cheryl Simrell King and O.C. McSwite., *Public Administration at Midlife?*, Public Administration Review, Vol.59. No.3(1999), p.257.

17 조직의 존재 이유와 거버넌스 구조의 다양성을 설명하는 이론으로, 거래 비용의 최소화를 위

공공선택이론[18] 등에서 주요 논의를 발전시켜 왔다.[19]

네트워크는 계층과 시장의 중간 영역으로 거래비용을 최소화한다. 계층제에 의한 내부조정 비용이 시장거래 비용보다 많으면 계층제보다는 네트워크 구조가 효과적이고, 시장거래 비용이 내부조정 비용보다 많으면 시장보다는 네트워크 구조가 효과적이라는 주장이다.[20] 시장에서는 측정 비용, 탐색 비용, 실행 비용 등 거래의 위험이 항상 존재하는 반면, 계층제에서는 회피와 무임승차, 대리인 문제, 측정 문제, 통합조정비용 등이 존재하기 때문이다.[21 · 22] 소위 거래적 호혜관계(transactional reciprocity)를 전제로 하는 거버넌스 구조를 네트워크로 정의하는 것도 이런 이유라고 할 수 있다.[23]

이러한 측면에서 네트워크 거버넌스는 행위자들 간 상호의존적 관계의 관리로 규정지을 수 있는데, 시장의 자율적인 조정 능력과 계층제의 의식적인 목표 추구 활동의 결합으로써 효과를 발휘할 수 있는 것이다.[24] 이 같은 자율적이고 상호의존적 관계에 의한 네트워크 거버

해서 가격을 통제하는 범위에 따라 시장으로부터 계층에 이르기까지 다양한 형태의 조직 구조가 나타난다고 본다.

18 네트워크적 시각을 일부 반영하고 있다. 정부나 공공기관은 공공서비스의 공급자로서 공공서비스 소비자들의 선택에 따라 공공서비스의 규모와 내용을 결정하여야 한다는 시각으로 경제학적 접근과 정치학적 접근이 혼합된 모형이다.

19 이창길, "공공기관 거버넌스 모형의 탐색적 연구: 조직 간 네트워크 관점에서," 『한국조직학회보』 제14권 3호(한국조직학회, 2017), pp.1~29.

20 이창길, 앞의 논문(2017).

21 Park, S. H., *Managing an interorganizational network: A framework of the institutional mechanism for network control*, Organization studies, Vol.17. No.5(1996), pp.795~824.

22 이창길, 앞의 논문(2017).

23 Park, S. H., *op. cit*(1996), p.795.

24 Mayntz, R., *Modernization and the Logic of Interorganizational Networks*, Knowledge & Policy, Vol.6. No.1(1993), pp.3~16.; 한승준 외, "문화예술지원 거버넌스 체계에 관한 비교 연구: 영국, 프랑스, 한국 사례를 중심으로," 『행정논총』 50권 2호

넌스가 지속적으로 이루어질 경우 궁극적으로 민주주의와 네트워크 거너번스 정당성 확보에 이르게 된다.[25]

2. 네트워크 관점의 정부 역할

네트워크 거버넌스는 전통적인 계층제 중심의 정부(government) 모형과 자유 경쟁에 기반을 둔 시장의 경쟁적 규제 모형에 대한 대안이다.[26] 학문 영역으로는 행정학뿐만 아니라, 사회학,[27] 경영학,[28] 정치학[29] 등 다양한 사회과학 분야에서 논의되고 있는 현상으로 정리된다.

1) 수평적 협력

새로운 사회적 조정 양식으로서의 네트워크를 의미하는 네트워크 거버넌스는 특정 행위자에 의해 일방적으로 결정되는 것이 아니라는 사실에 주목할 필요가 있는데, 계층제적 지시에 의존하지 않는 다양한 정부 부처와 공공기관이나 다양한 수준의 정부 사이의 자율적이고 수평적인 협력 또한 여기에 해당된다.[30] 이러한 논의를 한국적 상황의

(서울대학교 한국행정연구소, 2012), pp.280~285.

25 Pierre, J., *Debating Governance,* Oxford: Oxford University Press(2000).

26 한승준 외, 앞의 논문(2012), p.262.

27 Uzzi, B., *The Sources and Consequences of Embeddedness for the Economic Performance of Organizations: The Network Effect,* American Sociological Review, Vol.61. No.4(1996), pp.674~698.

28 Jones, C., Hesterly, W.S. & Borgatti, S.P., A *General Theory of Network Governance: Exchange Conditions and Social Mechanism,* Academy of Management Journal, Vol.22. No.4(1997), pp.911~945.

29 Fung, A & Wright, E.O., *Deepening Democracy: Innovations in Empowered Participatory Governance,* Politics & Society, Vol.29. No.1(2001), pp.5~41.

30 이명석, 앞의 책(2017), pp.150~151.

CHAPTER 04 문화예술 거버넌스의 이해 **95**

예술지원 체계에 적용한다면 예술지원 정책은 문화체육관광부라는 특정 부처 한 곳의 주도로 집행되는 것이 아니라, 한국문화예술위원회라는 예술지원 중심 기관과의 수평적 협력 관계가 필수적으로 동반되어야 함을 강조한다고 볼 수 있다.

정부의 역할과 관련하여 네트워크는 도구적 관점, 상호 작용적 관점, 제도적 관점 등 세 가지 관점으로 분류할 수 있다.[31]

첫째, 도구적 관점은 네트워크를 정부의 정책 도구의 하나로 간주하고 중심 행위자인 정부에 의한 네트워크 방향잡기를 강조한다. 이러한 관점은 규제나 보조금 등 전통적인 제1세대 정책 수단이 더 이상 효과적으로 작동할 수 없는 새로운 상황에서 정교해진 제2세대 정책 수단인 네트워크에 대한 정부의 목적 지향적 조정 활동의 중요성을 강조한다고 볼 수 있다. 이 같은 도구적 관점의 네트워크에서는 통제자와 피통제자가 명확하게 구분되는데, 정부의 바람직한 역할은 교향악단의 지휘자[32]에 그쳐야 하지만 현실은 그렇지 않다는 게 문제로 지적된다.

둘째, 상호 작용적 관점은 정부에 대해 네트워크를 구성하는 다양한 행위자의 하나로 판단하고 다양한 행위자들 사이의 집합 행동에 관심을 둔다. 즉, 행위자들의 상호 영향력을 강조하는 것으로, 이러한 관점의 정부의 바람직한 역할은 다양한 네트워크 구성원들과 협력을 도모하기 위한 중재자의 역할이 되는 것이다.

셋째, 제도적 관점의 논의이다. 다양한 행위자들 사이의 자발적이고 수평적 네트워크 형성과 활성화에 비중을 두는 제도적 관점은 다양

---

31 Walter Kictert, *Public Governance in the Netherlands: An Alternativeto Anglo-American 'Managerialism'*, Public Administration. Vol.75(1997), pp.739~742.
32 이명석, 앞의 책(2017), p.153.

한 사회 구성원 간의 관계를 규정하는 네트워크가 어떻게 생성, 변화, 대체되는지가 주요한 관심사로 부각된다.[33] 상호작용적 관점에서 정부가 추구해야 할 역할은 네트워크의 구조와 문화에 영향을 줌으로써 문제 해결에 필요한 보다 적절한 조건을 창출하는 것으로 요약할 수 있다.[34]

이상의 세 가지 관점의 네트워크는 정부 부처나 산하기관 사이에서도 얼마든지 나타날 수 있다. 한 정부 부처가 주도적으로 다른 부처나 산하기관으로 구성된 네트워크를 설계하고 통제하는 경우는 도구적 관점의 네트워크에 해당[35]하는데, 문화체육관광부와 한국문화예술위원회의 관계가 이것을 설명한다고 볼 수 있다.

2) 이론적 모형

네트워크의 이론적 모형은 다양한 관점에서 논의되고 있다. 정책 네트워크(policy network) 모형, 조직간 네트워크(interorganizational network) 모형, 네트워크 거버넌스(network governance) 모형 등 세 가지로 분류할 수 있다.[36]

첫째, 정책 네트워크 이론은 정책 결정을 다원주의적 관점에서 이해하려는 노력과 연관성을 갖고 있다. 즉, 정책 결정과 그 효과를 중심으로 의제 설정과 정책 과제에서 정책 결정에 참여하는 다수의 행위

33 김덕호, "한국건강보험보장성정책의 거버넌스에 관한 연구–역사적제도주의 관점에서," 서울시립대학교 대학원 박사학위논문(2018), pp.40~45.
34 이명석, 앞의 책(2017), p.154.; 김덕호, 앞의 논문(2018).
35 이명석, 앞의 책(2017), p.155.
36 Klijn, E. H., *Policy and implementation networks: Managing complex interactions*, The Oxford handbook of inter-organizational relations(2008), pp.118~146.

자와 그들 상호 간의 권력 관계에 집중한다.[37] 정책 네트워크는 '특정한 영역에서 효과적으로 정책을 결정하기 위해 참여하는 개인들의 집합체'로서 '하위정부(sub-government)'의 개념에서 출발하였다.[38] 하위정부란 상하 양원의 의원을 비롯하여 의회보좌진, 정부책임자, 민간대표 등 정부와 긴밀하게 연결되어 있는 소수 그룹을 지칭하는데, 가급적 이해 관계를 떠나 정책을 결정하고자 하는 성향을 띤다는 것이다. 정책의 결정이 정부와 의회, 이해 관계자들이 소위 '철의 삼각(iron triangle)'을 구성하여 폐쇄적이고 공생적인 관계에 기반하여 이루어진다는 의미로 볼 수 있는 대목이다.[39] 이러한 정책 네트워크 이론은 다양하게 해석되는 측면도 있다. 즉, 여러 소수 행위자들이 권력과 정보를 독점하여 정책을 결정하는 정책 공동체 모형,[40] 엘리트 그룹의 독점과 공생보다는 다양한 행위자들의 개방적이고 유연한 정책과정을 강조하는 의제 네트워크 모형 등으로 비쳐지기도 한다. 그런데 상술한 정책공동체는 긴밀한 연결 관계를 전제로 하지만 의제 네트워크는 느슨한 연결 관계를 전제로 한다.[41] 이 같은 모형들은 대부분 정책 과정에서 조직 상호 간의 자원을 확보하기 위한 권력적 과정으로 이해되기

---

37 김순양, "정책과정분석에서의 정책네트워크 Policy Network 모형 – 이론적, 실천적 적실성의 검토 및 제언," 『한국정책학회보』 제19권 4호(한국정책학회, 2010), pp.177~210.

38 Ripley, R. and Franklin, G., *Congress, The Bureaucracy and Public Policy,* Homewood, Ill: Dorsey Press(1981). pp.8~9.

39 Freeman, J. L. and Stevens, J. P., *A Theoretical and Conceptual Re-examination of Sub-system Politics,* Public Policy and Administration, Vol.21(1987), pp.9~25.

40 Jordan, G., *Sub-Governments, Policy Communities and Networks Refilling the Old Bottles?.* Journal of theoretical politics, Vol.2. No.3(1990), pp.319~338.

41 Rhodes, Roderick AW., *Policy network analysis.* The Oxford handbook of public policy(2006), pp.423~445.

도 한다.[42]

둘째, 조직 간 네트워크 이론으로, 정책의 형성과 집행 과정에서 정부 조직들의 상호 의존성을 강조하고 있다. 공공정책이란 그것의 내용과 관계없이 통합 행위자가 선택하는 과정으로는 이루어질 수 없다는 논의가 이론의 핵심인데, 두 개의 희소 자원이나 재정, 권위의 배분에 관한 정치경제 체제라는 규정이나 조직 간 관계에 관한 통합적 이론 모형으로 여겨진다.[43]

표 4-1 정책 과정과 연관된 네트워크 유형과 특성

구분	네트워크 거버넌스	정책 네트워크	조직 간 네트워크
분야	행정학·정책학	정치학	조직사회학
중점	사회 문제의 민주적·정치적 해결, 숙의와 정당성, 수평적 구조, 전통적 제도와의 연계	정책 결정과 효과, 의제 설정, 정책 과제에서의 권력 관계	조직상호 간의 조정과 협력, 효과적인 정책 집행, 통합적 서비스 전달
주요분야	네트워크 거버넌스 관리, 다양한 가치와 내용의 통합, 이를 위한 정부의 역할	정책 결정 참여 행위자, 행위자 상호 간의 권력 관계, 정책 결정에 미치는 효과	복잡한 조직 간 관계 조정, 네트워크 구조와 특성 탐색
역사	1970년대 중반 정부 간 관계 연구, 신공공 거버넌스 관리	1960년대 다원주의, 하위체계, 정책 공동체 등 연구	1960년대 이후 조직 간 관계 이론 연구

출처: Klijn, E. H., *Policy and implementation networks: Managing complex interactions*, (The Oxford handbook of inter-organizational relations, 2008), pp.118~146.; 이창길, "공공기관 거버넌스 모형의 탐색적 연구: 조직 간 네트워크 관점에서," 『한국조직학회보』 제14권 3호(한국조직학회, 2017), p.12를 참조하여 재구성.

---

42 Jordan, *op. cit*(1990). p.320.
43 이창길, 앞의 논문(2017), p.11.

특히 1990년대 이후에는 조직 간의 관계에서 사회 네트워크 분석 방법을 활용한 조직 간의 네트워크 연구가 활발하게 진행되고 있는데, 이것은 단순히 양자 간의 관계를 넘어 거시적 차원에서 전체 네트워크의 상호 의존성과 협력 관계를 강조하는 거버넌스 관점으로 발전했다고 볼 수 있다.[44]

셋째, 네트워크 거버넌스 이론은 행위자들 간 상호의존적 관계의 관리이며, 이러한 관계는 시장의 자율적인 조정 능력과 계층제의 의식적인 목표 추구 활동의 결합으로써 효과를 발휘할 수 있다고 본다.[45]

네트워크 거버넌스의 특성은 태생적으로 다원주의적 전통에 기인하고 있고, 다수의 상호 의존적인 행위자를 전제로 하고 있으며, 다수의 과정에 의하여 합치에 도달하게 되는데, 이는 상호 신뢰로 장기간의 거래가 가능한 구조라고 할 수 있다.[46] 정책학에서 네트워크 거버넌스는 정책 참여자들에 의한 민주적인 정책 수립 및 집행과 공공관리의 측면 등 두 가지 측면에서 중요성이 커지고 있으며,[47] 특히 공공·비영리 영역 간 전통적인 경계가 모호해지면서 이들 간 네트워크를 통한 거버넌스의 필요성이 높아지고 있다.[48]

---

44 위의 논문(2017), p.12.

45 Mayntz, R., *op. cit*(1993), pp.3~16..; 한승준 외, 앞의 논문(2012), p.262.

46 이창길 앞의 논문(2017), p.12.

47 Provan, K.G. & Kenis, P., *Modes of Network Governance: Structure, Management, and Effectiveness*, Journal of Public Administration Research and Theory, Vol.18. No.2(2007), p.229.

48 Rod, M.R.M. & Paliwoda, S.J., *Multi-sector Collaboration: A Stakeholder Perspective on a Government, Industry and University Collaborative Venture*, Science and Public Policy, Vol.30. No.4(2003), pp.273~284.; 한승준 외, 앞의 논문(2012), p.262.

3) 구조적 측면

네트워크 거버넌스는 수평적 위계성을 지닌다는 점에서 평등한 참여를 전제한다고 볼 수 있다.[49] 하지만 구조적 측면에서 연계망의 형태는 약간의 차별성을 보이는데, 이것은 네트워크 관리자의 역할을 어떻게 규정하느냐에 따라 달라진다. 구체적으로는 조직들 간 중재자 존재 여부와 네트워크 위치에 따라 자기관리 네트워크, 주도조직 중심 네트워크, 네트워크 관리조직 등 세 가지 유형으로 구분할 수 있다. 다시 말해, 중재자가 단일한지, 소수의 여러 조직인지, 중재자가 네트워크 내 구성 조직의 일부로서 존재하는지, 아니면 외부에서 네트워크를 조정·감독하는지에 따라 네트워크의 구조는 다르게 형성될 수 있다.[50]

첫째, 자기관리 네트워크는 협력네트워크에 참여하는 조직 모두가 중재자로 기능하는 것으로, 참여 순서나 조직의 규모 등에 상관없이 의사 결정에 동등한 권한을 지니게 된다. 다수의 조직이 네트워크 안에서 평등한 위치를 점유하기는 어려운 현실을 감안할 때 자기관리 네트워크는 주로 소수의 조직이 상호 간 높은 신뢰성을 지니고 밀도 높은 네트워크를 구성하는 특징이 있다.[51]

둘째, 주도조직 중심 네트워크는 단일 혹은 소수 중재자가 네트워크 내에 존재하면서 다수의 참여 조직들을 연계·조정하는 형태를 보이며, 네트워크 내에서 참여 조직들은 서로 간에 연계망을 형성하기도 하지만, 이는 주도조직과의 연계나 주도조직을 통해 연계하는 경우보다 정도가 약하다.[52]

---

49 유란희, "네트워크 거버넌스 유형과 효과성에 대한 연구: 남양주시 사회복지전달체계를 중심으로,"『지방정부연구』제22권 2호(한국지방정부학회, 2018), p.150.

50 Rod, M.R.M. & Paliwoda, S.J., *op. cit.*, p.231.

51 유란희, 앞의 논문(2018).

52 유란희, 앞의 논문(2018), pp.150~151.

셋째, 네트워크 관리조직 거버넌스는 앞선 두 유형이 네트워크 내에 기존의 조직들을 중재자로 두고 있는 것과 달리 네트워크 외부에서 중재자가 네트워크 안의 조직들을 대상으로 조정의 역할을 담당하는 경우를 의미한다. 특히 서비스 전달 네트워크에서는 관리 조직이 직접적인 서비스 전달을 담당하기보다는 참여 조직들 간 조정의 역할에 보다 중점을 두고 있다.[53]

독자적 이론으로서의 네트워크 거버넌스의 정체성을 파악하려면 전통적 행정학에서 다루고 있는 관료제 패러다임의 특징을 살펴볼 필요가 있다. 관료제 패러다임이 법적 강제력에 근거하는 계층제적 지시의 논리에 근거하는 반면, 네트워크 거버넌스는 비공식적이고 자발적인 네트워크 논리에 근거한다는 점에서 서로 차별성을 띤다. 즉, 관료제 패러다임이 '조직구성 원리로서의 계층제'만이 아니라 '제3자에 의

그림 4-1 네트워크 거버넌스의 세 가지 유형

Self-Governed Network	Lead Organization Network	Network Administrative Organization

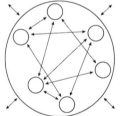 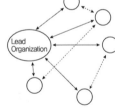 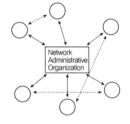

○ Network members that are collectively involved in network governance
→ Stronger relationship
⋯▸ Weaker relationship

출처: Provan & Kenis, 앞의 논문(2008), pp.229~252를 참조하여 재구성.

53 유란희, 앞의 논문(2018), pp.150~151.

한 집권적 사회적 조정 양식으로서의 계층제'라고 한다면, 네트워크 거버넌스는 계층제나 중앙집권적 행정체계에 의한 사회문제 해결이 아니라 공식적 권한에 의존하지 않는 자발적 협력에 의한 해결을 강조한다.[54]

네트워크 거버넌스의 이 같은 사회문제 해결 방식과 관련한 가장 큰 우려는 중심 존재의 부재로 인한 책임성 확보의 어려움에 대한 것이지만,[55] 네트워크 거버넌스에서 계층제적 통제를 통한 공식적 책임 확보는 중요한 문제가 아니라고 본다. 이는 공식적 책임성 확보 장치를 갖춘 사회문제 해결 기제는 복잡한 사회문제를 적절하게 해결하는 데 필요한 수준의 복잡성을 확보할 수 없기 때문이다. 즉, 네트워크 거버넌스가 중요하게 다루고 있는 것은 책임성 확보가 아닌 다양한 사회 구성원들 사이의 협력 증진이다.

이를 예술지원정책에 산입할 경우 현장의 문화예술 전문가들로 비상임 위원을 구성한 한국문화예술위원회가 이들의 적극적인 협력을 통해 네트워크 거버넌스가 원활하게 작동하여 투명하고 공정한 예술지원이 이루어지는 것이 타당하다. 하지만 상급 기관인 문화체육관광부의 한국예술위에 대한 지시와 간섭, 개입 등의 통제로 예술지원 체계가 허술해지면서 정상적인 네트워크 거버넌스의 작동이 어려운 상황이다. 이는 후술할 한국문화예술위원회의 운영 현황 분석에서 자세한 논의가 이루어질 것이다.

---

54 이명석, "거버넌스의 개념화: '사회적 조정'으로서의 거버넌스," 『한국행정학보』 제36권 4호 (한국행정학회, 2002), pp.325~623.
55 Jon Pierre and Guy Peters, *Goverance, Politics and the State*, London: Palgrave Macmillan(2000).; 한승준 외, 앞의 논문(2012), pp.262~264.

4) 효과성

네트워크 거버넌스 관리의 핵심은 여러 행위자들 간의 복잡한 상호관계가 어떻게 조정 또는 관리되는가의 문제로 정리할 수 있는데, 전통적인 조직과 마찬가지로 네트워크 또한 특성에 맞는 정확한 관리가 뒷받침돼야만 참여하는 행위자들의 상호 의존 관계가 시너지 효과를 낼 수 있다고 파악한다.[56] 이것은 자연스럽게 네트워크 거버넌스의 효과성과 연계될 수 있다. 네트워크 거버넌스의 효과성이란 네트워크를 통하여 달성하고자 하는 최종적인 목표를 전제로 한다. 네트워크의 최종적인 목표는 참여 조직 또는 행위자들의 개별적 목표의 성취라기보다는 네트워크 전체의 집단적 목표를 성취하는 것으로, 공익이 작용하는 공공 조직에서 네트워크의 결과물은 조직 목적 이상의 시스템 목표라고 할 수 있다.[57]

Ⅱ 네트워크 거버넌스로서 한국문화예술위원회의 위상

1. 문화예술지원기관의 상호 의존성

네트워크 거버넌스에서의 주요 논의점 중의 하나는 정책 집행 또는 정책 지원과정에서 행위자들 간, 특히 관리 역할을 하는 행위자들 간의 상호 관계로 설명할 수 있다. 이는 O'Toole과 Montjoy가 제시한 조직 간 정책 집행의 세 가지 구조 유형에서 논의될 수 있다.[58]

---

56 Agranoff, R. & McGuire, M., *Collaborative Public Management: New Strategies for Local Governments*. Washington, D.C.: Georgetown University Press(2003).
57 이창길, 앞의 논문(2017), p.18.
58 한승준 외, 앞의 논문(2012), p.263.

1) 정책 집행

조직 간 정책 집행은 조직 간 관계의 다양성과 환경과의 동태성, 그리고 다원주의적 특성을 갖는다는 점에서 단일 조직에 의한 정책 집행과는 구분된다. 즉, 조직 간 정책 집행은 상이한 이해와 목표를 가지고 다양한 전략을 구사하는 다수 행위자들에 의한 상호작용의 결과라는 측면으로 이해하여야 한다는 것이다.[59]

통상 상부 기관의 위임 지시나 상위 계획에 따라 집행을 실행할 경우, 이를 지시하거나 기획한 공공 조직의 관료적 속성은 하위 집행 조직의 자발성과 집행 능력을 제약하는 경향이 있다고 여겨지는데, 이같은 제약의 정도는 관료적 질서하에서 이른바 '거부점'에 의해 더욱 커지는 것으로 이해될 수 있다. 이는 집행을 유도하는 정부 기관의 능력이 집행 기관의 수적 증가가 뒤따르면 감소할 수밖에 없는 결과로 이어질 수 있으나, 집행의 성공 가능성과 관련 기관의 수의 역비례 관계가 적용되지 않는 것은 복수 조직에 의한 집행결과라고 할 수 있다. 복수 조직에 의한 집행 체제하에서는 집행 결과가 조직 간의 상호의존 유형에 따라 달라지기 때문이다.[60] 이러한 다조직 간 집행의 특성과 관련하여 O'Toole과 Montjoy는 Thomson의 상호 의존 및 조정 구조를 조직 간 상호의존관계로 확장 발전시켜 조직 간 정책집행 구조를 연합적(공동적) 상호의존성, 순차적 상호의존성, 호혜적 상호의존성 등 세 가지 유형으로 구분하고 있다.[61]

---

59 김권식·이광훈, "다부처 연구개발 사업 추진체계의 조직론적 탐색: O'Toole & Montjoy의 조직간 집행 이론의 관점에서,"『사회과학연구』제52권 제2호(강원대학교 사회과학연구원, 2013), p.6.
60 김권식·이광훈, 앞의 논문(2013), pp.6~7.
61 O'Toole, Laurence J., Jr., and Robert S. Montjoy, *op. cit*(1984), p.493.; 한승준 외, 앞의 논문(2012), p.263.

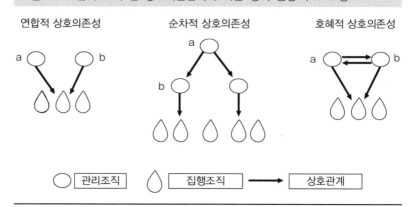

그림 4-2 관리 조직 간 상호의존관계에 따른 정책 집행 구조 모형

연합적 상호의존성　　　　　순차적 상호의존성　　　　　호혜적 상호의존성

○ 관리조직　　　◇ 집행조직　　━━▶ 상호관계

출처: 한승준·박시성·정상오, "문화예술지원 거버넌스 체계에 관한 비교연구: 영국, 프랑스, 한국 사례를 중심으로," 『행정논총』 제50권 2호(한국행정연구소, 2012), p.263 재구성.

첫째, 연합적 상호의존성은 공통된 목표를 위해 두 개 이상의 집행기관이 업무를 진행하고 있지만, 조직 간 상호 거래는 필요하지 않은 것을 의미한다. 즉, 정책 의도를 달성하기 위해 각각의 노력을 강화하기 위한 조정이 있을 뿐이며, 상호 협조를 해야 하는 어떠한 의무가 없기 때문에 조직 간 조정에 대한 필요 요건 역시 존재하지 않는 것이다.[62] 이와 관련하여 Thomson은 가장 바람직한 조정방식으로 권위있는 조직이 업무 절차의 표준화를 제시하는 것이라고 설명한다.[63]

이러한 Thomson의 제안은 국내 예술지원 체계에 그대로 적용하는 데 크게 무리가 없다고 보여진다. 즉, 예술지원의 최상위 기관인 문화체육관광부의 역할이 산하기관에 대한 지도 감독 및 지시, 개입

---

62 *Ibid*, p.493.

63 Thomson, J.D., *Organizations in Action: Social Science Bases of Administrative Theory*, New York: McGraw-hill Book Company(1967), p.56.

등을 넘어서 업무 절차의 표준화를 통한 상호 조율 기능이 강화돼야 함을 시사하는 것이다. 예컨대 이를 대표적인 예술지원 기관인 한국문화예술위원회와 예술경영지원센터에 적용할 경우, 이 두 기관이 사전 협의 없이 지원을 하게 되면 해당 조직이 지원하는 자원의 성격이 서로 다르다면 집행 체계에 있어 별다른 문제가 없겠으나, 만일 비슷한 지원을 하게 되면 예산 낭비와 함께 지원을 받는 조직의 도덕적 해이 발생 가능성도 예상할 수 있다.[64]

둘째, 순차적 상호의존성은 일련의 유관 조직들이 연합된 계통을 형성하고 배열되어 있는 것이 특징으로, 한 조직 단위의 산출은 다른 조직 단위에 재차 투입되어 업무의 실행에 있어 상호 연계되어 있는 경우를 말한다.[65]

정책을 집행할 때 앞 조직의 산출물이 다음 조직에 투입되는 과정이 순차적으로 나타나며, 다수의 조직이 관련되는 집행 단계에 있어 이 같은 상호의존성은 단일 기관과 다수의 잠재적 보조금 수혜자들과의 관계에서 흔히 발견된다.

이러한 상호의존성 아래에서 보조금 수여기관은 모든 잠재적 수혜기관과 관계를 맺을 필요가 없고 보조금 수여와 관련된 조건을 제시한 뒤 이에 상응하는 조직과만 관계를 맺는 경향이 있다.[66] 하지만 순차적 상호의존성은 일방향적인 경향이 있기 때문에 한 조직에서의 지연이나 중단이 발생할 경우 연쇄적으로 하위 단위에 영향을 미칠 수 있다.[67]

---

64 한승준 외, 앞의 논문(2012), p.264.
65 김권식·이광훈, 앞의 논문(2013), p.7.
66 한승준 외, 앞의 논문(2012), p.264.
67 Thomson은 조직 간 명쾌한 스케줄 확정 등 계획에 의한 조정을 이의 해결책으로 제시하고 있다. *Ibid*, p.56.; 한승준 외, 앞의 논문(2012), p.264.

이러한 상호의존 관계에 따른 집행 체계에서는 <그림 4-2>의 'b'조직들이 실질적인 관리 역할을 하고 있다고 여겨진다. 왜냐하면 'a' 조직은 정책 지원 과정에서 가장 중요한 예산 등 자원만을 책임지고, 실질적인 거버넌스에서 조정 역할을 전담하는 관리자를 도입하여 이들로 하여금 중범위 측면에서의 자원 배분 및 업무 역할의 조정 등을 수행하게 한다는 것이다.[68] 이렇게 본다면 한국의 예술지원 체계에서는 한국문화예술위원회가 'b'조직의 성격에 근접해 있다고 볼 수 있다. 네트워크 내 자원의 흐름에 있어서 조정 및 관리 역할을 하며, 이를 통하여 네트워크 거버넌스의 원활한 작동을 위한 후원 역할을 하기 때문이다.[69]

셋째, 호혜적 상호의존성은 조직 간에 영향을 주고받기 때문에 상호 조정 과정에 적응해야 하는 유형을 의미한다고 볼 수 있다. 이러한 호혜적 상호의존성에 따른 지원체계는 관리 담당 기관 간 실제 지원에 있어서 조정을 하기 때문에 실질적 지원에 가장 효과적인 지원관리 역할을 할 것으로 간주되고 있다.[70]

결과적으로 호혜적 상호의존성은 협력을 위한 조정의 부담이 가장 크고 불확실성 또한 높은 것이 사실이지만 잘 조정된 형태로 집행이 이루어진다면 이상적인 성과에 근접할 수 있는 유형이다.

조직 간 상호의존유형 논의와 관련하여 O'Toole과 Montjoy는 몇 가지 사안을 가정하고 있다.

첫째, 다른 조직이 일정하다면 조직 간 정책집행이 조직 내 정책집

---

68 한승준 외, 앞의 논문(2012), p.264.
69 Bryson, J.M., Crosby, B.C., & Stone, M.M., *The Design and Implementation of Cross-sector Collaboration: Propositions from the Literature*, Public Administration Review(2006), pp.44~55.; 한승준 외, 앞의 논문(2012)
70 한승준 외, 앞의 논문(2012), p.265.

행보다 어렵다는 것으로, 이것은 협조에 대한 추가적 제약과 유인의 결여 때문에 조직 간 집행이 쉽지 않다는 것을 뜻한다.

둘째, 지시나 명령의 구체성은 정책집행이 이루어지는 동안에는 자취를 감추게 된다는 것이다. 다시 말해, 집행이 진행될수록 지침의 구체성과 감독은 모호해지고 약화될 것이라는 진단이다.

셋째, 자원이 수반되지 않은 정책은 그 정책의 목표가 집행자의 기존 목표와 일치하지 않으면 집행은 이루어지지 않는다는 것이다. 여기서 '자원'은 재정이나 예산으로 설명이 가능하다고 할 것이다.

넷째, 조직 간의 상호의존성에 따라 집행의 성과는 달라지기 마련인데, 예컨대 '공동적 상호의존' 유형과 '순차적 상호의존'의 경쟁적 상호의존 유형은 조직 단위의 숫자가 많을수록 집행의 성공 가능성이 높다는 것이다.[71]

이러한 논의는 상호의존의 구조 및 형태가 집행의 성공 여부와 집행 속도를 결정짓는 중요 요인이라는 뜻으로, 집행 자체를 성공으로 본다면 '공동적 상호의존' 형태가 가장 성공 가능성이 높은 것이 사실이다. 하

그림 4-3 Dowding의 네트워크 유형

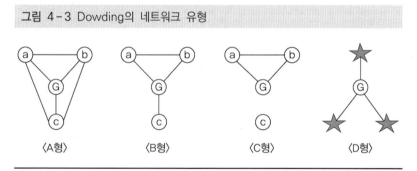

〈A형〉 〈B형〉 〈C형〉 〈D형〉

출처: Keith Dowding, 앞의 논문(1995), pp.134~135; 김형수(2008), p.137. 재구성.

---

[71] O'Toole, Laurence J., Jr., and Robert S. Montjoy., *op.cit*(1984), pp.491~503.

지만 원활한 조정을 집행과정에서 전제 조건으로서 충족한다면 정책 집행의 성공 확률은 오히려 '호혜적 상호의존'이 가장 높다고 볼 수 있다.[72]

2) 정책 공동체

Dowding은 네트워크 거버넌스 활용과 관련한 정책 공동체의 결집력은 네트워크에 참여하는 객체의 수, 상호교류의 빈도, 지속성, 합의, 네트워크 내의 지원분배 방법, 네트워크 내 권력 분배 등에 따라 다르게 나타난다고 주장하면서, 네트워크의 유형을 <그림 4-3>처럼 네 가지로 분류하였다.[73]

A유형은 정책공동체의 구성을 적극적으로 수행하는 기관이 그 분야에 이미 존재하는 연계와 협력을 가시적으로 구체화하여 특정 분야의 이해관계를 안정적으로 극대화하는 데 알맞은 유형이다. 이는 한국적 상황의 예술지원체계에 부합하는 유형으로 볼 수 있다. 즉, 문화체육관광부가 한국문화예술위원회와의 적극적 협치를 통해 예술지원 체계에 있어 핵심적 역할을 부여하고 인정함으로써 안정적이고 지속가능한 예술지원 정책 추진이 가능한 모델인 것이다.

B유형은 특정 분야에 연계 협력이 부분적으로 이루어진 상태에서 중핵기관인 G가 새로운 연계 협력의 동반자인 C를 포함해 기존의 네트워크를 확대시키는 유형이다. 이 유형의 경우 한국문화예술위원회가 지역 문화재단 등 C에 해당하는 기관들과 예술지원 체계의 협치 확대를 위해 적합한 것으로 설명될 수 있을 것이다.

C유형은 특정 분야에 제한적인 연계협력은 구성할 수 있지만 총체

---

72 김권식·이광훈, 앞의 논문(2013), p.10.
73 Keith Dowding, "*Model or Methphor?*": A Critical Review of Policy Network, Political Studies, Vol.43(1995), pp.136~158.; 김형수, "한국 다문화 정책공동체의 연계방안에 관한 연구," 『한국동북아논총』 제13권 1호(한국동북아학회, 2008), pp.137~138.

적인 분야에 대한 네트워크 구축은 실효성이 없거나 기대할 수 없는 경우에 해당하며, D유형은 중핵기관이 특정 분야의 중심이 되어 상호 연계보다 핵심이 되는 기관에 자원과 정보 등이 집중되는 유형이다.[74]

2. 예술지원 권한의 분산과 위임

지금까지 논의한 네트워크 거버넌스를 바탕으로 한국의 문화예술 거버넌스를 정의하는 것은 예술지원 이해에 있어 적지 않은 함의를 내포하고 있다. 즉, 네트워크 거버넌스 관점에서 예술지원의 중핵인 한국문화예술위원회가 자율성과 독립성 견지하에 문화체육관광부와 상호 존중 관계를 유지하면서 예술을 지원하고 있는가에 대한 의문을 제기할 수밖에 없다.

1) 문화예술 거버넌스의 본질

이 같은 논의를 본격화하기에 앞서 국가의 문화예술지원정책에서 문화예술 거버넌스의 본질에 대해 살펴볼 필요가 있다. 좁은 의미의 거버넌스는 정부와 행위자들이 상호의존적이며 대화와 협력을 통하여 공동의 목표를 함께 추구할 때 선의의 결과가 있을 것이라는 신뢰를 바탕으로, 조직 간의 네트워크를 통한 문제해결 방식 혹은 조정 양식이라고 정의할 수 있다.[75] 이를 문화예술 거버넌스로 확대할 수 있다. 즉, 문화예술 영역에서 국가, 시장, 시민사회가 선의의 결과가 있을 것이라는 신뢰를 바탕으로 상호 간의 네트워크 거버넌스를 통한 공동의

---

74 류지성·김형수, "동북아문화공동체 구성에 관한 이론적 논의,"『서석사회과학논총』제1집 2호 (조선대학교 사회과학연구원, 2008), pp.302~303.
75 이병수·김일태, "지방정부와 NGO 간의 로컬 거버넌스 형성 조건에 관한 연구,"『도시행정학보』제14권 2호(한국도시행정학회, 2001), p.30.

문화예술 영역의 문제해결 방식이나 문화예술 조정 양식이라고 정의 내릴 수 있을 것이다.[76]

결국, 문화예술 거버넌스는 문화예술 정책 담당 관료와 예술가, 문화행정과 예술 현장 사이의 대화와 소통, 상호작용에 따른 신뢰와 책임감을 전제로 한다고 볼 수 있다.[77]

문화예술 거버넌스는 통상 공공 영역과 민간 예술 영역 사이의 협치체제로 단순한 '협력'(cooperation), '지원'(support), '동반'(partnership)의 차원을 넘어서는 개념이다. 왜냐하면, 문화예술 거버넌스란 계층제적 거버넌스 형태에서 운영됐던 '문화적 통치성'의 기술을 극복하고 거버넌스 체계 내의 다양한 행위자들이 상호 협력과 조정을 통해 효율적인 정책집행을 끌어낼 수 있는 합리적 조정기제이기 때문이다.[78]

문화예술 거버넌스는 예술가들의 자율성과 독립성을 인정하면서도 그들을 예술정책의 제도와 법과 재원이라는 행정체계의 구조 안으로 견인해야 하는 필요의 경제학을 또한 내장하고 있다.[79] 문화예술 거버넌스의 과정에서 문화 관료들은 예술가들을 이해하고, 예술가들은 문화 관료들을 이해하는 대화와 협상의 공감대가 형성되어야 하는 게 당연하지만, 이것이 생각보다 쉽지 않기 때문에 예술 거버넌스는 매우 까다로운 문제로 분류되고 있다.[80]

---

76 김흥수, 앞의 논문(2004), p.54.
77 이동연, "새 정부 예술정책의 혁신에서 거버넌스의 의미와 실천," 새 정부 예술정책 토론회 자료집(문화체육관광부, 2017), p.14.
78 문화예술 거버넌스와 관련하여 변동건은 "문화거버넌스도 안정된 정치체제 내에서 발생하는 변화된 정치과정에 관한 것이며, 문화영역과 같이 참여자들이 다양한 삶의 양식과 서로 다른 삶의 질이라는 의미와 관련되는 정책수립은 무엇이 바람직한 사회이며 삶인가를 판단하는 정치적 선택을 할 수밖에 없다"고 했다. 변동건, "국가관료제에 관한 엘리트론적 접근과 시각들," 『사회과학연구』 제6권 1호(국민대학교 사회과학연구소, 1994).
79 국회사무처, 『문화예술정책의 새로운 패러다임 구성을 위한 연구』(입법정책연구회, 2017).
80 이동연, 앞의 토론문(2017), p.9.

국가의 문화예술정책 거버넌스 유형은 정책기획형 거버넌스, 프로젝트형 거버넌스, 창작지원형 거버넌스, 매개형 거버넌스 등 크게 네 가지로 구분할 수 있다.[81]

첫째, 정책기획형 거버넌스는 새로운 정부가 들어서거나 특별한 목표를 갖고 예술정책을 기획해야 하는 과정에서 발생한다. 대통령직인수위원회나 특수한 메가 플랜을 수립해야 하는 경우부터 영역·장르·주제별 예술정책을 기획하고 수립하는 데까지 필요한 의제들을 선별하고 내용을 채워가는 과정에서 예술가들과 문화예술정책 전문가들이 참여하는 것을 의미한다. 즉, 이것은 예술정책 기획 단계에서 주요 행위자들의 적극적 참여를 전제한다고 볼 수 있다. 특히 정책기획형 거버넌스는 전문가의 지식과 역량, 예술가의 현장 경험을 중시해야 하는데, 관련 내용들을 미리 다 만들어놓고 필요한 의견을 구해 부분적으로 반영하는 방식에서 벗어나 관련 정책을 책임지는 관료들과 예술가 및 문화예술정책 전문가들이 처음부터 함께 기획하여 내용을 완성하는 것이 중요하다고 여겨진다.[82]

둘째, 프로젝트형 거버넌스는 올림픽 같은 메가 스포츠 이벤트나 국가 간 문화교류 행사 등 국가의 정책적 필요에 따라 임시로 이루어지는 경우로, 대체로 충분한 시간이 주어지지 않거나 재원을 지원하는 국가나 공공기관에서 분명한 미션을 수행해야 하는 특별한 상황이 생긴다.[83] 이러한 프로젝트형 거버넌스가 범하는 오류 중의 하나는 예술가나 예술단체들을 프로젝트를 기능적으로 수행하는 파트너로 간주한다는 것으로, 특별한 목적을 수행해야 하기 때문에 예술가들의 자율성

---

81 위의 토론문(2017), p.12.
82 위의 토론문(2017), p.12.
83 위의 토론문(2017), p.12.

이나 독립성이 제대로 보장되지 않을 수 있고 단기간에 결과물을 만들고 성과를 내야 하는 부담감을 안고 있다. 예술가들 입장에선 프로젝트 거버넌스를 수용하기엔 어려움이 있을 수밖에 없는 원천적인 문제를 지니고 있다.

셋째, 창작지원형 거버넌스는 예술계에서 가장 많이 경험하는 유형으로 분류되고 있다. 여기선 지원 과정, 지원 선정, 사후 관리에 필요한 공정성 및 투명성, 서비스 마인드 등을 중요하게 다루고 있다. 창작지원을 어떠한 내용으로 어떤 방식으로 할 것인가부터 예술계 현장과의 상의와 공감대 형성이 중요하며, 지원 과정에서 충분한 정보제공과 적절한 설명, 편리하고 수월한 신청 프로세스 유지, 선정 결과에 대한 투명하고 객관적인 수준에서의 설명과 정보 공개가 필요하다.[84] 또한, 선정 후 사업 진행과정에서 예술가나 예술단체들과 충분한 의견 공유와 의사 반영이 이루어져야 한다.

넷째, 매개형 거버넌스는 문화예술행정의 전달체계에서 발생한다. 문화체육관광부가 예술가들에게 직접 사업을 전달하는 예외적 방식도 있지만 대개 예술지원 사업은 문화체육관광부에서 산하 협력 기관으로, 산하기관에서 다시 개별 사업 수행 문화예술 민간단체로, 민간단체에서 다시 예술가에게 전달되는 흐름을 보인다.[85] 문제는 이 같은 하향식의 매개형 거버넌스 체제가 갖는 한계다. 사업 수행의 맨 정점에 위치한 담당자의 의사 결정이 현장과 유리되거나 사업의 취지나 목표가 왜곡되고 책임 소재가 분명치 않거나 위계적 질서로 인해 수평적 협력 관계가 신속하게 이루어지지 않아 결과적으로 예술창작 현장이 혼란에 빠지고 졸속 시행에 따라 결과가 좋지 못한 상황을 맞는 경우

---

84 이동연, 앞의 토론문(2017), p.13
85 위의 토론문(2017), p.13.

도 적지 않다. 즉, 위계질서의 폐해가 매개형 거버넌스에서 가장 많이 발견되는 것이다.[86]

이러한 논의를 종합해보면 문화예술 거버넌스로서 한국문화예술위원회의 위상은 더욱 견고해질 필요가 있다. 예술정책 수립 및 집행 과정에서 문화체육관광부의 계층제적 위계적 질서가 아닌, 관련 예술 기관 간 서로 다른 역할을 수행하는 수평적 네트워크로 판단돼야 타당하며, 이때 한국문화예술위원회가 협치의 핵심으로서 거버넌스의 역할을 담당해야 한다. 이는 문화예술 거버넌스에서 정책 수립과 예산 집행을 맡는 문화예술정책 분야 관료와 이를 간접적으로 수행하는 광역 및 지역 문화재단, 문화예술단체들과 예술 분야 민간 전문가, 개별 예술가 모두 위계적인 관계에서 벗어나야 함을 강조하고 있다.[87] 동시에, 이러한 맥락에서 예술지원 체계를 매개하고 조정해야 할 한국문화예술위원회의 역할 재정립을 강도 높게 주문할 필요성이 제기된다.

2) 외부 관리자

네트워크 거버넌스로서 한국문화예술위원회는 외부 관리자라는 단편적 측면에서 이해할 여지도 있다. 이는 한국문화예술위원회 설립 자체가 문화예술진흥법에 의한 것이고, 실제 조직 관리는 민간단체 보조금 관리에 의한 규정(문화체육관광부 훈령 제118호)에 의하여 운영되기 때문이다.[88] 한국문화예술위원회에 문화예술 분야 현장 인사들이 직접적으로 참여한다는 점에서 내부 관리자라고 볼 수도 있지만, 위원회의

---

86 위의 토론문(2017), pp.12~14.
87 위의 토론문(2017), p.16.
88 한승준 외, 앞의 논문(2012), p.281.

설립 자체가 외부, 즉 정부의 정책 의지에 따른 정책 설계이지 예술 현장 관계자들이 스스로 만든 기관이 아니라는 점에서 내부 행위자보다는 외부 행위자에 가깝다는 것이다.[89] 또한, 한국문화예술위원회는 수많은 예술가 및 단체에 재정 지원을 하고 있기 때문에 기금지원 관리 역할이 집중되어 있어 네트워크 관리자 유형의 네트워크 통합자 또는 후원자로 규정될 수 있다.[90] 다만, 문화예술 지원체계의 구심점으로서 한국문화예술위원회가 네트워크 거버넌스 외부 관리자 및 후원자로서의 위상을 어떻게 견지할 것인가의 문제는 중요한 논점이다. 그 배경에는 다음과 같은 문제점을 통해 살필 수 있다.

첫째, 한국예술위는 예술의 모든 분야에 관한 통합적인 지원·관리 조직으로 분류된다. 영국이나 프랑스와 달리 문화체육관광부로부터 직접적인 예산이나 보조금 지원 없이 문화예술진흥기금을 통한 지원을 하는 것이 특징이다. 이는 네트워크 거버넌스로서 운용에 상당한 자율성을 부여받은 것처럼 인식될 수 있는 측면이 강하다. 하지만 기금법 자체가 중앙정부 부처의 예산에 편성된 사항이기 때문에 실질적으로 중앙정부로부터 재원 지원을 받는 것으로 해석할 수 있다.[91]

다시 말해, 하나의 네트워크 거버넌스 조직으로서 권한과 역할이 명목상으로는 주어진 것처럼 보이지만 관련 법령은 조직 운용의 핵심이라고 할 수 있는 예산 과정을 통해 통제하고 있다는 점에서 한국예술위의 위상을 위축시키는 제도적 요인으로 설명할 수 있다.

둘째, 예술지원 체계에서 또 다른 축을 형성하면서 네트워크 거버

---

89 위의 논문(2012), pp.280~283.
90 위의 논문(2012), p.281.
91 위의 논문(2012), pp.281~282.

넌스 역할을 하는 '한국메세나협회'와의 비교라고 할 수 있다. 기업과 개인의 적극적 문화예술 참여로 이뤄진 한국메세나협회는 기업이라는 외부 행위자에 의해 설립되었다는 점에서 외부 관리자로 분류할 수 있다.

한국메세나협회는 다수의 예술가 및 예술단체와 다수의 기업이 관계를 유지하면서 이들의 관계 조정에 집중할 수 있어 네트워크 후원자로 관리 역할 기능도 수행하고 있다. 이는 정부의 직접적인 영향력에서 상대적 자율성과 독립성을 유지할 수 있으므로 가능한 내용이다.[92]

그러나 한국예술위는 네트워크 거버넌스로서 외부 관리자 및 통합자 또는 후원자 역할이 부여되어 있지만, 운용의 자율성을 보장받지 못하고 있어 실질적인 네트워크 거버넌스로서의 기능에 대해서는 의문의 여지가 있다. 이는 결과적으로 예술지원 네트워크 거버넌스로서 한국예술위의 위상이 과도한 중앙 정부의 관리 집중에 의해 퇴색되어 있음을 시사한다.

예술지원 네트워크 거버넌스에서 권한의 분산과 위임의 중요성은 갈수록 커지고 있는 양상을 보인다. 이는 문화예술의 가치가 증대하면서 예술정책의 양적 확대와 함께 문화예술행정 전달체계의 비대화·복잡화가 가속화되고 있기 때문이다.

중앙정부가 관리해야 할 산하기관의 수가 비대해지면서 체계 운영 방식의 비효율성 및 폐쇄성 결과로 이어지고 있다. 이러한 현상은 예술지원 네트워크 거버넌스가 제대로 작동하지 않으면서 최상위 전달체계라고 할 수 있는 문화체육관광부의 예산 배분 및 정책, 사업 진행 방식에 관한 결정 권한의 독점, 그리고 중간 및 하위 예산지원 전달체계로 갈수록 사업 및 예산 의존성 심화 등을 내용으로 하는 문제점

---

92 위의 논문(2012), pp.281~283.

들로 나타나고 있다.[93] 이들 관점에서 살필 때, 기관 및 제도의 자율성과 운영의 독립성을 표방하고 있는 한국예술위의 위상에 대한 점검을 통해 바람직한 운영 방향을 재정립할 필요성이 제기되는 시점이다.

93 이규석, "문화예술 지원구조의 혁신을 위한 정책과제들," 『새 정부의 문화정책 방향: 문화사회를 향한 정책 과제 토론문』(문화연대, 2017), p.23.

CHAPTER

05
네트워크 거버넌스 분석을 위한 제도주의 논의

    네트워크 거버넌스 논의에서 간과되어선 안 되는 지점 중 하나가 거버넌스는 신제도주의에서 말하는 '제도'로 정의될 수 있다는 것으로, 제도적 장치로서 거버넌스는 구성원, 구성원 간의 관계, 자원의 배분, 조직 등의 구조적 측면과 규칙, 규범, 인식 등의 문화적 측면을 포함하는 존재로 파악된다.[1] Lynn 등은 환경적 요인, 고객 특성, 구조, 관리 기법 등이 조합적으로 사회 현상에 영향을 미친다는 거버넌스 분석 모형을 제시하고 있는데, 이러한 분석 틀은 신제도주의 이론에서 다루고 있는 제도 분석 틀[2]과 매우 유사하다.[3] 특히 거버넌스라는 개념이 제도와 문화 등에서 다양한 참여자들 간의 상호작용에 미치는 영향에

---

1 Kickert, W., *Public Governance in the Netherlands: An Alternative to Anglo-American Managerialism,* Public Administration, Vol.75(1997), pp.731~752.

2 제도 분석 틀은 물리적 속성, 실제 사용되는 규칙, 공동체의 속성 등이 행동의 장에서 행위자 행동에 미치는 영향을 분석하기 위한 일종의 분석 틀로 설명할 수 있다. 자세한 내용은 Ostrom, E, *An Agenda for the Study of Instituitions,* Public Choice, Vol.48. No.1(1986), pp.3~25 참조.

3 Lynn, Jr., L., C. Heinrich & C. Hill., *Improving Governance: A New Logic for Empirical Research,* Washington. D.C,: Georgetown University Press(2001), pp.55~56.

관심을 둔다는 점에서 제도 분석 틀은 거버넌스 분석에서 매우 유용하게 활용될 수 있다.

I 역사적 신제도주의의 이해

신제도주의는 인간의 행위와 사회적 현상을 설명하는 과정에서 제도의 중요성을 강조하고 있는데 구제도주의, 행태주의 등을 비판하면서 출발하고 있다.

1950~1960년대에 등장한 행태주의는 구제도주의가 접근하는 서술적 접근법으로는 정치 행태나 정책 결과를 실질적으로 설명하지 못한다고 비판하면서 등장했다.[4] 행태주의는 정치 결과를 설명하고 정치 이해를 위해선 공식적인 제도의 특성뿐만 아니라 개개인의 태도, 이익집단의 힘, 정치적 행태 등의 비공식적 분야에 대해서도 초점을 맞춰야 한다는 논의를 전개하고 있지만, 이 같은 행태주의도 국가마다 각각 다르게 나타나는 정치적 행태, 행위, 자원의 배분 등의 이유를 설명하지 못하는 한계를 노정하였다.

이런 행태주의에 대한 비판적 시각 극복을 위하여 제도적 맥락을 강조하는 신제도주의가 등장하게 된 것이다.[5] 이는 궁극적으로는 제도를 주요한 독립변수로 파악하여 정책 현상을 분석하고자 하는 시도라고 할 수 있다.[6]

---

4 김덕호, 앞의 논문(2018).

5 Thelen, Kathleen & Sven Steinmo., *Historical Institutionalism in Comparative Politics*, in Sven Steinmo, Kathleen Thelen & Frank Longstreth(eds), *Structuring Politics: Historical Institutionalism in Comparative Analysis*, Cambridge: Cambridge University Press(1992), pp.16~17.

6 Immergut, Ellen M., *The Rules of Game: the Logic of Health Policy - making*

1) 신제도주의 분파

신제도주의는 역사적 신제도주의, 합리적 선택 신제도주의, 사회학적 신제도주의 등 세 가지 분파로 분류되고 있다. 접근 방법과 방법론, 이론적 함의에서의 강조점이 매우 상이함에도 불구하고 각 분파에서 제도를 보는 입장에선 공통점을 발견할 수 있다.

첫째, 제도란 사회의 구조화된 어떤 측면을 의미하며 사회 현상을 설명할 때에는 이런 구조화된 측면에 초점을 맞출 필요가 있다.

둘째, 제도는 개인 행위를 제약하며, 제도적 맥락하에서 이뤄지는 개인 행위는 규칙성을 띠게 되기 때문에 신제도주의는 원자화된 혹은 과소사회화된 개인이 아니라 제도라는 맥락 속에서 이뤄지는 개인행위에 초점을 맞춘다.

셋째, 제도가 개인행위를 제약하지만 개인간 상호작용의 결과로 제도가 변화할 수도 있다. 따라서 제도는 독립변수인 동시에 종속변수로서의 속성을 지닌다.

넷째, 제도는 규칙, 법률 등 공식적인 측면을 지닐 수도 있고 규범, 관습 등의 비공식적 측면을 지닐 수도 있다.

다섯째, 제도는 안정성을 지니는데, 일단 형성된 제도는 그때그때의 상황이나 목적에 따라 쉽게 변화하는 것이 아니다.[7]

역사적 제도주의에서 '국가'란 단순히 중립적인 중재자가 아니며, 그렇다고 지배계급의 도구도 아니라고 본다. 국가를 자율적이고 독립적인 하나의 행위자로서 이해할 뿐 아니라 국가-사회관계, 즉 국가와 사회

---

in France, Switzerland and Sweden, Structuring Politics: Historical Institutionalism in Comparative Analysis, Studies in Comparative Politics, Cambridge, Vol.26. No.1(1992), p.5.

[7] Lowndes, Viven., *Varieties of New Institutionalism: A Critical Appraisal,* Public Administration, Vol.74. No.2(1996), pp.181~198.

표 5-1 신제도주의 세 가지 분파의 특징

	제도	선호형성	강조점	제도변화	방법론
역사적 제도주의	공식적 측면	내생적	권력 불균형 역사적 과정	단절된 균형, 외부적 충격	사례연구, 비교연구
합리적 선택 제도주의	공식적 측면	외생적	전략적 행위 균형	비용 편익 비교, 전략적 선택	연역적, 일반화된 이론
사회학적 제도주의	비공식적 측면	내생적	인지적 측면	동형화, 적절성의 논리	경험적 연구, 해석학

출처: 하연섭, 『제도분석 이론과 전망(2판)』(다산출판사, 2016), p.343 재인용.

를 연결시키는 제도의 모습에 초점을 맞추고 있다. 이렇게 '국가'와 '국가－사회관계'에 대한 논쟁을 통해 역사적 제도주의가 발전해 왔기 때문에 역사적 제도주의는 정치 제도에 초점을 맞추는 것이 특징이다.[8]

역사적 제도주의는 역사적 접근을 통해 제도변화를 파악하기 때문에, 종속변수인 제도나 정책의 설명을 위해 역사적 유산이나 전통, 문화 등이 주된 설명변수로 채택된다. 또한 역사적 제도주의에서는 국가마다 서로 다른 제도가 형성되고 유지되는 이유를 역사적으로 고찰하므로, 역사가 중요한 분석요인이 된다.[9]

그런데 역사적 제도주의에서 강조하는 '역사'란 단순히 과거를 의

---

8 Lecours, Andre., *Theorizing Cultural Identities: Historical Institutionlism as a Challenge to the Culturalist,* Canadian Journal of Political Science, Vol. 33. No.3(2000), pp.499~522.
9 김덕호, 앞의 논문(2018).

미하는 것이 아니라, 과거의 특정 시점에 나타난 원인이 현재까지도 영향을 미친다는 '역사적 인과관계', 특정 시점의 선택이 미래의 선택을 지속적으로 제약한다는 '경로의존', 사건의 발생 시점과 순서가 사회적 결과에 중대한 영향을 미친다는 '역사적 과정'에 대한 강조를 의미하는 것이다.[10]

역사적 신제도주의는 신제도주의의 세 가지 분파 중 정책 설명 과정에서 제도적 맥락을 특히 중시하고 있다. 제도의 형성과 제도의 변화 과정 설명에 있어 역사적 과정, 특히 역사의 우연성과 경로 의존성을 강조하고 있다.[11]

역사적 신제도주의에서 초점을 맞추는 제도적 맥락이란 독립적으로 존재하는 개별적인 제도나 조직의 모습이 아니라 다양한 조직과 제도가 결합되어 있는 복합적 모습을 의미한다. 조직과 제도가 결합되는 방식이 달라짐에 따라 행위자들의 상호작용 패턴이 달라지고 그 결과 정책도 상이하게 나타나는 것으로 이해될 수 있다.[12]

2) 제도 형성

역사적 관점에서의 제도 형성은 이전 시기의 제도적 특성과 정책 선택, 정치경제의 구조적 제한성, 권력의 불평등성, 행위 주체들의 전략적 행위뿐만 아니라 정형화된 문화적 가치와 행위의 비도덕적 결과들까지 고려해 이해되고 있으며, 위기 상황이나 강한 외부적 충격에 의해서 기존의 제도가 변화되어 새로운 형태의 제도가 형성될 수 있다.[13]

---

10 하연섭, 『제도분석 이론과 쟁점(2판)』(다산출판사, 2016), p.56.; 김덕호, 앞의 논문(2018).
11 하연섭, "신제도주의의 최근 경향: 이론적 자기혁신과 수렴," 『한국행정학회보』 제36권 4호 (한국행정학회, 2002), p.341.
12 하연섭, 앞의 책(2016), p.52.
13 김선명, "신제도주의 이론과 행정에의 적응성: 역사적 제도주의를 중심으로," 『한독사회과학

연구방법론의 관점에서 역사적 신제도주의의 특징은 네 가지로 논의할 수 있다. 첫째, 역사적 신제도주의는 분석 수준면에서 합리적 선택 신제도주의가 채택한 방법론적 개인주의가 아니라 전체주의(holism)의 입장을 취하고 있다. 전체주의는 현상을 개별 행위의 합으로 설명하기에는 한계가 있고 개별 행위의 합을 초월하는 실체가 존재하기 때문에 그 실체 자체를 파악해야 한다.[14]

둘째, 역사적 신제도주의는 중범위이론 수준에서 분석을 수행하는데, 중간 수준의 제도적 변수에 초점을 맞춤으로써 여러 국가들 간의 규칙성을 강조하는 거시이론과 특정 국가의 개별 사례들에 관한 미시적 이론 사이의 교량 역할을 한다. 그들이 구체적으로 관심을 갖는 제도적 변수는 계급구조 같은 거시적 변수나 개인의 선호 체계 같은 미시적 변수가 아닌 중범위적 제도변수로서 기관의 조직형태 등을 들 수 있다.[15] 본 연구에서 중범위 수준인 상위 제도는 예술지원 체계를 포함한 문화예술 정책 체계로 한국문화예술위원회가 여기에 해당된다.

셋째, 역사적 신제도주의는 제도가 모든 것을 설명할 수 없다는 점을 인정한다. 이런 측면에서 제도가 다른 인과적 변수들과 어떻게 상호작용하는지에 관심을 가지면서 변수 간의 인과 관계는 항상 맥락 속에서 형성됨을 강조하고 있다.[16] 이는 제도적 역동성이라는 개념과 이어질 수 있는데, 제도적 역동성은 한 국가에서 시간이 경과함에 따라 제도의 영향이 역동적으로 변화하는 상황을 의미한다. 즉, 역사적 신제도주의에서는 정태적으로 변화하지 않는 제도를 상정하는 것이 아

논총』 제17권 1호(한독사회과학회, 2007), p.227.

14 염재호, "국가정책과 신제도주의," 『사회비평』 제11권(나남출판사, 1994), pp.10~33.

15 정정길 외, 앞의 책(2011), p.738.

16 Thelen, Kathleen & Sven Steinmo., op. cit(1992), pp.16~17.; 김학삼, 앞의 논문 (2008).

니라 사회적 환경과 역동적으로 상호작용하는 제도를 상정하고 있다.

넷째, 역사적 신제도주의는 다양한 요인들이 결합되는 역사적 우연성과 맥락을 중시하기 때문에 자연히 행태주의적 접근 방법의 과도한 일반화를 비판하고 비교분석적 방법과 역사적 접근을 채택하는 경향이 있다.[17]

Ⅱ 역사적 신제도주의에서의 제도변화와 제도변화의 유형

1. 제도의 맥락

역사적 신제도주의는 맥락이 형성되는 역사적 과정을 중시하는데, 맥락을 형성하는 역사적 인과관계는 발생 시점과 순서가 중요한 영향을 미친다. 특정 시점에서 형성된 제도는 정치·사회적 환경이 변화하여 새로운 기능적 필요성이 제기되더라도 그 자체가 지속되는 경향을 보이는 경로의존성을 갖기 때문이다. 즉, t시점에서 형성된 제도는 t + 1 시점에서의 선택과 변화 방향을 제약하게 된다는 것이다.[18] 다시 말하면, 기존 제도의 속성, 기존 제도의 발전과정, 기존 제도의 변화 속에서 나타났던 사회적 현상 등이 현재의 사회적 현상에 영향을 미친다는 것이다.[19]

역사적 신제도주의의 초기 저작에서는 제도변화의 원인으로서 전

---

17 하연섭, "신제도주의의 이론적 진화와 정책연구,"『행정논총』제44권 2호(서울대학교 한국행정연구소, 2002), pp.217~220.

18 박세인, "한국과학기술 국제협력의 제도적 진화 분석," 고려대학교 대학원 박사학위논문(2010), p.38.

19 Krasner, Stephen D., *Sovereignty: An Institutional Perspective*, Comparative Political Studies, Vol.21. No.1(1988), pp.64~94; 위의 논문(2010).

쟁이나 공황 등 외부적 충격을 강조한 것이 특징인데, 이는 제도가 지속되려는 관성을 지니고 있어서 오직 외적인 충격이 있어야만 제도가 변화할 수 있을 것이라 판단했기 때문이다.[20]

1) 제도의 지속성

Ikenberry는 제도의 지속성 특징을 설명할 수 있는 요인으로 네 가지를 설명하고 있다.[21]

첫째, 일단 형성된 제도는 특정 개인이나 집단에게 특권적 지위를 부여하게 되며, 이에 따라 수혜 집단은 현 제도를 지속시키려고 노력한다. 둘째, 조직의 구성원은 해당 조직의 상황이 변화했더라도 자신들의 과업을 유지하기 위해 기존 제도를 유지하려고 노력한다. 제도의 변화가 장기적으로는 조직 전체에 도움이 될 수도 있겠지만 단기적으로는 변화에 의해 상당한 불이익을 경험하게 되는 집단이 존재하게 되며, 변화의 긍정적 효과를 설득력 있게 제시하기 어려운 불확실한 상황에서는 이러한 집단의 변화에 대한 저항이 성공적일 수 있다.[22] 셋째, 제도개혁은 현존하는 조직과 제도하에서 진행될 뿐 아니라 변화하는 제도도 그것을 둘러싼 조직환경과 일치될 필요가 있기 때문에 이러한 조직과 구조가 변화를 위한 노력을 제약할 수 있다.[23] 넷째, 새로운 제도가 대다수 집단이나 개인에게 혜택을 줄 수 있더라도 변화에 소요

---

20 하연섭, 앞의 책(2016), pp.138~139.
21 Ikenberry, G. John., *Conclusion: An Institutional Approach to American Foreign Economic Policy*, International Organization, Vol.42. No.1(1988), pp.223~224.
22 김진수, "경로의존성 관점에서 본 세종시정책의 변동과정에 관한 연구," 서울시립대학교 대학원 박사학위논문(2013), pp.22~51.
23 위의 논문(2013), pp.25~50.

되는 비용과 미래에 대한 불확실성이 현 제도의 유지를 가능하게 한다.

즉, 현 제도를 유지하는 데 소요되는 가변비용이 새로운 제도를 만들고 유지하는 데 소요되는 총비용보다 낮을 수 있기 때문에 기존의 제도가 고착되는 경향이 나타난다. 이 같은 측면에서 제도변화는 계속적이고 점진적으로 이루어지는 것이 아니라 매우 급격하고 간헐적으로 일어날 뿐이다.[24]

2) 단절된 균형

역사적 제도주의 이론에서 제도변화에 대한 초기 설명 틀은 Kranser가 주장한 단절된 균형(punctuated equilibrium)이라는 개념을 통해 이해할 수 있다. 단절된 균형은 제도의 모습이 결정적·근본적으로 변화하게 되는 중대한 전환을 거치면서 일어나고, 이렇게 변화된 제도는 지속되는 시기가 일정 기간 반복되는 형태를 취한다고 보는 개념으로, 중대한 전환점에 이르게 되는 원인을 심각한 경제위기, 전쟁, 혁명 등 외부적 충격에서 찾고 있는 것이 특징이다.[25]

하지만 제도변화의 과정이 외부적 충격에 의해서만 발생하는 것이 아니라 제도의 복합적 특성, 제도 간의 갈등, 시간의 흐름, 내부적 균열 등 여러 변수들이 고려되면서 제도변화의 과정과 형태에 대한 설명이 다양하게 제시되고 있다.[26]

이것은 전술한 단절된 균형모형의 제도변화 설명에 한계를 의미한다고 볼 수 있다. 즉, 단절된 균형모형에 의하면 제도는 외부적 충격에 의해 변화할 뿐 제도변화의 내재적 요인을 찾기란 쉽지 않은데, 제

---

24 하연섭, 앞의 책(2016), p.139.
25 하연섭, 앞의 책(2016), pp.139~140.
26 김덕호, 앞의 논문(2018), p.40.

도변화에 대한 이러한 관념은 제도변화의 주체라 할 수 있는 개인 혹은 행위자의 역할을 간과하게 되는 문제점을 지니고 있다.[27]

일단 중대한 전환점에서 형성된 제도의 모습이 지속되는 경향을 지닌다면 제도가 지속되는 시기의 사회현상을 설명하는 데 있어서는 행위자의 선택이나 구체적 행위보다는 구조화된 제도의 모습에만 초점을 맞추면 된다는 이른바 제도결정론에 빠지게 된다. 이 경우 개인이나 집단의 구체적 행위에 의해 제도의 모습이 바뀔 가능성은 아예 무시되기 때문에 제도변화를 야기할 수 있는 내부적, 행위자 중심의 원인에 대해선 전혀 관심을 두지 않게 된다.[28]

3) 제도변화의 쟁점

제도변화와 관련된 두 가지 쟁점은 변화의 과정과 변화의 원인이다. 즉, 변화가 근본적이며 급격하게 이루어지는가 혹은 점진적이며 완만하게 이루어지는가에 관련된 논쟁으로, 단절된 균형 모형에 따르면 변화는 급격하게 이루어질 수밖에 없다.[29] 하지만 최근엔 제도변화가 점진적이고 완만하게 이루어진다는 주장이 보다 현실에 부합한다는 이유로 설득력을 얻고 있다.

두 번째 쟁점은 제도변화가 완만하고 점진적으로 이루어진다면 제도변화의 원인을 외부가 아닌 내부에서 찾아야 한다는 주장이다.[30]

---

27 김학삼, 앞의 논문(2008).
28 Mahoney, James & Richard Snyder., *Rethinking Agency and Structure in the Study of Regime Change*, Studies in Comparative International Development, Vol.34. No.2.(1999), pp.3~32.
29 박세인, 앞의 논문(2010), pp.38~40.
30 하연섭, 앞의 책(2016), p.162.

2. 제도변화 유발 요인

제도변화 논의에서는 행위자의 역할과 권력 관계의 중요성이 강조되고 있다. 제도가 복수의 다양한 이질적 요소로 이루어져 있기 때문에 변화할 수 있지만 제도의 모순되는 요소들 간의 갈등을 증폭시키는 것은 개인들의 행위에 의해서라는 것이다. 제도 내부의 이러한 모순을 활용함으로써 개인이나 조직이 제도를 변화시킬 수 있다.[31]

제도변화 과정에서 행위자의 중요성을 인식하게 되면 행위자 간 권력 관계에 주목하게 된다. 제도가 균형상태처럼 보이는 것은 현행 제도의 수혜자가 그렇지 않은 사람들의 요구나 저항을 통제할 수 있는 권력 자원을 갖고 있기 때문이며, 이런 권력 균형이 변화하면 제도가 변화하게 된다. 이는 무의식적인 관행과 일상화에 의해 제도가 유지되는 것이 아니라, 제도를 통해 이득을 얻는 사람들의 부단한 권력 행사의 결과로 제도가 유지되는 것이라고 할 수 있다.[32]

1) 외부 환경과 행위자

역사적 신제도주의 관점에서 제도변화를 가져오는 요인들은 제도적 맥락, 외부 환경적 요인, 행위자 요인 등으로 분류할 수 있다.

정책 설명에 있어 유용한 논의가 이뤄지고 있는 제도적 맥락은 정

---

31 Friedland, Roger and Robert R, Alford., *Bringing Society Back In: Symbols, Practices, and Instituitonal Contradictions*, in Walter W. Powell and Paul J. Dimaggio(eds), *The New Instituitionalism in Organizational Analysis,* Chicago: University of Chicago(1991), p.232.

32 Hall, Peter A., *Historical Institutionalism in Rationalist and Sociological Perspecctive*, in James Mahoney and Kathleen Thelen(eds), *Explaining Institutional Change: Ambiguity, Agency, and Power*, New York: Cambridge University Press(2010), pp.204~223.

책 패러다임과 정치 및 행정 구조 등을 들 수 있는데, 정책 패러다임은 정당 지도자들의 지지를 얻으며 서서히 제도화되지만 일단 제도화가 이루어진 뒤에는 정책이나 제도 선택에 영향력을 발휘한다.[33] 정치 및 행정구조도 정책이나 제도의 선택, 변화에 영향을 준다. 즉, 국회와 행정부의 관계, 행정부 내에서의 정책결정 및 집행구조는 제도변화에 실질적인 영향을 준다. 외부 환경적 요인으로는 몇 가지로 설명할 수 있다.

첫째, 경제적 위기 등 외부적 충격으로 인한 위기 상황이 제도변화에 영향을 준다.[34] 위기에 직면할 경우 제도는 기존의 형태를 유지하려고 하는 것이 아니라 새로운 규칙과 제도를 도입하여 외부 환경과의 불일치를 시정하려고 한다는 것이다.

둘째, 국가 간의 권력 관계, 국제기구의 정치적 압력, 신자유주의와 같은 외부적 압력이 제도변화에 영향을 준다.

셋째, 정권 교체로 인한 최고 정책 결정자의 변화는 제도변화를 이룰 수 있는 계기를 제공한다는 것으로, 선거라는 합법적 제도를 통해 정권을 획득한 최고 정책 결정자는 제도와 정책의 변경에 대한 정당성을 부여받았다고 생각하기 때문에 자신의 이념에 부합하는 변화를 추진한다는 것이다.[35]

넷째, 행위자 요인은 제도를 둘러싼 이해관계자들의 상호 작용을 의미한다. 예술지원정책에 대한 의사 결정에 영향을 미치는 이해관계 행위자는 정부(공무원), 예술위원회 등 산하기관(준공무원), 공급자(예술단체 및 기관, 예술가 등), 소비자(관객 등, 일반 국민) 등이 있다. 이들은 행위주체

---

33 Goldstein, J. & R. Keohane., *Ideas and Foreign Policy*, Ithaca: Cornell University Press(1993).
34 하연섭, 앞의 책(2016), p.160.
35 양승일, 『정책변동론』(양서원, 2006), p.57.

간 정책자원의 교환이라는 상호 작용을 통해 정책 및 제도변화 의지, 관계의 수준 등을 형성한다는 것이다.[36]

표 5-2 제도변화의 결정요인

연구자	제도변화 요인		분석기준
김윤수	제도적 맥락과 학습		제도적 맥락, 제도에 대한 학습
	정치 · 경제적 환경		국내/국제 정치 및 경제 상황, 사회화, 인구 문화적 변화
	이익 집단의 정치적 상호작용		의료계 · 수급자 · 정부의 상호작용
심원섭	제도적 맥락	국가성격	국가의 응집력과 조정력, 국가 강도, 국가 개입 정도
		정책이념	국가통치이념, 정책기조, 국정 철학
		정부구조	정부조직개편, 행정조직 신설
	제도변화 결정요인	위기요소	경제적 위기, 재난, 질병
		대외여건	국제사회 압력, 국제이데올로기, 국제 경제 상황
		정권교체	국제관계 변화, 국가 통치 엘리트의 변화
주성돈	환경적 요인	국제환경	복합
		국내환경	정치, 경제, 사회문화, 과학기술
	제도적 맥락		정책 패러다임, 정책결정구조 규범
	행위자 요인		행위자 특성, 행위자 상호작용
	시간 요인		시간, 기준시점

출처: 김윤수, "한국건강보험제도 변화에 관한 연구 – 역사적 제도주의 분석을 이용하여," 성균관대학교 대학원 박사학위논문(2006). 심원섭, "한국관광정책의 변화과정 연구," 『관광학연구』 제33권 7호(한국관광학회, 2009), pp.161~185. 주성돈, "원자력 발전정책의 변동과정 연구 – 역사적 제도주의 관점에서," 『한국사회와 행정연구』 제22권3호(서울행정학회, 2011), pp.153~182를 참조하여 재구성.

---

36 김덕호, 앞의 논문(2018), p.42.

전술한 것처럼 국내 연구자들도 역사적 신제도주의 관점에서 다양한 제도변화의 요인들을 제시하고 있는데 이를 정리하면 <표 5-2>와 같다.

2) 경로의존모형

제도변화는 전술한 단절된 균형모형 외에 경로의존모형으로도 설명되고 있다. 경로의존모형은 과거에 일어났던 일이나 사건이 앞으로 일어날 일이나 사건의 전개방향을 제약하거나, 어떠한 제도가 일정 시점에서 기능적 요구에 의해 형성된 후에 자기 강화 과정을 거치면서 유지되는 것으로 정의되고 있다. 즉, 정책이 일단 경로에 들어서게 되면 초기 선택에 대한 정책의 관성적 경향이 지속되는 것을 의미한다고 볼 수 있다.[37]

Streeck과 Thelen은 제도변화를 점진적이고 경로의존적인 변화와 급격하고 단절적인 변화 후에 나타나는 변화라는 이분법적인 구분 이외에도 변화의 결과(result of change)와 변화의 과정(process of change)이라는 구분을 추가로 제시하고 있다.

이러한 구분에 의한 제도변화의 모습으로 변화 과정이 점진적이고 변화 결과가 연속성을 지니면 '적응을 통한 재생산'(reproduction by adaptation), 변화 과정이 점진적이고 변화 결과가 불연속성을 지니면 '점진적 변형'(gradual transformation)이라고 구분하고 있다.

또한, 변화 과정이 갑작스럽게 일어나는 경우라도 변화 결과가 연속성을 지니는 경우에는 '생존과 복귀'(survival and return), 변화의 결과가 불연속성을 지니는 경우에는 '붕괴와 대체'(breakdown and replacement)

---

37 Pierson, Paul, *Increasing Returns, Path Dependence, and the Study of Politics*, The American Political Science Review, Vol.94. No.2(2000), pp.251~255.

로 구분하였다.[38]

표 5-3 제도변화의 유형: 과정과 결과

유형		변화의 결과	
		연속성	불연속성
변화의 과정	점진적 변화	적응을 통한 재생산	완만한 변형
	급격한 변화	생존과 복귀	붕괴와 대체

출처: Streeck, Wolfgang. and Kathleen Thelen, 앞의 책(2005), p.9를 참조하여 재구성.

---

38 Streeck, Wolfgang. and Kathleen Thelen., *Introduction: Institutional Change in Advanced Political Economics,* in Wolfgang Streeck and Kathleen Thelen (eds), *Beyond Continuity: Institutional Change in Advanced Political Economics,* New York: Oxford University Press(2005). p.9.; 김은미, "한국 주택 정책 변화 분석 –역사적 제도주의 분석," 고려대학교 대학원 박사학위논문(2012), pp.54~55에서 재인용.

03

문화예술 지원체계 분석

CHAPTER

06
주요 국가 문화예술 지원체계

영미권과 대륙권 국가의 문화예술

흔히 영미권과 유럽 대륙권으로 분류되는 선진국의 공통된 특징은 경제가 부강하고 문화가 일찍이 융성했던 것에서 찾을 수 있다. 그러나 영미권과 대륙권의 문화예술에 대한 관점은 전혀 다른 지점에서 출발했다. 프랑스, 독일, 네덜란드 등으로 대표되는 대륙권의 경우 문화예술에 대한 이해가 자연과 대조되는 고상한 정신 영역의 핵심으로, 좀 더 잘 다듬어지고 세련된 창조적·정신적 창조 상황으로 파악되는 경향을 띠었다. 이와 달리 영국과 미국 등 영미권은 문화예술을 하나의 '생활 양식'으로 파악하는 경향이 강했다. 이는 사회학이나 인류학에서도 파악하는 문화 이해 역시 동일했다.[1]

영국과 미국의 이러한 문화예술에 대한 이해는 핵심적인 함의를 내포하고 있는데, 그것은 문화예술을 사적인 영역으로 간주하고 있다는 점이다. 이는 오래전부터 '생활 양식'으로 여겨지는 문화예술을 '시

---

1 한완상, 『현대청년문화의 제문제』(현암사, 1974), pp.224~225.

민 문화' 차원에서 접근한 것으로, 국가 혹은 정부의 통제는 있을 수 없는 일인 동시에 철저히 사회의 자율에 맡기고 있다는 사실을 의미한다. 이 같은 전통에서는 시민 문화를 구성하는 많은 하위문화[2]와 고급문화와 대비되는 대중예술 등의 발전이 특징으로 나타난다고 할 수 있다.

이와 다르게 대륙권 나라는 문화예술을 가치 개념으로 파악하여 국가 형성과 국민 통합의 과제와 결부시켜 이해하고 있다.[3]

영미권 국가의 문화예술정책의 경우, 잉글랜드, 웨일즈, 스코틀랜드, 북아일랜드 등 4개 지역으로 구성된 연방국가인 영국은 문화미디어스포츠부(Department of Culture, Media and Sports: DCMS)가 문화예술에 대한 정부의 정책을 총괄하고 있지만 스코틀랜드청 웨일즈청 북아일랜드청은 자체적으로 문화예술정책을 수립하고 있다. 문화예술과 관련한 거시적인 정책 방향과 비전은 문화미디어스포츠부가 담당하고 있지만, 각 지역의 도서관과 박물관, 문화 시설, 예술가 및 예술기관 등은 영국 예술위원회가 중심이 되어 운영하고 있다.[4] 이러한 구조는 지역분권적 차원에서 문화예술에 대한 지원이 이루어지고 있음을 보여주고 있다.

영국 문화미디어스포츠부가 내세운 핵심적인 기조는 문화예술의 우수성 증진 및 만족, 접근성을 향상시킬 수 있는 문화예술 정책의 비전 달성이다. 이를 위해 네 가지 전략적 목표를 설정했다.

첫째, 기회로 문화, 미디어, 스포츠에 대한 향유 강화, 둘째, 우수

---

2 하위문화는 전통있고 사회적으로 더 큰 권력과 영향을 지닌 주류문화와는 다른 소수집단 혹은 비주류 집단의 문화라는 차원에서 주로 논의되어 왔다. 청년문화, 신세대문화, 동성애문화, 인디문화 등과 같은 형태들이 그 사례다. 이러한 하위문화는 주변 문화, 즉 '주류문화로부터 주변부화된 것, 지배적 가치와 윤리로부터 배격당한 것'으로 이해된다. 윤명희, 『문화사회학』(살림, 2017), p.329.

3 김수갑, 앞의 책(2012), p.145.

4 김세훈, 『문화예술서비스 전달체계 구축방안 연구』(문화체육관광부, 2013).

성으로 문화, 미디어, 스포츠에 대한 재능과 우수성 지원, 셋째, 경제적 효과로 DCMS가 관장하는 분야가 불러오는 경제적 이익에 대한 파악, 넷째 올림픽으로 지속가능한 유산을 바탕으로 성공적이고 고무적인 올림픽과 장애인 올림픽 개최가 그 것이다.[5] 결국 영국 문화예술정책의 목표는 국민들의 삶에 최고의 것을 얻을 수 있도록 하는 점에 초점이 맞춰져 있다.

자유방임주의[6]적 문화예술정책을 기조로 했던 영국에서 문화예술에 대한 공적인 지원은 역사적으로 세 단계로 나눌 수 있다.

첫 번째 단계는 제2차 세계대전 이전으로 영국의 경우 1891년 박물관 및 체육관법과 1892년 공공도서관법에 의한 공공도서관 및 박물관 설치라는 중요한 예외를 제외하고는 사실상 공적인 정부 정책에 의하여 주도된 문화예술 활동은 전무했다. 지방 정부 지원의 전통도 없었음은 물론이다. 그러나 음악예술진흥위원회(The Council for the Encouragement of Music and the Arts: CEMA)가 설치돼 전쟁 중 문화적 전통과 활동을 보존하고 음악, 연극 및 다른 예술을 지방에까지 확대하는 활동을 하였다.

두 번째 단계는 로얄 차터에 의한 1946년 예술위원회(The Arts Council)[7] 설립으로부터 시작하는데 이 조직은 CEMA에서 성장한 측면이 크다.

---

5 House of Commons, Culture, Media and Sport Committee, *Funding of the arts and heritage: Third Report of Session 2010-2011*, Culture, Media and Sport Committee(2011).; 류정아, 앞의 논문(2015), p.26.

6 18세기 후반 영국 사회 전반을 지배했던 정신은 자유방임주의(laissez-faire)였다. 자유방임주의란 개인 또는 민간의 경제활동에 있어 최대한 자유를 보장하고 이에 대한 국가의 간섭을 가능한 배제하려는 경제사상이나 정책 등을 의미한다. 19세기 자유주의 시대에 접어들면서 최소한의 국가기능이 개인의 자유를 최대한 보장할 수 있다는 인식으로 의미가 확대되었고, 이것이 문화예술에 대한 영국의 자유방임주의적 태도의 바탕이 된 것이다. Stephen Hetherington, *Arm's length funding of the arts as an expression of laissez-faire*, International journal of Cultural Policy(2015), p.1.

7 영국예술위원회에 대해선 별도로 후술되어 있다.

당시 예술위원회 설치 목적은 예술에 대한 지식, 이해 및 공연의 개발 및 향상, 공중에게 예술의 접근 증대, 정부 부처, 지방당국 및 기타 단체에의 조언 및 협력 등으로 규정하고 있으나 제대로 실행되지 못했다. 20년 동안 지원은 축소되었고, 활동은 예산 부족으로 심각한 어려움을 겪기도 했다. 당시 예술위원회는 운영 방식과 관련하여 "엄격한 수입조사를 통하여 순수한 생존차원에 지원을 한정하는 구빈법(poor-law technique) 방식에 의해 통제된 시기"로 기술하고 있다.[8]

세 번째 단계는 1964년에 등장한 노동당정부의 문화예술에 대한 전례없는 관심과 지원으로 볼 수 있다. 노동당정부는 예술에 관한 현저한 사고의 변화의 증대와 부합하였으며, 역대 어느 정부에서도 볼 수 없을만큼 공적 지원을 놓고 열정적인 논의가 치열했다. 그러나 늘어난 교육시설이 예술에 대한 더 큰 수요로 이어졌느냐에 대해서는 논란이 여전하다. 결국 영국에서도 문화예술에 대한 공적 지원에 대한 관심이 높아가는 것은 사실이지만 문화예술에 대한 기본적 시각은 시민문화차원에서 유지되고 있다고 볼 수 있다.[9]

미국은 독립초기 영국의 식민지로부터의 독립과 자유의 보장을 궁극적 목적으로 삼았고 국가공동체 형성은 부수적 과제였다. 이는 문화예술에 대한 국가의 불개입현상으로 자연스레 이어졌다. 이러한 측면은 극장, 박물관, 도서관을 비롯하여 국가적인 예술진흥의 결여[10]로 이어질 수밖에 없는 구조로 나타났다. 즉, 문화예술에 관한 사항은 국가의 문제라기보다는 개인의 문제로 간주된 것이다. 미국의 주 헌법도 문화예술을 사적인 문제로 파악하고 주의 자치에 위임하는 기본적인

---

8 The Arts Council, *Arts Council Report*, The Arts Council(1966), p.9.
9 김수갑, 앞의 책(2012), pp.147~148.
10 Grimm, Dieter, *Kulturaufrag im staatlichen Gemeinwesen*, VVDStRL 42, S53.

입장을 가지고 있다.

이 같은 배경을 이해한다면 미국의 문화예술정책은 민간 주도의 시장논리에 근거를 둔 간접지원을 지향함을 어렵지 않게 파악할 수 있다. 결국 정부의 지나친 간섭에 대한 견제로 볼 수 있는데, 이러한 정서는 미국이 독립국가로 선포될 때부터 유지되고 있다. 개인의 문화적인 취향이나 신념 등에 대하여 정부의 지시와 규제에 대한 국민의 적대적인 태도가 문화예술 행정의 방향성 및 구조에 반영된 것이라고 볼 수 있다.[11]

하지만 역사적, 정치적, 문화적 배경에도 불구하고 예외적으로 미국 정부가 문화예술 지원에 적극적으로 개입했던 시기가 존재하는데, 1930~1940년대의 경제대공황이었다. 이 기간 동안 정부의 문화예술에 대한 직접 지원이 후술할 미국의 연방예술진흥기금(National Endowment for the Arts: NEA)과 같은 예술전담 공공기관 설립의 전조적 역할을 한 것으로 평가받고 있다.[12]

미국 사회는 정부의 문화예술에 개입과 지원의 적절성을 놓고 여전히 논쟁이 치열하다. 정부 지원을 반대하는 입장의 논리는 미국의 경우 유럽과 역사적 배경이 다르다는 점을 지적한다. 유럽처럼 역사적으로 왕실이나 교회 등 종교의 후원이 존재하지 않았던 미국에서 정부가 예술에 개입하여 직접 지원하는 것은 납득할 수 없으며, 정부의 문화예술 지원은 미국이 전통적으로 강세를 보여온 민간 지원을 오히려 약화시킬 우려가 있다는 점을 내세우고 있다.[13]

---

11 임학순 외, 『한국 문화예술위원회 역할 정립에 관한 조사연구』(한국문화예술위원회, 2012), p.57.
12 최보연, 『주요국 문화예술정책 최근 동향과 행정체계 분석연구』(한국문화예술위원회, 2016), p.137.
13 Heibrun과 Gray는 민간의 문화예술지원의 대표적인 사례로 포드재단이 1950년대 말 미

이러한 반대 입장과 대척점에 있는 정부 지원 옹호의 근거는 대륙권 국가에서 찾을 수 있다. 이들 국가는 정부가 문화예술 육성에 기여하고 노력해야 할 의무가 있다고 파악한다. 다시 말해, 국가가 보장하는 국민의 문화예술향유는 일부 시민만을 위한 것이 아니라 모든 납세자를 대상으로 하고 있으며, 정부 지원은 시민의 문화예술 접근성 확보와 표현의 자유 보호를 위한 것이라는 논리를 내세우고 있다. 특히 문화예술의 경제적 가치를 감안할 때 문화예술단체와 예술가는 문화자본을 생산하는 주체이기 때문에 이러한 형태의 자본은 국가 전체에 기여할 수 있다는 입장을 통해 정부 지원의 당위성을 주장하고 있다.[14]

지금까지 논의한 영미권과 대륙권 국가의 문화예술정책의 특징을 토대로 국가별로 문화예술 지원과 관련한 세부적인 내용을 살펴본다.

II 영국예술위원회

1. 이중적 자율성 확보

1) 공적후원자 모델

영국예술위원회는 영국의 매개자 모델 또는 공적 후원자(public patron) 모델의 중핵으로서, 한편으로는 정부의 간섭으로부터, 다른 한

국 심포니 오케스트라에 대한 대거 지원을 들면서, 이를 시작으로 포드재단은 미국 내 문화 지원에 대한 중추적 역할을 맡았다고 설명하고 있다. Heibrun & Gray, "*Public and/or private support for the arts In the United States, Australia, Canada, and Western Europe,*" The Economics of Art and Culture, Cambridge University Press(2001), p.252.

14 최보연, 앞의 보고서(2016), p.138.

편으로는 예술계의 압력으로부터 이중적인 자율성을 견지하면서 국가의 문화와 예술을 진흥하는 대표적인 비정부공공기관 또는 준정부조직으로서의 위상을 다져왔다.[15] 모든 문화예술 분야 기금 지원을 통합관리함으로써 영국예술위는 네트워크 관리자의 역할을 수행하고 있다. 이 과정에서 주목할 것은 영국예술위가 한국처럼 예술단체와 예술가들의 기금 지원 신청 및 지원이 이뤄지고 있으나. 관리 감독의 관계가 아닌 자율적 창작활동을 위한 지원의 경향이 두드러진다는 사실이다. 이는 노동당정부 시절 전 국민의 문화예술 향유권 확대 정책하에 영국예술위가 지원 받은 예술단체들이 당국의 간섭없이 자율적으로 운영하고 국민의 참여를 촉진할 수 있는 예술활동으로 발전할 수 있도록 자체 평가 도구를 개발한 것과 무관치 않다.[16]

영국의 문화예술지원 체계의 핵심은 '팔길이 원칙'(Arm's Length Principle)으로 요약할 수 있다. 중앙정부인 문화미디어스포츠부가 영국예술위에 실질적인 예술지원의 자율적 권한을 대폭 부여하고 있는 것이다. '지원은 하되 간섭은 않는다'는 확고한 다짐인 셈이다. 문화예술지원은 이러한 '팔길이 원칙'에 의거해 예술단체 등 다양한 산하 기관들인 비정부 공공기구를 통해 이루어진다.[17]

한국의 문화체육관광부에 해당하는 부처인 영국의 문화미디어스포츠부는 이러한 '팔길이 원칙'을 정부 예술정책의 최우선 방향으로 삼고 있다. 정권 교체와 무관하게 정부는 문화예술 지원금의 대상과 사용에

---

15 Quinn, R. B. M., *Distance or Intimacy? - The Arm's Length Principle, the British Government and the Arts Council of Great Britain*, International Journal of Cultural Policy, Vol.4. No.1(1997).

16 한국문화예술위원회, 『지역문화예술지원 거버넌스 체계 연구 보고서』(한국문화예술위원회, 2020), pp.39~40.

17 남경호, "역대 정부의 문화예술지원정책 연구," 고려대학교 대학원 박사학위논문(2018).

대해서 간섭하지 않고 영국예술위에 전적으로 일임하는 것이 가능한 것은 이런 이유 때문이다. 이는 시대가 변하고 정권이 바뀔 경우 문화예술 지원 정책의 내용에 대한 손질은 불가피한 측면이 있다고 하더라도, '팔길이 원칙'에 의해 영국 정부의 예술위원회에 대한 자율성은 계속 보장되고 있다는 것을 의미한다고 볼 수 있다.[18]

2) 지원정책의 일관성

영국예술위의 자율성은 문화정책 패러다임의 변화에서도 찾아볼 수 있다. 1997년 문화미디어스포츠부가 설립되면서 개인의 창조성을 높이기 위한 소위 '창조적 전회'를 실행하였다. 이는 문화정책의 패러다임을 보존에서 창의로 바꾸는 것을 골자로 한다. 이 같은 기조에 따라 정부 – 예술위 – 예술단체 간 관계가 재정립되었으며, 예술위는 적극적인 지원을 요구하는 예술계의 압박 등의 여건에서도 일관되게 국가 문화와 예술 진흥을 도모하고 있다. 물론 이러한 3자 간의 관계는 '팔길이 원칙'을 적용함으로써 지시에서 협력으로, 간섭에서 자율로, 일방향에서 양방향으로 이루어진 창의적 파트너십 구축을 목표로 하고 있음은 자명하다.[19] 이는 전술한 예술지원 체계에서의 네트워크 거버넌스의 원활한 작동을 보여주는 사례라고 할 수 있을 것이다. 영국예술위에 부여된 '팔길이 원칙'은 영국 문화부와 예술위와의 관계, 즉 독립적이고 협력적 관계에서도 확인할 수 있다.

영국 예술과 문화유산의 지원에 관해 영국 문화부 선별 위원회 (Select Committee) 보고서는 정부 측에 예술위의 '팔길이 원칙' 고수를 다음과 같이 일관되게 권고하고 있다.

---

18 류정아, 앞의 논문(2015), p.23.
19 한승준, 앞의 보고서(2017).

"영국예술위원회의 역할은 위원회의 지식, 경험과 역량을 이용하여 영국 예술에 공공 재원을 분배하는 것이다. 예술위원회의 지원 여부와 상관없이, 개별 예술 프로젝트의 예술적인 가치에 대한 논쟁은 주관적이며, 이 논쟁에 대해 언급하는 것은 영국 의회의 역할은 아니다. 예술위원회가 정부로부터 독립적으로 운영되어야 한다는 팔길이 원칙이 지켜져야 한다는 것은 필수적이다. 그러나 예술위원회가 판단한 결정이 위원회 자체의 정치적 혹은 예술적 편견에 영향을 받는 것으로 인식되어서는 안 된다는 점도 역시 중요하다."[20] 이 같은 선별 위원회의 권고에 영국 문화부는 적극적인 지지 입장을 보이고 있다.[21]

그림 6-1 영국의 문화예술지원체계

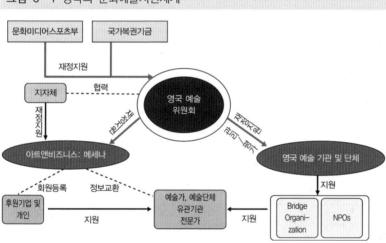

출처: 류정아, 앞의 논문(2015), p.27. 재구성.

---

20 이와 관련한 내용은 DCMS, *Government Resopnse to the Select Committee Report on Funding of Arts and Heritage*, DCMS(2011), p.58을 참조하면 된다.
21 "영국 문화부는 선별 위원회의 권고를 지지한다. 우리는 팔길이 원칙의 중요성을 강력하게 믿고 있으며, 그렇기에 문화부는 위원회의 개별적 기금 지원결정에 관여하려고 하지 않는다. 우리는 예술가들이 그들의 정치적 견해와 상관없이 표현의 자유가 반드시 보장되어야 한다는 점을 믿고 있으며, 그래서 문화부와 예술 지원기관들은 이 권리를 반드시 지켜야 한다."

영국 정부와 예술위 간의 관계를 보여주는 두 번째 입장인 협력적 관계 역시 문화미디어스포츠부 장관과 영국 예술위가 합의하에 설정한 운영 협정서(Management Agreement)에서 어렵지 않게 발견할 수 있다.

2. 운영 협정서의 상징성

두 기관은 공공재원의 효과적인 사용, 대중의 예술에 대한 접근성 고양, 예술의 질적인 수준 제고 등을 위해 운영 협정서를 마련하여 탄탄한 파트너십을 구축하고 있는 것이다. 이 협정서의 성격은 크게 세 가지로 구분할 수 있다.

1) 협정서의 성격

첫째, 영국 예술위의 운영 체계를 규정해 놓은 문서, 둘째, 영국 예술위의 재정 운영 방안 지침서, 셋째, 수준 높은 문화예술 공공서비스 제공을 위한 공공재원 쓰임의 효과성, 효율성 및 전문성 제고를 도모하기 위해 도입된 운영 협약 등이 그것이다.[22]

예술위는 운영 협정서에서 문화미디어스포츠부가 설정한 예술 정책의 목표에 부합하게 우선순위를 두되, 독자적으로 분배를 하고, 매년 예술위 사업과 집행예산에 대해 연간보고서를 작성하여 보고하고 있다.[23] 운영의 자율성을 철저히 보장받되 지원금 쓰임에 대해선 책임을 지고 있다. 문화미디어스포츠부의 지원금이 허투루 쓰이는 게 원천적으로 불가능한 구조를 유지하고 있는 것이다.

---

22 전병태, 『영국 문화부와 예술위원회 간의 운영 협약 사례 연구』(한국문화관광연구원, 2018).
23 류정아, 앞의 논문(2015), p.24.

이러한 협력 관계를 분명하게 못박고 있는 운영 협정서는 영국 문화미디어스포츠부 장관의 정책 우선순위와 영국 정부의 재원 할당, 위원회 주요 지원 단체에 대한 성과 측정, 영국 정부와 영국 예술위 간의 만남 및 회의, 예술위 운영 체계 등을 골자로 하고 있다. 운영 협정서의 주요 내용은 이렇게 서술되어 있다.

"비정부 공공기관인 영국예술위는 영국 문화부에 책임을 진다. 이는 영국민과 의회에 궁극적으로 책임을 지고 있는 영국 문화부 부서의 장들이 설정해 놓은 영역 내에서 독자적으로 지원 결정을 한다는 것을 의미한다. 영국예술위의 활동 영역은 영국예술위와 영국 문화부 부서의 장들에 의해 합의한 운영 협정서에 규정되어 있다. 이 운영 협정서에는 위원회가 정부로부터 받는 예술보조금의 규모, 정부의 예술정책 우선순위, 공공재원의 쓰임에 대한 예상 등이 명시되어 있다. (중략) 위원회는 문화부의 평가를 받는다."

2) 독립·협력적 관계

독립적이고 협력적 관계의 의미는 견제와 균형 관계의 다른 이름이기도 하다. 영국 정부는 예술위에 철저히 운영의 독립성을 보장하면서, 동시에 협력을 통해 영국 문화예술 진흥의 동반자 역할을 요구하고 있는 것이다.[24]

그렇다면 영국예술위의 자율성과 독립성이란 구체적으로 어디까지인가. 예술위가 정부로부터 독립성을 유지한다는 것은 예술위가 문화부의 관리, 감독을 전혀 받지 않고 예술진흥의 모든 결정을 독단적으로 판단해서 실행한다는 뜻은 아니다. 예술위가 재원 투입 대상 예술가 혹은 예술 단체를 결정할 때 민간 위원들 간의 심도 있는 논의를

---

24 영국의 예술정책 지원 조직 운영 방향과 관련해선 제3장 2절에 자세하게 서술되어 있다.

거쳐 문화부의 간섭 없이 독자적으로 한다는 것을 의미한다. 다시 말해, 문화부와 긴밀한 협력 관계를 유지하면서, 문화부 정책 우선순위에 맞춰 예술위가 재원 투입을 어디에 할 것인가를 민간 전문가들로 구성된 위원회가 독립적으로 결정한다는 의미인 것이다.[25] 이것은 정부와 정책적으로 협력을 유지하면서, 위원회 전문가로서의 능력을 발휘할 수 있는 재원 분배 결정에서 정부의 간섭을 받지 않는다는 것을 말해주고 있다. 가령 영국 정부가 '경제적으로 불리한 조건에 있는 젊은이와 지역 공동체'를 위한 예술 접근성 제고 정책을 정했다면, 영국예술위는 이 같은 방침을 고려하되 정책을 효과적으로 실행할 수 있는 예술단체나 예술가는 독자적으로 선정해 재정 투입 결정을 하는 식이다.[26]

반면 한국예술위원회는 예술지원의 핵심 기구이면서도 지원 정책 과정에서의 자율성이 낮은 편이다. 정책 수립 과정에서 문체부 장관의 지침을 받게 되어 있는데다, 기획재정부 장관 및 주무 기관의 장은 공공기관의 장에게 경영목표의 변경을 요구할 수 있도록 되어 있는 공공기관의 운영에 관한 법률(공운법) 제46조4항 역시 한국예술위에 대한 규제라고 볼 수 있다.[27]

영국 정부가 예술지원 대상 결정에 간섭하지 않는 이유는 두 가지로 설명할 수 있다. 우선 재원 분배에 있어서 정치적 비편향성 고수에 대한 확고한 의지 때문이다. '위대한 문화와 예술'을 구성하는 것들에 관해 틀을 규정하는 것은 국가의 역할이 아니며, 공공의 이익에 부합하기 위해 정확히 어떤 문화예술이 지원받아야 하는가에 대해 결정하는 것도 정치적 간섭이 있어서는 안 된다는 의미다. 이러한 맥락에서 영국예술위가 그 역할 수행에 정치적으로 공정해야 한다는 것은 필수

---

25 전병태, 앞의 보고서(2018).
26 전병태, 앞의 보고서(2018), p.44.
27 신복용, 앞의 논문(2012).

사항으로 받아들여진다.[28]

다음은 예술지원 결정의 중추 기관에 국가 간섭 및 개입 시 예상되는 문제를 사전에 방지하기 위한 강력한 의지 측면이 있다. 사실 영국 정부는 문화예술을 통한 국가적 차원의 대중조작과 선전선동 등의 문제 등 제2차 세계대전 이전의 스탈린, 히틀러 치하의 국가주의 문화예술 정책의 문제를 심각하게 인식해왔으며, 이러한 그릇된 전철을 재연하지 않겠다는 의지를 예술지원 불간섭정책을 통해 구현하고 있다.[29]

Ⅲ 미국 연방예술진흥기금

1. 뉴딜 정책과 문화 정책

앞에서 살펴본 바와 같이 영국의 경우 1990년대 이후 문화 관련 부처를 설립함으로써 예술위원회와 연계하여 각 지역의 문화예술정책과 예술지원을 독립적으로 수행하고 있는 데 비해 미국은 연방 정부 내에 문화 부처를 갖고 있지 않다. 이것은 18세기 중후반 영국으로부터 독립하면서 공화국을 선포할 때부터 내려온 전통, 즉 문화예술은 사적인 영역이라는 확고한 인식과 관계가 있다.

왕실이나 귀족, 교회 등의 후원을 중심으로 문화예술 지원이 이뤄진 유럽과는 달리 미국은 20세기 초반까지 연방정부를 통한 지원은 지극히 제한적이었는데, 특히 공공지원의 범위에 대한 견제는 미국의

---

28 The Department for Culture, Media & Sport, *Tailored Review of Arts Council England,* the Department for Culture, Media & Sport(2017), p.22.
29 전병태, 앞의 보고서(2018), pp.45~46.

독립 국가 선포 이후에 사회적으로 지속되어 온 정부 역할 관념에 대한 논의와도 연관이 있다.[30]

1) 문화 전쟁

미국의 예술지원 체계의 출발은 이른바 '뉴딜 정책'으로 요약할 수 있을 것이다. 1930년대 들어 처음으로 루스벨트 정부가 뉴딜 정책의 일환으로 예술가 지원 프로젝트인 '최고의 연방정부 프로젝트(Federal One)'[31]를 추진했다. 당시 이러한 경험을 바탕으로 1961년부터 예술지원 정책 개발에 돌입하였으며, 암살된 케네디 대통령을 대신하여 1965년 린든 존슨 대통령이 뉴딜 정책 이후 가장 큰 규모의 사회복지 프로젝트였던 '위대한 사회(Great Society)' 정책의 하나로 연방예술진흥기금이 연방정부 산하의 독립기관으로서 미국의 예술지원 행정을 이끌어오고 있다.

하지만 미국 연방예술진흥기금이 지금처럼 정착하기까지엔 숱한 진통을 거쳤다. 1989년부터 1990년대 초반까지 안드레 세라노와 로버트 메이플소프 등 두 명의 아티스트에 대한 작품 지원을 놓고 이른바 '문화전쟁'(Culture Wars)[32]으로 알려진 홍역을 겪으며 기관의 존폐에

---

30 김의석, "예술인 중심의 문화예술 지원정책에 관한 연구," 단국대학교 경영대학원 석사학위논문 (2017), p.55.

31 1935년 미국 공공산업진흥국(Work Progress Administration: WPA)이 미술가, 배우, 작가, 음악가 등 예술가에게도 뉴딜 사업 혜택을 받도록 하기 위해 추진한 프로젝트를 의미한다. 연방 작가 프로젝트, 연방 자료 조사, 연방 연극 프로젝트, 연방 음악 프로젝트, 연방 미술 프로젝트 등 5개 사업으로 진행됐다.

32 문화전쟁은 1987년 연방예술진흥기금으로부터 매칭 지원금을 받은 노스캐롤라이나 주의 남부현대미술관이 '오줌 예수'(Piss Christ)라는 제목의 작품을 그린 세라노의 전시에 지원한 사건과 1988년 펜실베이니아대 현대미술관이 연방예술진흥기금에게서 받은 지원금 중 일부를 동성애를 주제로 하는 사진작가 메이플소프의 추모 전시에 사용한 사건에서 논란이 출발했다. 신성 모독과 동성애 등을 주제로 하는 문화예술활동에 공적 지원을 제공하는 것이 적

대한 논쟁으로 격화되었다.

논쟁의 핵심은 예술의 자율성을 주장하는 예술가들의 국가 통제에 대한 우려와 예술에 대한 공공지원에 대한 적대적 의견의 충돌이었는데, 외설적이거나 고상하지 않은 소재의 작품에 정부 지원이 투입되는 것이 적절한지 공방이 가열되었다. 이러한 논란 과정에서 사도마조히즘, 어린이 학대, 장애, 성별, 인종 등에 대한 차별 등의 소재를 다루는 내용과 관련한 지원 사업을 금지하는 법안을 통과시키고 상원과 하원에서 연방예술진흥기금에 투표권은 없는 직원 의원을 파견하기에 이르렀다.[33]

2. 문화예술에 대한 접근권

미국 연방예술진흥기금은 오랜 논쟁 끝에 장르별 예술 창작과 발표 활동에 중점을 두고 지원하던 것을 예술교육과 예술에 대한 접근권을 신장하는 방향으로 전환하면서, '연방예술진흥기금의 전략계획 1999~2004'의 첫 번째 전략 목표를 '예술에 대한 접근성'으로 설정했다.[34] 즉, 격렬했던 문화전쟁의 여파로 1990년대 중반 이후 지금까지 미 연방예술진흥기금의 지원 사업에서는 소외계층을 위한 프로젝트에 무게중심이 실려 있었다. 특정 프로젝트에 대한 직접 지원보다는 지역사회를 위한 예술 서비스를 제공하는 사업에 예술인들의 참여를 확대하는 방식으로 선회한 것이다.

절한지, 여기서 더 나아가 문화예술활동 자체에 대한 지원에도 이의를 제기하였던 것이다. 최보연, 앞의 보고서(2016), pp.142~143.

33 임학순·정종은, 앞의 논문(2013), p.144.

34 손정혁, 『예술지원사업 개선을 위한 장르 분류체계 재설정 연구』(한국문화예술위원회, 2018), p.25.

1) 지역 단위 문화예술

미국의 문화예술 지원 행정이 지금처럼 지역예술재단, 주립예술진
흥원 등을 통해 지역으로 정책과 예산이 전달되는 시스템을 구축한 것

표 6-1 미국 문화예술지원 체계 내 관련 기관

구분	기구명	역할
재정지원	연방정부	• 연방예술위원회 위원과 연방예술진흥기금이 의장 지명, 의회를 통해 재정지원
관리감독/ 재정운영	연방예술진흥기금 (NEA)	• 독자적 연방기구로 미국의 예술 및 예술가 지원을 목표로 함 • 각 주와 지역 예술난체 기금 지원. 의회 명령에 따라 40%를 각 주와 지역의 예술 기관에 할당 • 연방예술위원회를 통해 예술적 자문을 받고 있으며, 이를 통해 기금 분배 미단체 선정과정 진행
수혜기관	지역예술재단	• 비영리 형태로 지역별로 대서양 중부, 남동, 북동, 중부, 중서부, 서부지역 등 6개 • 지역 중소 예술재단과 주립 예술국에 기술적 지원 제공, 지역 예술가와 기관 후원을 목적으로 함
	주립예술진흥원	• 56개 주정부 소속의 주정부 예술기구로 주정부의 직속기관으로 운영되거나 타부서와 공동 관리, 독립기관, 민간 비영리기관 등 주별로 운영형태 상이 • 연방예술진흥기금이 전체 예산의 40% 지원. 주정부에서 나머지 예산 지원, 각 주별 예술진흥 역할 담당
후원	개인, 민간단체, 기업	• 연방 및 주의 연방예술진흥기금 기부 및 예술단체, 예술가에 직접 기부 독려

출처: 미국 연방예술진흥기금 보고서(2014)와 류정아, 앞의 논문(2015), p.54를 참조하
여 재구성.

은 '문화전쟁'과 같은 수습이 쉽지 않은 예술계 내·외부 갈등을 슬기롭게 극복한 측면이 크다고 볼 수 있다. 이러한 배경에는 예술활동 자체에 대한 지원보다는 시민참여 및 지역 문화예술 중심으로 방향을 선회한 결정이 자리하고 있다.

현행 미국의 문화예술 공공지원 체계는 주립예술진흥원을 중심으로 지역 단위에서 활성화되어 있는데, 연방예술진흥기금이 예술단체에 지원하는 자금의 75% 이상을 주립예술진흥원이 담당하고 있으며, 역사적으로 전국 단위의 문화 예술 지원보다 지역 단위에서의 공적 지원이 선행된 것이 특징이라 할 수 있다.

2) 패널 심사

이처럼 연방예술진흥기금이 주도적으로 이끌고 있는 미국 문화예술지원체계의 중심은 패널 심사(Panel/Peer Review)로 정리할 수 있다. 패널 심사는 연방예술진흥기금 지원을 받는 예술단체와 기관의 예술적 우수성과 공공성 인정을 위한 시도로 볼 수 있으며, 통상 3단계로 분류할 수 있다.

먼저 분과별로 연방예술진흥기금 담당 직원의 서류 적격 여부 심사를 통과해야 첫 단계인 패널그룹 심사 자격이 주어진다. 해당 예술 분야 전문가 다수와 비전문가 소수로 구성되는 패널 심사는 비공개로 열리며, 심사에 선정된 기관 및 단체에 대해 분과 담당 직원이 예산을 조정한다. 두 번째 단계는 연방예술진흥기금이 공개적으로 지원 리스트와 지원 금액을 검토하게 되며, 마지막 단계는 이러한 과정을 거쳐 결정된 지원 내역에 대해 연방예술진흥기금 의장이 최종 검토를 거쳐 확정한다. 미국 연방예술진흥기금의 이 같은 지원금 선정 방식은 예술 지원 과정에서 벌어질 수 있는 공정성 시비를 사전에 차단하고 지원 정책에 대한 신뢰를 도모한다는 취지로 이해할 수 있다.

1. 중앙정부의 영향력

영국과 미국 등이 위원회 체제나 연방예술진흥기금 형태로 정부로 부터의 자율적인 예술지원 체제를 구축하고 있는 것과 달리 프랑스는 지방분권 제도 시행 이후 다소 약해지기는 했으나 중앙정부의 영향력 이 여전히 크게 작동하고 있다.

1) 예술가 보호와 후견

프랑스는 성문법 국가로 정부조직법에 의거하여 문화통신부가 설 립되었고 문화예술 분야 중앙정부와 지방자치단체의 권한에 관해서도 지방분권화 관련 법에 기본 원칙을 제시하고 있다. 예술분야의 지원 재원은 대부분 중앙정부와 지방정부의 예산에 기초하고 있어 지원에 있어서도 관 주도적 경향이 강하다고 볼 수 있다.[35]

프랑스의 예술지원정책은 정부가 예술가들을 보호하고 후견하는 역할을 수행하고 중앙정부인 문화부 주도로 문화 전반의 포괄적 정책 을 운영하면서 제도적으로는 예술분과별 각각의 국립진흥원을 설치하 여 집중 지원을 하는 것이 특징이다.[36] 문화부 외 다른 부처에서도 문 화예술과 관련한 다양한 사업들을 시행하고 있지만, 개별적인 사업 추 진이 아닌 문화부와의 철저한 협력 체계를 유지하면서 국가 단위 예술

---

[35] 한국문화예술위원회, 앞의 보고서(2020), pp.48~49.; 한승준 외, 앞의 논문(2012), p.283.

[36] 서울시정개발연구원, 『선진국의 문화예술지원 프로그램 사례 보고서』(서울시정개발연구원, 2003), p.65.

정책을 집행할 뿐이다.

이러한 배경에는 무엇보다 프랑스 문화부로 상징되는 중앙권력의 문화예술에 대한 적극적 후원 및 개입이 자리하고 있다. 즉, 후원자 겸 통제로서의 중앙권력이 이른바 '문화국가'로서의 프랑스 배후에 있다는 의미로 받아들여진다. 하지만 1990년대 들어 국가의 문화예술에 대한 개입이 소위 '공식 문화'를 낳고, 창의적인 문화 대신에 순응주의적 문화를 야기했다는 비판 또한 만만치 않게 제기되어 왔다.[37]

2) 공공서비스 관점의 지원

1980년대 이후 가속화되어 온 탈중앙집권화 시도에도 불구하고 프랑스는 여전히 국가의 공공서비스 관점에서 문화예술을 다루고 있다. 이것은 영국과 미국 등 문화예술을 사적 영역이자 지역적인 것으로 다루는 데 익숙한 나라에서 목도되고 있는 앵글로색슨적 문화개념과 대비된다고 볼 수 있다.[38]

프랑스에서 지원의 주된 주체는 개인 후원자로부터 정부로 점차 변화해왔으며, 최근 들어서는 예술 시장 역시 지원 체계의 중요한 역할을 담당하고 있다.[39] 정부가 문화예술 지원에서 중심적 업무를 수행하고 있지만 예술 시장을 통한 예술계 지원이 점차 늘어나고 있는 것이다.

---

37 송도영·이호영·조헌영, 『프랑스의 문화산업체계』(지식마당, 2003), p.242.
38 Cummings, Milton C. and Richard S. Katz eds., *The Patron State: State Government and the Arts in Europe, North America, and Japan*, Oxford and New York: Oxford University Press(1987).
39 송도영·이호영·조헌영, 앞의 책(2003), p.242.

표 6-2 프랑스의 예술가 지원 체계			
지원 유형	지원 주체의 성격	예술가의 자유를 규정하는 주체	예술 행위의 의미
후원	상류 계급	후원자의 성격	후원자의 취향 반영
예술 시장	중간 계급	시장의 규모와 다양성	상품
조직	관료	조직의 규범	홍보
정부	관료와 공중	관료적 규범	정치적 도구

출처: 구운모·임상오·김재준, 『문화산업의 발전 방안』(을유문화사, 2000)을 참조하여 재구성.

2. 명시적 문화 분권

프랑스는 1983년 지방분권화를 명시한 지방분권에 관한 법률이 시행됐는데, 여기에 문화예술 지원에 관한 국가와 지방자치단체의 권한과 의무를 규정하고 있다.

1) 재정적 동반자

핵심적인 내용은 문화예술 관련 중앙정부 예산과 다양한 문화시설에 관한 권한을 지자체로 이양함을 명시하고 있다는 사실이다. 즉, 정부와 지자체는 대부분 계약을 통한 재정적 동반자의 관계를 맺고 있으며, 중앙정부인 문화부의 직접적 개입보다는 각 지방의 지역문화사무국을 통해 지자체들과 계약을 체결하도록 유도하고 있다.[40] 문화예술 지원에 있어 중앙정부와 지방정부 간의 협력이 두드러짐을 알 수 있는

---

40 류정아, 앞의 논문(2015), p.36.

데, 이는 지방정부에 대한 권한을 확대하는 것으로 해석할 수 있다. 압축하자면, 프랑스의 문화예술 지원체계에서 중요한 맥락은 중앙과 지방의 관계 설정에서 지역의 문화 분권을 강조하고 있다.[41]

하지만 대폭적인 권한 이양이 이뤄지면서 이에 대한 지방정부의 책임범위도 확대되는 양상을 보이고 있다. 국가보관소 이외의 영역에서 지방정부의 문화예산 분배는 100% 자율로 이뤄지고 있으며, 이러한 영향으로 2012년 기준 지방정부가 문화예술 부분의 공적자금 지원에서 50%를 차지할 정도로 비중이 확대되고 있는 것이다.[42]

프랑스의 문화예술지원 체계에서 특징적인 내용 중 하나는 다양한 경로의 공적지원 시스템을 갖추고 있다는 것이다. 프랑스 문화부는 2012년 지방 정부와 협력해 파리의 팔레 드 도쿄와 쥬 드 폼을 포함한 48개의 동시대예술센터를 설립 지원하고 있으며, 이 곳에서는 전시, 출판, 레지던시 프로그램을 통한 예술가 지원으로 실험적 예술과 연구를 지원하고 있다.[43] 문화예술지원에서 비중이 적지 않은 전문예술가 조합은 공적지원금을 분배하는 위원회에 참석하여 스스로의 이해를 대변하고 적극적으로 참여하고 있다.

이렇듯 예술분야 지원을 위한 프랑스 문화부의 역할은 지방 정부와의 절묘한 조율과 협력을 이끌어내면서 각종 문화예술정책의 핵심기관으로 굳건히 자리를 지키고 있는 것이다.

2) 레지옹문화사무국

특별지방행정기관인 레지옹문화사무국(DRAC)의 역할도 갈수록 커

---

41 이동연, 앞의 토론문(2017), p.17.
42 류정아, 앞의 논문(2015), pp.37~38.
43 위의 논문(2015), pp.40~41.

지고 있다. 문화부 산하기관인 레지옹문화사무국은 문화부를 대신하여 지방자치단체에 대한 자문과 평가 기능을 수행하고 있다. 레지옹문화 사무국이 지자체에 재정적 지원과 기술적 자문을 하고 있는 것이다.

이는 프랑스 정부와 지자체가 레지옹문화사무국을 매개로 예술지 원에 있어 상호 의존적 관계를 형성하고 있으며, 동시에 중앙정부와 지방정부 간의 협력 관계가 매우 견고하게 구축되어 있는 것이다.[44]

즉, 레지옹문화사무국은 프랑스 예술지원 체계에 있어 정부와 지자 체 간의 원활한 업무 추진을 위한 윤활유 역할을 하면서, 동시에 주요 한 네트워크 거버넌스 기능을 담당하고 있는 것이다.

프랑스 문화부는 문화예술정책 전반에 걸쳐 '규제자'로서의 임무, '운영자'로서의 임무, '분배자'로서의 임무, '문화생활 지도자'로서의 임 무를 수행하는 1차적 책임을 지는 기관으로 평가받고 있다.

첫째, 규제자로서의 임무란 문화예술에 대한 통제는 다른 분야에 비해 상대적으로 적거나 거의 없다고 볼 수 있지만, 창작권 및 저작권 보호, 문화적 재산의 유통 및 수출권, 문화유산 보호와 관련해선 여전 히 정책 차원에서 통제 혹은 규제를 적용해야 하는 영역은 매우 넓다 는 것을 의미한다.

둘째, 운영자로서의 임무는 루브르 박물관이나 국립도서관 등 국가 차원의 관리를 받는 문화예술 시설들의 운영을 뜻한다.

셋째, 분배자로서의 역할은 가장 강력한 문화예술 사업자인 국가가 중앙, 지방, 민간 분야 사이의 예술 관련 재정을 조율하는 것을 설명 하고 있다.

넷째, 문화생활 지도자로서의 역할이란 지역 단위의 문화생활이 개 발되도록 진흥하는 정책을 수행하고, 문화예술 발전을 위한 각종 전문

---

44 한국문화예술위원회, 앞의 보고서(2020), p.50.

그림 6-2 프랑스의 문화예술지원체계

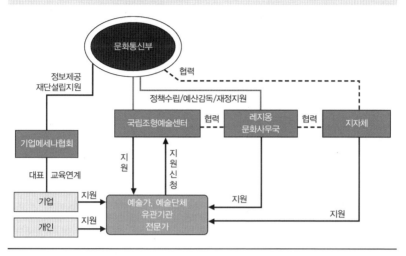

출처: 류정아, 앞의 논문(2015), p.46 재구성.

적 역할과 함께 다양한 기반과 환경을 조성하는 것을 의미한다고 볼 수 있다.[45]

예술지원 네트워크 거버넌스 구조 측면에서 프랑스는 연합적, 순차적, 호혜적 성격이 혼재하는데, 문화부 내부의 네트워크 거버넌스에서 그것의 기능이 주로 작동하는 것으로 파악되고 있다. 즉, 중앙정부, 예술센터, 예술단체의 단계로 순차적으로 수행되며, 호혜적 거버넌스 구조는 문화부가 기업메세나협회, 지자체 등 외부의 지원기관들과 긴밀한 협력관계를 갖는 형태로 되어 있다.

전술한 논의를 토대로 할 때 프랑스의 예술지원체계는 중앙정부와 지방정부를 이어주는 행정기관인 레지옹문화사무국의 사례가 시사하는 바가 적지 않다. 레지옹문화사무국의 인력은 2,800명 정도로 파악

---

45 박진우·김설아, 『한국의 문화정책과 세계의 문화정책』(한국학중앙연구원출판부, 2017), p.92.

되고 있으며, 프랑스 문화부의 예산 중 37%를 관리하면서 문화예술 인프라 정비와 문화예술 향유 확대, 문화예술교육, 예술가 지원, 공공 예술 지원 등의 역할을 수행하고 있다. 특히 문화취약지역에 대한 재정 지원을 통해 문화예술 소외현상을 해소하거나 전 지역의 균등한 예술지원도 레지옹문화사무국의 핵심적인 업무로 분류되어 있다.

레지옹문화사무국의 역할만 놓고 본다면 한국문화예술위원회의 기능과 흡사한 측면이 있지만 네트워크 거버넌스 관점에서는 차이점이 두드러진다. 즉, 문화예술 협정 등을 통해 중앙정부와 지방정부 간 파트너십에 기반한 수평적 협력 관계를 강화시키고 지역에 자율과 책임을 부여함으로써 지역의 문화예술 자치 역량을 높이고 있는 것이다. 이러한 역할이 가능한 것은 근본적으로 레지옹문화사무국과 문화부와의 관계가 수직적 구조가 아닌 수평적 구조로 이루어져 있으며, 문화부의 시책을 단순 실천하는 기관과는 거리가 먼 대신 문화 분권 정책사업을 추진하는 중요한 동력으로 기능하기 때문으로 설명할 수 있다.[46]

Ⅴ 캐나다 예술위원회

예술위원회 체제 형태를 운영하는 곳으로는 영국예술위원회와 미국 연방예술진흥기금 못지 않게 캐나다 예술위원회(Canada Council for the Arts: CCA)를 빼놓을 수 없다. 1957년 별도 법령인 '캐나다 예술위원회법'에 의해 창설된 캐나다예술위원회는 '팔길이 예술지원기관'(Arm's - length arts funding agency)으로서 '예술의 연구와 향유 및 작품

---

46 한국문화예술위원회, 앞의 보고서(2020), p.58.

07
한국의 문화예술 지원정책 변화

이 장에서는 한국의 문화예술정책의 현황을 살펴보고 역사적 신제도주의 이론에 입각하여 어떻게 변화하여 왔는지를 분석한다. 특히 예술정책에서 가장 중요하게 다뤄지고 있는 지원정책과 관련하여 한국문화예술위원회 체제 전환 이후인 노무현 정부부터 현 문재인 정부까지의 문화예술 지원체계의 흐름을 파악한다. 이러한 시도는 정부별 예술지원 체계의 비교 분석으로 이어진다는 점에서 의의를 찾을 수 있다.

I 예술위원회 체제 전환 이후의 문화예술 지원정책

문화예술정책은 보편적 정책으로 분류되고 있다. 예술에 내재한 생산성 격차와 공공재로서의 시장실패, 예술가들이 처한 경제적 여건 등의 이유로 국가가 예술정책을 통해 다양한 지원 방안을 내놓는다. 이러한 예술정책은 예술가들을 대상으로 하는 창조적 예술행위에 대한 지원뿐 아니라 궁극적으로는 대중들에게도 일상에서의 예술 향유의 기회를 주는 결과로 이어진다. 예술정책을 지원정책과 향유정책 등 크게 두 가지로 분류하는 이유가 여기에 있다.

국가가 예술정책을 추진하는 배경은 문화예술의 발전이 그것의 높은 부가 가치에 따라 경제적 발전을 낳고, 나아가 대중들에게 문화예술의 가치를 강조하여 예술에 대한 참여의 기회를 확대해 나간다는 논의와 맞닿아 있다.[1]

우리나라의 문화예술정책은 격동적이었던 한국사만큼이나 극적인 변화의 과정을 겪어 왔으며, 그 과정에서 영국 등 선진국들의 문화예술정책을 적극적으로 수용하였다.[2] 내용적 미비를 노정하고 있음에도 불구하고 예술지원 체계의 핵심인 한국문화예술위원회 체제는 영국 예술위원회의 그것을 상당 부분 벤치마킹하였다. 본 저서는 예술정책의 지원체계를 분석 대상으로 삼고 있어 예술정책의 변화 과정 역시 지원체계를 축으로 서술이 이뤄지고 있다.

1) 문화예술 지원 근거와 법령

국가가 문화예술을 지원할 수 있는 근거는 관련 법령을 통해 확보할 수 있다. 법은 정의 실현과 공공복리 증진을 목적으로 하고 있으며, 결과와 행위에 대한 강제성이 부여되어 있다. 여기서 '정의'라는 개념은 모든 사람, 다시 말해 특정 집단이나 개인의 이익이 아니라 국민 다수의 행복과 이익을 위해 각자가 받아야 할 정당한 몫을 주는 것으로 이해되고 있다.[3] 개인의 재산권보다 공공복리가 우선시되어야 하는 이유이다.

이러한 맥락에서 한국의 문화예술지원 관련 법은 대부분 규제의 성

---

1 한승준, 앞의 보고서(2017), p.15.

2 김수정, "문화사회학적 시각으로 바라본 한국 문화정책사, 1910~2016," 이화여자대학교 대학원박사학위논문(2018), p.141.

3 손경년, "문화적 전환의 시대 – 지원기구의 역할 재구성,"『새정부 예술 정책 수립을 위한 예술지원체계 혁신 방향 토론회 자료집』(문화체육관광부, 2017), p.73.

표 7-1 예술지원 근거 법령 체계

제·개정	법령	제·개정 시기	주요 내용
제정	문화기본법	2013년 12월	문화적 기본권, 문화영향평가, 문화인력 양성 등
	지역문화진흥법	2014년 1월	지역문화진흥기본계획, 생활문화시설 확충 등
	문화예술후원활성화법	2014년 1월	문화예술 후원 우수기업 인증, 예우 등
	문화다양성의 보호와 증진에 관한 법률	2014년 5월	문화다양성 위원회 운영, 실태조사 등
	국민여가활성화기본법	2015년 5월	여가 프로그램의 개발 및 보급 등
	인성교육진흥법	2015년 1월	건전하고 올바른 인성을 갖춘 국민 육성, 국가사회발전 이바지
	문화예술교육지원법	2005년 12월	문화예술교육지원, 활성화, 문화적 삶의 질 향상, 국가의 문화역할 강화에 이바지
	인문학 및 인문정신 문화의 진흥에 관한 법률	2016년 2월	인문학 및 인문정신문화진흥, 창의적 인재 양성, 삶의 질 개선
	영화 및 비디오물의 진흥에 관한 법률	2006년 4월	영상산업진흥, 지역영상문화진흥, 지역주민이나 지역영화 관련 단체 사업과 활동 지원
개정	예술인 복지법	2014년, 2016년	예술인 산재보험 가입, 불공정행위 제재, 서면계약
	문화기본법	2016년 5월	문화가 있는 날 법적 근거 마련

출처: 문화체육관광부 홈페이지(https://www.mcst.go.kr/kor/main.jsp.)를 참조하여 재구성.

격보다는 촉진의 성격이 크다고 할 수 있으며, 법에 명시된 지원기구 설립에서부터 지원의 법적 경로, 평가, 환류 등의 책임을 국가, 지방자치단체, 출자출연기관, 법인 등에게 물을 수 있는 근거가 되고 있다.[4]

<표 7-1>에서 볼 수 있는 것처럼 예술지원 관련 법적 장치는 2013년 12월 30일에 제정 공포된 <문화기본법>[5]이 중심이 되고 있다. 기존의 예술지원에 관한 법령 체계는 <문화예술진흥법>과 <문화예술교육지원법>, <문화산업진흥법> 등이 주도했지만, 국민의 문화예술 향유에 대한 기본 원칙을 제공하고 있는 문화기본법 제정 이후 예술지원 체계의 모법(母法) 이동이 확연해졌다고 할 수 있다. 문화기본법을 축으로 문화예술진흥을 위한 사업과 활동을 지원하기 위해 제정된 문화예술진흥법, 예술의 자유를 보장하고 건전한 공연활동 진흥을 위해 공연에 관한 사항을 규정할 목적으로 제정된 공연법, 예술교육 진흥과 지원을 위해 만들어진 문화예술진흥법, 예술인 복지의 적극적 지원이 목적인 예술인복지법 등이 예술지원의 주요한 법률 체계로 제시되고 있다.[6]

2) 독립형 예술지원기구

문화예술정책 중 예술위원회 체제는 독립형 기구로, 대표적인 문화예술지원 조직이라고 할 수 있다. 한국문화예술위원회 전신인 한국문화예술진흥원이 사실상 원장 중심의 독임(獨任)제 체제였던 데 비해, 한국예술위는 비상임 위원들이 논의를 거쳐 기관의 운영과 관련한 결

---

4 손경년, 앞의 자료집(2017), p.73.
5 문화기본법에 관한 사항은 제2장에 상세하게 서술되어 있다.
6 김정인, "문화예술지원 거버넌스 분석: 기업 메세나 활동을 중심으로," 『문화정책』 제2권(한국문화정책학회, 2014), pp.12~13.

정을 할 수 있는 구조로 되어 있는 합의(合意)제 기구이다.

독임제 행정기관이란 국가 의사를 결정하는 행정기관의 설정 방법으로서 1인 행정관청에 그 권한을 일임하는 제도를 의미하는데, 일반적으로 대륙법계 국가에서는 국가 의사를 결정하는 행정기관으로서 그 행정기관의 장에게 권한을 맡기는 독임제가 원칙이다. 우리나라는 대륙법계에 속하는 행정기관이 많기 때문에 독임제 행정관청이 주류를 이루고 있다. 독임제 행정기관은 책임 소재가 명확하고 능률적이며 기밀이 보장되는 장점이 있지만 관료주의적 독단과 전횡이 나타날 수 있다. 이러한 독임제 체제의 단점을 보완하기 위해 의사 결정에 신중을 요하고 민주적인 절차가 강조되어야 하는 분야에는 합의제 행정기관을 둔다. 합의제 행정기관은 소관 사무의 일부를 일반 행정조직에서 독립하여 수행할 필요가 있는 경우엔 따로 기관의 설치 근거가 되는 법률을 둘 수 있다.[7] 한국예술위 역시 독임제 구조가 안고 있는 한계를 극복하려는 시도로 합의제 전환을 선택한 것인데, 이는 예술지원기구로서의 한국문화예술진흥원의 역할에 대한 문제점을 문화예술계에서 끊임없이 제기한 것을 정부가 수용한 측면이 크다고 할 수 있다.

예술위원회는 정부의 간섭으로부터 상대적으로 자유로운 '팔길이' 기관으로서 영국에서 처음 태동했다. 정부 영향력에서 벗어나 자율적이고 독립적으로 문화예술 진흥정책을 추진하고 예술가들을 지원하는 대표적인 기관으로 영국예술위원회가 효시인 이러한 위원회 체제는 미국, 호주, 캐나다 등 앵글로색슨 국가들을 중심으로 확산되어 왔다. 한국 정부 역시 영국예술위를 참조하여 기존의 문화예술진흥원 체제를 32년 만에 위원회 체제로 재편했다.[8]

---

7 이상철, 『가치창조 조직론』(대영문화사, 2019), pp.300~301.
8 정종은, 앞의 논문(2014).

예술위원회는 기구 이름에서도 알 수 있듯이 '위원회' 조직의 특성을 띠고 있다. 주요 업무는 순수예술(기초예술) 분야에 대한 기금 지원이다. 한국예술위는 문화예술진흥기금이 여기에 해당한다. 한국예술위는 매년 기금의 규모와 성격에 맞게 세부 지원 사업을 결정하여 공모하면 개인예술가와 예술단체가 예술창작계획서 및 제안서를 제출하고, 예술위는 분야별 심의위원회를 구성해 심의 뒤 지원 대상을 선정하고 기금을 지급하는 식이다.[9]

한국예술위는 상임위원장 1명과 10~15명 규모의 비상임 위원으로 구성된다. 임기는 2년인데, 역대 위원들의 면면을 보면 문화예술 현장에서 현역으로 활동하는 예술가나 예술 분야의 교수 등 전문가, 언론인 등이 비상임직으로 예술위에 참여해 왔다. 문화예술 현장에서 잔뼈가 굵은 전문가들인 예술위 위원들의 역할은 예술 현장의 요구를 지원 정책에 반영해야 한다는 점에서 곧 위원회 설립의 근거이자 목표라고도 할 수 있다.

한국예술위는 문화예술진흥법 제18조에 의해 '문화예술의 창작과 보급 지원, 민족전통문화의 보존·계승 및 발전, 남북 및 국제 문화예술 교류 지원, 문화예술인의 후생복지증진을 위한 사업, 장애인 등 소외계층의 문화예술 창작과 보급, 공공미술의 진흥을 위한 사업 등을 수행하고 있다.[10] 한국예술위가 추구하는 미션은 "훌륭한 예술이 우리 모두의 삶을 변화시키는 힘을 가지고 있다는 믿음으로 문화예술진흥을 위한 사업과 활동을 지원함으로써 모든 이가 창조의 기쁨을 공유하고 가치 있는 삶을 누리게 함"이며, 비전은 "문화예술의 창의와 나눔으로 국민이 행복한 세상"으로 설정되어 있다. 비전을 달성하기 위한

---

9 성연주, 앞의 논문(2015).
10 한국예술위원회의 조직 구조에 대해선 제9장에 서술되어 있다.

핵심 가치로 '창의', '나눔', '확산'을 두고 있으며, 4대 전략목표 및 9대 전략과제를 추진하고 있다.

한국예술위의 출범은 그동안 정부가 주도했던 예술지원체제가 민간 전문가 주도로 바뀐다는 혁신적인 함의를 담고 있다. 위원회 체제는 '팔길이 원칙'의 실천을 예고한다고 볼 수 있다. 한국예술위가 '팔길이 원칙'에 기반한 문화예술정책의 대표적 기관으로 간주되는 이유는 정부에서 일정 거리 이상 떨어져 자율적, 독자적으로 정책을 수행한다는 의미에서다.

영국예술위원회를 비롯하여 위원회 체제를 운영하는 대다수 국가들이 이 같은 기조를 유지하고 있지만, 한국예술위는 운영의 자율성 및 독립성 등이 흔들리면서 예술위 체제에 부합한다고 볼 수 있는 여지가 많지 않다.

표 7-2 한국문화예술진흥원과 한국문화예술위원회 체제 비교

진흥원 체제	예술위 체제
정부 산하기관	자율성 및 독립성 보장 민간 위원 합의제 기구
기금의 관리 배분에 지원정책 한정	정부 정책과의 연계 통한 지원정책 추진
정책 논의 과정에서 현장 예술인 참여 제한적	현장 예술 전문가 참여로 정책의제 설정 가능
문화예술분야 변화 대응 한계	현장 변화에 능동적 대처를 위한 예술지원

출처: 양혜원, "문화예술지원체제 변동 연구: 한국문화예술위원회의 설립을 중심으로," 서울대학교 대학원 석사학위논문(2006), p.87을 참조하여 재구성.

1. 노무현 정부: ARKO의 출범과 문화예술지원 영역의 확대

노무현 정부 시기(2003~2008년)는 우리나라 문화예술정책사에서도 매우 중요한 함의를 띤다. 문화예술 창작 활동을 위한 유일한 돈줄인 문화예술진흥기금을 조성, 관리, 운용하기 위해 1973년 3월 설립된 한국문화예술진흥원이 2005년 준 민간기구인 한국문화예술위원회로 전환하였기 때문이다. 참여정부를 표방하면서 2003년 2월 출범한 노무현 정부는 민주주의, 복지, 삶의 질, 균형 발전 등을 전면에 내세우면서 국민과 함께 하는 민주주의, 더불어 사는 균형 발전 사회, 평화와 번영의 동북아 시대라는 국정목표하에 4대 전략 100대 과제를 설정하였다.

1) 예술지원정책의 민간 이양

노무현 정부는 자율과 참여, 분권의 3대 가치를 국정 운영의 대원칙으로 설정했는데, 문화예술 분야에서도 진보적 가치를 표방한 3대 가치 정착을 위한 시도가 임기 내내 이루어졌다.

노무현 정부에 등장한 예술위원회 체제는 자율의 가치 관점에서 해석이 가능하다. 위원회 전환은 예술정책의 민간 이양이라는 상징적 의미를 내재하고 있다. 출범 당시 문화예술계에서 "33년 간의 문예진흥원 원장 독임제를 거부하고, 예술인 다수가 참여하여 문화예술정책의 의제를 설정하고 실행하는 민간 자율기구로의 변화를 갈구한 예술인 모두의 결과물"이라고 환영[11]한 것은 예술위 체제의 자율성 확보에

---

11 이종원, "문화예술위원회를 중심으로 한 예술지원정책 변화 고찰," 『문화와 관광 심포지엄 자료집』(문화미래포럼·경기개발연구원, 2007).

대한 기대감을 반영한 것이다.

노무현 정부가 설정한 100대 로드맵 과제 중 문화부처가 주무부처이거나 문화예술정책 관련 내용이 포함된 과제는 모두 12개가 추출되었다. 분권과 균형 발전이 주요 이슈가 되며, 지역 및 지역문화 관련 세부 과제가 다수 확인된다.

분권의 의미가 확실하게 표출된 것으로 볼 수 있는 분야는 문화예술로, 국가균형발전특별회계(균특회계) 신설은 노무현 정부 문화예술정책에서 분권의 핵심 전략이었다. 균특회계 예산의 중심은 문화예술 관련 예산이었는데, 정부 균특회계의 많은 부분이 지역 문화산업의 성장을 위한 클러스터 사업에 투입됐다.[12]

문화산업 클러스터 조성을 위한 지방문화 산업기반에 매년 150억 원의 예산이 지원됐다. 지역문화산업연구센터(CRC) 육성사업이 2005년부터 25억 원, 부산 영상도시 육성, 대구 디자인패션산업 육성, 지역 영상미디어센터 설립 등이 모두 균특회계 사업으로 추진됐다.[13] 이러한 내용은 분권을 통한 문화예술 진흥이라는 측면에서 고무적으로 받아들여진다.

국정과제와 연동하여 수립된 '창의한국'에서는 개인, 지역, 국가를 문화예술정책의 중심축으로 '창의적인 문화시민', '다원적인 문화사회', '역동적인 문화국가'를 3대 목표로 설정하였고, ① 문화참여를 통한 문화역량 강화, ② 문화의 정체성과 창조적 다양성 제고, ③ 문화를 국가발전의 신성장 동력화, ④ 국가균형발전의 문화적 토대 구축, ⑤ 평화와 번영을 위한 문화교류협력 증진 등 5대 기본 방향에 27대 과제

---

12 원도연, "참여정부 문화정책의 의미와 차기 정부의 과제," 『경제와 사회』 제79호(비판사회학회, 2008), p.168.

13 이병민, "참여정부 문화산업정책의 평가와 향후 정책방향," 『인문콘텐츠』 제9호(인문콘텐츠학회, 2007).

를 설정하였다.[14]

노무현 정부의 문화예술 발전계획은 2004년 6월 발표한 '새예술정책'에서 잘 드러나고 있으며, 이 계획의 기저에는 기초예술에 대한 위기가 자리하고 있다고 볼 수 있다. 즉, 기초예술진흥정책을 통해 당면한 기초예술의 여러 가지 어려움을 돌파하겠다는 의지가 담겨 있다.

새예술정책에서 두드러지는 내용은 '국민의 문화적 삶의 질 향상을 위한 인프라 조성'과 '순수예술의 진흥과 우리문화의 세계화'다. 이는 직접적인 기초예술진흥정책에 해당한다.

'국민의 문화적 삶의 질 향상을 위한 인프라 조성'은 문화기반 시설 확충 및 운영 활성화, 문화도시·문화마을 조성을 통한 문화적 삶의 생활화, 지식정보화 사회에 부응한 문화정보인프라 구축, 우리 말과 글의 세계화 및 지식 정보화, 문화예술 지원 확대를 위한 재원확충 및 전문인력 양성, 광주 아시아문화중심도시 육성으로 나뉘어진다.

이러한 정책은 기존의 시설 확충 및 외연적 확장을 통한 문화정책과 큰 차이를 보이지 않지만, 그 정책의 실행에 대한 접근 방식은 예전과 확연히 다른 시각을 드러내고 있다. 문화기반시설 확충 목적의 경우 기존의 공급자 중심에서 벗어나 수요자 중심의 서비스 체계로의 개선과 국민문화향유 신장 및 창작 능력 제고, 문화소외 및 문화격차 해소를 통한 국민문화복지의 증진에 두고 있는데, 이는 향유자 중심의 문화마인드와 향유권자를 전 국민을 대상으로 하고 있음을 보다 분명하게 하고 있다.[15]

노무현 정부가 추진한 새예술정책의 또다른 목표는 '순수예술의 진흥과 우리문화의 세계화' 방안에서 찾을 수 있다. 이 방안은 참여정부

14 이상열·정종은, 『미래 문화정책의 방향과 과제』(한국문화관광연구원, 2017), p.19.
15 김영진·안성배, "새예술정책 시행 1년, '대박'은 없었다"(미술세계, 2004), p.3.

가 내세운 자율, 참여, 분권 등 3대 주요 가치를 문화예술정책에 실현한다는 것이 골자인데, 이 외에도 '예술발전을 위한 창작여건 조성', '주 5일 근무[16] 대비 국민 문화예술 향유 기회 확대', '창의적이고 특성 있는 지역 문화 육성', '예술전문인력 양성 및 예술교육 강화' 등의 내용이 포함되어 있다. 이러한 방안 중 역대 정부의 문화예술정책 중에서 특히 눈에 띄는 대목은 주5일 근무 시행에 대비한 문화예술 향유 기회의 대폭 확대라고 할 수 있다. 이는 노무현 정부가 주5일 근무제라는 노동 조건의 획기적 변화를 예고하는 제도 시행을 염두에 두고 기존 정부와 차별화 한, 예술정책 지향점의 전환 시도라는 측면에서 주목할 수 있다. 즉, 역대 정부가 정부기관이나 예술가 등 공급자 중심의 문화예술정책을 추진해온 것과 달리, 노무현 정부는 주5일 근무제 전면 시행을 염두에 두고 일찌감치 국민의 문화예술 향유 기회 확대 정책을 어느 정부보다 과감히 추진하겠다는 의지를 드러냈다.

그러나 주5일 근무 시행에 대비한 국민 문화예술 향유 확대 등 '순수예술의 진흥과 우리문화의 세계화' 정책 방안의 시행 성적표는 신통치 않았다. 문화부가 2004년 3월에 실시한 '2003년 하반기 주요 업무에 대한 자체 평가결과' 보고서는 무엇이 미흡한 것인지를 상세하게 설명하고 있다. 당시 문화부는 미흡한 점으로 정부의 지속적 개선 노력에도 불구하고 여전히 빈약한 국민 문화향유 실태를 첫 번째로 꼽으면서, 향후 과제로 국민 문화예술 향유 기회의 불균형 해소를 주문했다.

---

16 우리나라는 1998년 2월부터 주5일 근무제를 추진하기 시작해 2000년 5월 노사정위원회에서 근로 시간단축특별위원회를 구성하였다. 2002년 9월 입법안을 마련해 같은 해 10월 국회에 제출하였으나, 노사 간의 의견 접근이 이루어지 않아 최종 합의에는 실패하였다. 그러다 노무현 정부 출범 첫해인 2003년 8월 국회 환경노동위원회와 법제사법위원회의 의결을 거쳐 기존의 근로기준법을 개정해 같은 해 9월 15일에 공포하고, 2004년 7월부터 단계적으로 시행에 들어갔다.

표 7-3 2000~2006년 예술행사 관람 비율 및 관람 횟수

예술행사	예술행사 관람률(%)			연평균 예술행사 관람횟수(회)		
	2006	2003	2000	2006	2003	2000
문학행사	4.4	4.0	5.1	0.1	0.1	0.1
미술전시회	6.8	10.4	11.6	0.2	0.2	0.3
클래식음악· 오페라	3.6	6.3	6.7	0.1	0.1	0.2
전통예술공연	4.4	5.2	7.7	0.1	0.1	0.1
연극	8.1	11.1	10.9	0.2	0.2	0.2
무용	0.7	1.1	2.0	0.01	0.01	0.03
영화	58.9	53.3	40.0	3.9	3.5	2.2
대중가요 콘서트·연예	10.0	10.3	8.6	0.2	0.2	0.2

출처: 문화관광부·한국문화관광연구원, 『2006 문화향수실태조사』를 참조하여 재구성.

이러한 결과는 국민의 문화예술 향유 확대가 단기간에 성과를 내기 힘든 것임을 시사[17]하지만, 정부의 문화예술정책 기본 방향이 창작 활동 지원 중심에서 문화예술 향수 기회 확대로 본격 전환이 시작됐다는 것은 예술정책 추진과 관련하여 상징성이 매우 크다고 할 수 있다.

2) 탈장르

노무현 정부의 정책 추진 방향은 '탈장르'와 연관되어 있다. 예술지원 관련 정책의 범위와 대상을 전통적인 장르에서 벗어나 대안적 장르

---

17 원도연은 "김영삼 정부 이래 정부마다 주요 정책으로 꼽았던 문화 향유권 확대는 정책이 시행된 지 10여 년이 훌쩍 넘었지만 지표는 여전히 느리게 성장하거나 거의 변화가 없다"고 지적했다. 원도연, 앞의 논문(2008), p.170.

의 실험 등을 시도함으로써 예술영역의 확대를 도모하였고, 창작 활동 일변도 지원에서 창작과 매개를 지향하는 지원으로 바뀌었다. 이러한 맥락에서 추진 체계 또한 주무 관청에서 주도하는 일방적 정책 결정에서 탈피해 위원회 중심의 민간 정책 결정 역할을 강화했으며, 중앙과 지방정부, 민간 등 3자 사이에 이루어질 수 있는 협력을 중시하였다.[18] 이러한 관점에서 본다면 노무현 정부에서 문화예술은 모든 정책의 기초로 삼기에 충분했다고 볼 수 있으나 실상은 정책의 대상이었을 뿐이다. 다시 말해, 문화예술은 정치와 경제의 부차적인 것이자 종속적인 영역으로 파악되었으며, 결과적으로 이러한 혼선 속에 문화예술정책의 총체적 방향과 달리 각론에서는 노무현 정부가 제시했던 문화민주주의 가치는 자주 훼손되고 잊혀졌다.

문화민주주의의 가치에 가장 부합했던 문화향유 확대 정책과 결과는 노무현 정부 문화예술정책의 한계와 성격을 잘 드러내주는 지표 중 하나라고 할 수 있다.[19] <표 7-4>를 통해 이를 확인할 수 있다.

2. 이명박 정부: 문화향유권 확대와 문화복지

이명박 정부(2008~2013년)가 문화예술정책의 방향을 국민에게 제시하기까진 정권 출범 이후 9개월이라는 꽤 긴 시간이 필요했다. 2008년 9월 제시된 '품격 있는 문화국가 대한민국' 이름의 정책 기조가 2012년까지 진행될 문화예술정책 비전이었다. 멋있는 한국인(창조적 문화 예술의 나라), 잘사는 한국인(콘텐츠산업으로 부유한 나라), 정겨운 한국인(세계인이

---

18 문화관광부, 『참여정부 문화관광정책백서 – 문화예술편』(문화관광부, 2008), pp.16~17.
19 원도연, 앞의 논문(2008), p.170.

다시 찾는 관광의 나라), 신나는 한국인(어디서나 스포츠를 즐기는 나라) 등 4대 목표와 함께 사회적 약자에 대한 문화 향유 기회 확대, 문화산업을 신성장동력산업으로 육성 등 9가지의 세부 추진방향이 제시되었다. 이 가운데 이명박 정부 문화예술정책의 주요한 목표는 선택과 집중, 문화산업, 문화 향유 기회 확대, 실용적 역할 분담 등으로 정리할 수 있다.[20]

1) 일관된 정책 방향성

이념적으로는 보수 정부로 분류되는 이명박 정부는 지난 20년 동안 한국 문화예술정책의 핵심으로 작용했던 문화향유권 확대, 문화산업 발전, 문화예술 지원사업 등은 중단없이 추진했으며, 이를 뒷받침하는 문화예산, 문화행정, 문화 거버넌스 역시 정권의 정치적 성향에 영향을 받으면서도 일정한 방향성을 갖고 진전이 이루어졌다.[21]

이명박 정부 때 노무현 정부의 문화예술정책 방향이 그대로 이어지거나, 오히려 확대된 것은 문화향유 정책이다. 노무현 정부에서 논의되어 본격적으로 예술지원정책의 핵심 영역에 들어온 문화향유에 관한 논의 중 사회적 약자의 향유 기회 확대가 이명박 정부 문화예술정책의 전면에 등장했다.[22]

이명박 정부를 전후로 국민의 문화향유권이라는 개념은 점차 삶의 질이라는 포괄적 범주로 변화했고, 이러한 흐름은 이명박 정부에서도 적극적으로 수용되어 수용자 중심의 문화예술정책, 또는 선진국형인 문화민주주의 지향의 문화예술정책으로 전환하겠다는 정책 목표의 변

---

20 국회사무처, 『문화예술정책의 새로운 패러다임 구상: 지원위주프로그램의 혁신적 전환 방안을 중심으로』(입법정책연구회, 2017).

21 원도연, "이명박 정부 이후 문화정책의 변화와 문화민주주의에 대한 연구,"『인문콘텐츠』제32호(인문콘텐츠학회, 2014), p.229.

22 이민아, 앞의 논문(2018), p.113.

화로 해석되기도 했다.[23]

문화향유권 확대를 위한 삶의 질 향상 문화복지정책은 박물관, 미술관, 문예회관 등 다양한 문화시설을 짓고, 한편으로는 취약계층이나 지역을 대상으로 문화향유 기회를 늘리는 프로그램을 제공하는 내용을 담고 있다. 이러한 문화예술 향유 정책은 '희망대한민국' 프로젝트라는 이름으로 추진됐으며, 총 157개 사업을 통해 1,600만 명에게 공연 관람 등 문화예술 프로그램을 지원하는 것을 골자로 하고 있다. 특히 저소득층 등 소외계층의 문화향유에 대한 권리를 강조하는 문화복지의 관점은 이명박 정부 기간 내내 강조되었다. 이러한 맥락에서 등장한 문화바우처는 이명박 정부에서 외형적으로는 가장 크게 확대된 사업이었으나, 실제 활용이 어려운 농촌이나 고령인구 참여가 제한되는 문제점을 드러내기도 했다.

전체적으로 이명박 정부의 문화민주화 정책은 저소득층에 대한 문화복지 사업으로 집중되었지만 내용이나 결과는 과거 정부와 큰 차별성을 보여주지 못했다고 할 수 있다.[24] 우선 문화예산의 측면에서 과거 정부와 비교하여 특별하게 진전된 결과로 나타나지 않았고, 무료관람 정책이나 바우처 사업 또한 예산 확대에도 불구하고 실행률이 낮게 나타났다.[25]

2) 갈등과 대립

이명박 정부에서 나타난 문화예술정책의 또 다른 특징 중 하나는 정치적 편향성 논란이었다. 이는 임기 초반에 집중적으로 표출되었는

---

23 문화체육관광부, 『품격있는 문화국가 대한민국』(문화체육관광부, 2012), p.42.
24 원도연, 앞의 논문(2014), p.284.
25 위의 논문(2014), p.234.

데, 노무현 정부 때 법적으로 임기가 보장된 직책에 임명되었던 많은 문화예술단체의 기관장과 임원들이 정권이 교체된 뒤 정부로부터 직간접의 압력을 받으며 현직에서 물러난 것이다.[26] 이는 필연적으로 문화예술계의 갈등과 대립을 불러왔으며, 진보 성향의 예술단체로부터 정치 성향을 이유로 기관장을 교체한다는 비판에 직면하였다. 예술지원 체계의 중심을 이뤘던 한국예술위도 이러한 논란에서 자유로울 수 없었다.[27]

결과적으로 이명박 정부의 문화예술정책은 문화산업의 발전과 문

표 7-4 노무현 정부와 이명박 정부의 문화예술정책 비교

	노무현 정부	이명박 정부
부처 명칭	문화관광부	문화체육관광부
정책 기조	통합적 문화정책	문화경쟁력, 문화구조조정
키워드	창의한국	소프트파워, 창조문화국가
핵심 사업	문화예술교육정책 아시아문화도시 조성정책	문화기구통폐합(한국콘텐츠진흥원, 국립극단, 국립오페라단 등), 국가브랜드사업
문제/한계	문화예술계 코드 논란 문화메가이벤트 집중 한미FTA 협상	문화예술계 이념 전쟁 문화신개발주의-산업정책

출처: 이동연, 앞의 토론문(2017)을 참조하여 재구성.

화향유권 확대라는 두 가지 관점에서는 이전 정부와 유사성을 찾을 수 있으며, 오히려 정부의 인사권 행사를 둘러싼 예술계의 갈등과 예술계 내부의 이념 전쟁을 촉발함으로써 예술지원 체계가 흔들리면서 문화예술위원회 체제가 표류했던 시기라고 할 수 있다. 정권 교체라는 상황의 변화는 제도의 지속적인 변화와 성장으로 이어져야 했지만, 문화예술위원회 체제가 오히려 경직적인 모습을 보이고, 그러한 결과 체제가 제 기능을 못하게 된 것이다.

3. 박근혜 정부: 문화융성의 추구

박근혜 정부(2013~2017년) 문화예술정책을 규정하는 핵심 키워드는 '문화융성'이다. 박근혜 대통령이 문화융성을 3대 국정기조[28]의 하나로 전면에 제시한 것은 김대중 대통령이 '문화대통령'을 표방하는 것에 비견되는 것으로, 문화를 통한 국가발전과 창조경제 및 국민행복을 구현한다는 강력한 통치권 차원의 의지를 명백히 했다.[29] 박근혜 대통령이 대통령 선거 시절부터 제시한 '문화재정 2% 달성' 공약 역시 문화융성 정책의 맥락에서 읽혀진다.

1) 공동체 복원

문화융성이란 문화가 인간의 가치를 보듬고 배려와 나눔, 소통과 신뢰를 기반으로 한 공동체를 복원하고 발전시키는 일에서부터 시작한다고 파악했던 박근혜 정부 당시 문화체육관광부는 문화융성을 두

---

28 박근혜 정부는 당초엔 경제부흥, 국민행복, 문화융성을 3대 국정기조로 내세웠으나 나중에 평화 통일 기반구축이 추가되어 4대 국정기조로 정립되었다.
29 박광무, 앞의 책(2013), p.351.

가지 측면에서 정의했다.[30]

첫째, '문화의 융성'으로서 인문, 예술, 콘텐츠, 체육, 관광 등 문화 분야의 역량이 전반적으로 향상되고 예술가의 창작과 표현의 자유가 보장되며 시민들의 문화향유권과 사회 내의 문화다양성이 확대된다.

둘째, '문화를 통한 융성'으로서 문화의 융성이 다른 사회분야의 발전에 기여하고 문화적 자원과 그 속성인 창조성과 다양성이 정치, 경제, 사회, 기술, 공동체, 역사, 국제교류 등 21세기 창조국가 성장의 중요한 동력으로 활용된다.[31]

문화융성의 정의와 관련한 박광무[32]의 해석은 보다 상징적이며 예술적 접근에 가깝다. 즉, 문화융성은 '문화로 꽃피우기'와 '문화로 옷 입히기'로 상징적으로 표현된다는 설명이다. 문화로 꽃피우기는 문화 자체의 융성으로, 창의적인 문화예술활동이 융성하고 이를 자발적으로 누리는 것이고, 나아가 경제적인 부가가치를 만들어내는 것이 문화산업 차원의 꽃피움이라는 시각이다. 문화로 옷 입히기는 문화적인 상상력과 진흥시책을 다른 분야에도 적용하는 일인데, 디자인 등 문화창조력에 대한 값을 지불하는 일이 정착되어야 한다는 것이다.

박근혜 정부는 문화융성 정책 추진을 위해 문화참여 확대, 문화예술 진흥, 문화와 산업의 융합이라는 3대 전략과 하위 10대 과제를 제시했는데, 문화 전반의 공통·기반 과제 2개, 순수예술 분야 3개, 인문 및 문화유산 분야 각 1개, 문화콘텐츠, 체육, 관광 등 산업 분야 각 1개로 나눠져 있다.[33]

---

30 문화체육관광부, 『문화가 있는 삶, 행복한 대한민국 – 2013년 문화체육관광부 업무계획』(문화체육관광부, 2013).
31 김희석, "박근혜 정부의 순수예술분야 지원정책 – '문화융성'의 예산 반영도 고찰," 『문화예술경영학 연구』 제9권 1호(한국문화예술경영학회, 2016), p.34.
32 박광무, 앞의 책(2013), p.376.
33 김희석, 앞의 논문(2016), pp.29~53.

이 가운데 순수예술 분야에 대한 문화융성 정책은 생애주기별 문화향유 지원체계 구축 및 장애인 등 문화소외계층 문화향유 권리보장, 지역 문화격차 해소, 국제 문화교류 증진, 예술인 복지 확충 및 문화예술 단체 지원 강화, 순수예술분야와 다양성 영화 등 비주류 문화예술 분야에 대한 창작 지원을 통한 안전망 구축이 핵심 과제이다.[34]

2) 문화재정 2%

이러한 문화융성 정책을 시행하기 위해선 재정이 뒷받침돼야 하기 때문에 박근혜 정부가 내세운 임기 내 '문화재정 2% 달성' 공약에 관심이 쏠릴 수밖에 없었다.

'문화재정 2% 달성'은 정부 초기부터 실현 가능성 여부와 맞물리면서 논란을 빚었는데, 특히 문화재정을 어디까지 볼 것이냐는 문제에 직면했다.[35]

무엇보다 문화재정 확대 계획을 수립하는 과정에서 2014년, 2015년에는 각각 5.7%, 7.5% 증액하고, 임기 후반기인 2016년, 2017년에는 각각 14.1%, 19.9% 증액하는 방안에 대해선 정치권을 중심으로 큰 논란이 일기도 했다.[36] 대규모 문화재정 확보를 위한 구체적인 방법이나 과정도 없이 증액을 추진하는 것에 대한 지적이었다.[37]

문화재정 2% 달성이라는 국정과제는 문화예술계에 희망의 메시지

---

34 위의 논문(2016), p.34.
35 박근혜 정부 첫해였던 2013년 문체부 국정감사에서 윤관석 당시 민주당 의원은 이 문제를 제기하면서 "'문화재정 2%'는 공약 당시 제시한 '문화부' 재정이 아닌 '문화부', '문화재청', '방송통신위원회 방송분야', '미래부의 문화분야' 예산을 합산한 금액"이라고 지적했다.
36 한승준, "현 정부 문화예술정책의 효과성 평가 – 중요도 – 성취도 분석(IPA)을 중심으로," 『한국자치행정학보』 제28권 4호(한국자치행정학회, 2014), pp.209~231.
37 남경호, "역대정부의 문화예술지원정책 연구,"고려대학교 대학원 박사학위논문(2018), p.106.

표 7-5 박근혜 정부 문화정책 추진 방향

추진방향	핵심 추진과제	추진기반
문화로 국민행복	생애주기별 맞춤형 문화 복지	문화기본법 문화재정2% 달성 문화가치 확산 생활속의 실천
	예술인 창작지원과 안전망 구축	
	정신문화진흥과 문화유산보존	
문화로 창조경제	상상력 기반의 콘텐츠 산업 육성	
	스포츠산업의 국제경쟁력 제고	
	고부가가치 고품격 한국 관광실현	
문화국가 만들기	문화를 통한 코리아 프리미엄	
	문화적 관점을 사회전반에 확산	
	국민과 따뜻한 소통	

출처: 박광무, 앞의 책(2013)을 참조하여 재구성.

가 분명했다. 이를 언제 어떤 방식으로 구현할지에 대해 문화정책 당국과 재정 당국, 문화예술계 간의 긴밀한 협의와 협상이 필요[38]했으나, 결과적으론 이러한 과정들이 생략된 측면이 크다. 특히 문화창조자의 창작활동, 예술인 복지, 간접지원, 중앙과 지역 간의 재원 배분 등에 있어서 치열한 경쟁과 협상이 전개될 것으로 예상됐지만, 일부에서만 그러한 현상이 나타났을뿐 전체적으로는 정부 주도의 일방적 예산 편성이 두드러졌다고 할 수 있다.

3) 층화

제2장에서 논의한 바 있지만 박근혜 정부 문화예술정책의 또 다른 특징 중 하나는 문화기본법 제정이다. 문화기본법 제정은 우리나라 문

---

[38] 박광무, 앞의 책(2013), p.376.

화예술정책의 근간이 되고 있는 문화예술진흥법 체계의 대폭 손질이라는 측면에서 살펴볼 필요가 있다.

문화예술진흥법은 제정 이후 부분 개정을 거듭했지만 문화정책의 범위와 대상의 확대, 문화예술 장르별 발전과 문화현상의 다기화, 새로운 문화정책 대상과 내용의 등장 등으로 급변하는 문화예술 환경에 대처할 필요성이 대두됐으며, 이것이 문화기본법 제정으로 이어졌다.

특히 문화기본법은 문화권[39]을 국민의 기본권으로 천명하면서 문화국가 구현이라는 통치철학과 정책의지를 법률로 실현했다는 역사적 의미를 지니고 있다.

이처럼 문화기본법 제정 등 문화예술 지원정책적 발전이 두드러졌던 박근혜 정부의 문화예술위원회 체제는 층화적 측면이 강하다고 볼 수 있다.

층화란 기존의 제도에 새로운 요소들이 덧붙여져서 기존 제도의 운영 방식에 변화를 가져오는 경우를 의미한다.[40] 즉, 이 시기 문화예술위원회 체제는 이명박 정부 당시 표류와는 달리, 문화기본법이라는 문화 관련 법률의 최상위 개념의 틀 속에서 기존의 제도보다 더욱 빠른 성장을 도모하였다.

그러나 박근혜 정부 문화예술위원회 체제의 층화적인 단면은 문화예술계를 강타한 블랙리스트 사건[41]으로 의미가 퇴색되었다고 볼 수 있다.

---

39 국제적으로는 1948년 유엔이 세계인권선언을 통해 문화적 권리를 언급했고, 1966년 '경제 사회 문화적 권리에 대한 국제조약'을 통해 문화적 권리의 중요성을 선언했다. 2001년엔 유네스코가 문화다양성에 관한 세계선언으로 문화적 권리가 인권의 절대구성요소임을 강조했으며, 국내에서는 노무현 정부 시절인 2006년 '문화헌장' 제정을 통해 국민의 문화적 권리를 대내외에 밝힌 바 있다.

40 하연섭, 앞의 책(2016), p.174.

41 블랙리스트 사건에 관해서는 제9장에 서술되어 있다.

표 7-6 문화기본법 구성 체계

문화기본법 조문별 내용	1조 목적	
	2조 기본이념	
	3조 정의	
	4조 국민의 권리	
	5조 국가와 지방자치단체의 책무	
	6조 다른 법률과의 관계	
	7조 문화정책 수립·시행상의 기본원칙	
	8조 문화진흥기본계획의 수립	
	문화진흥을 위한 분야별 문화정책의 추진	1호 문화유산·전통문화의 보존과 활용
		2호 국어의 발전과 보존
		3호 문화예술의 진흥
		4호 문화산업의 진흥
		5호 문화자원의 개발과 활용
		6호 문화다양성의 증진과 보호
		7호 문화복지의 증진
		8호 여가문화의 활성화
		9호 문화경관의 관리와 조성
		10호 국제문화 교류 및 협력의 활성화
		11호 지역문화의 활성화
		12호 남북문화 교류의 활성화
	10조 문화인력의 양성과 문화교육	
	11조 문화진흥을 위한 조사 연구와 개발	
	12조 문화의 달과 문화의 날	
	13조 문화진흥 사업에 대한 재정지원 등	
부칙	시행일	
	다른 법률의 개정	

출처: 문화체육관광부 홈페이지(2013)를 참조하여 재구성.

4. 문재인 정부: 문화예술정책 패러다임의 재정립 시도

문재인 정부(2017~현재)의 예술정책은 통치 철학과 맞닿아 있다고 보아야 한다. 이러한 맥락에서 문재인 정부 출범과 함께 제시된 '문화비전 2030 – 사람이 있는 문화'는 새 정부 문화예술정책의 총론이자, 정책 패러다임의 전환을 의미한다. 즉, 문화예술정책 수립에 있어서도 사람(수용자)을 우선시하겠다는 의지의 발현으로 읽을 수 있다.

1) 문화비전 2030

'문화비전 2030 – 사람이 있는 문화'는 3대 가치, 3대 방향, 9대 의제를 담고 있는데 자율성, 다양성, 창의성을 핵심 가치로 내세우고 있다. 이러한 가치에 바탕을 두고 개인의 자율성 보장, 공동체의 다양성 실현, 사회의 창의성 확산에 필요한 의제들이 뒤따르고 있다. 이는 문화예술정책의 명징한 방향성으로 읽힐수 있다.

문재인 정부 '문화비전 2030 – 사람이 있는 문화'의 개괄적인 주요 특징과 내용은 몇 가지로 나눠 논의할 수 있다.

첫째, 문재인 정부가 내세운 문화예술비전은 경쟁과 효율보다는 사람이 먼저인 문화예술로의 전환으로 요약할 수 있다. 이러한 측면에서 문화예술 시설보다는 그러한 시설을 즐기는 사람을 중시하는 문화예술정책으로 나아가야 한다는 것이다. 이는 예술정책 패러다임의 전환으로 해석할 수도 있겠지만, 내용적으로는 전술한 바와 같이 노무현 정부가 추진했던 수요자 중심의 문화예술 서비스 체계와 지향점이 동일하다고 볼 수 있다. 향유자 중심의 문화예술 마인드와 향유권자를 전 국민 대상으로 확대했던 노무현 정부의 문화예술정책 방향이 문재인 정부에서도 특별한 변화 없이 확인된다.

둘째, 문재인 정부의 문화예술정책의 두드러진 특징 중 하나는 이른바 '리스트 제로' 지향을 천명하고 있다는 사실이다. 블랙리스트도, 화이트리스트도 없는 세상을 만들고, 검열과 통제가 아닌 자율과 협치의 문화예술 환경을 마련하겠다는 점을 강조하고 있다. 이것은 이전 정부에서 발생하여 문화예술의 정치적 예속화 논란을 유발했던 블랙리스트 사건으로부터 문화예술계가 완전히 자유로운 환경을 조성하겠다는 의지로 볼 수 있다. 문화예술정책이 헌법에 명시된 예술가의 창작의 자유 권리를 침해하지 않도록 하겠다는 것이다. 특히 자율과 협치의 문화예술 환경을 천명한 것은 예술 거버넌스의 재정립을 통한 예술지원 체계 개선을 추진하겠다는 의미로 볼 수 있다.

셋째, 중앙집권형 예술정책의 자치분권 예술정책으로의 전환이다. 이 같은 방향성 역시 노무현 정부의 국정 운영의 3대 가치 중 하나였던 분권을 재등장 시킨 것으로, 문화예술 분권의 실현을 담고 있다.

문재인 정부 '문화비전 2030'의 3대 가치 가운데 자율성이란 개인의 자유로운 문화예술 활동 권리를 보장하는 것으로, 개인 스스로 문화예술의 주체로 존재하고 다양한 문화예술 분야 취향이 존중받는 사회를 지향하는 것이다. 다양성은 서로 다른 정체성을 가진 집단들이 차별받지 않고 자신들의 문화예술적 힘을 펼쳐나가는 것을 의미한다. 창의성은 문화예술 콘텐츠를 육성하는 산업적 역량뿐만 아니라 사회 전반의 혁신에서 문화예술의 역할을 강조하는 것을 뜻한다. 즉, 문화예술이 사회 발전과 혁신에 중요한 역할을 수행하도록 하는 것을 목표로 하고 있는 것이다.

이러한 3대 가치를 축으로 문재인 정부는 '문화비전 2030'의 방향성을 세 가지로 나눠 보다 구체화하고 있다.

'개인의 자율성 보장'은 문화권에 입각하여 국가의 문화예술정책에서 개인의 문화적 권리는 개인 스스로 문화적 활동의 주체가 되는 것 외에도 일상에서 개인이 문화예술적 활동을 통해 자율적이고 감상적인 인간이 될 수 있도록 보장해주는 것을 의미한다. '공동체의 다양성 실현'은 계층, 세대, 성별, 지역 등에 속해 있는 구성원들이 다양한 문화적 정체성을 실현할 수 있도록 보호하는 것으로, 특히 지역문화예술 분권의 실현은 문화다양성 정책을 추진에 가장 중요한 과제로 꼽히고 있다. '사회의 창의성 확산'은 문화예술이 사회 혁신의 동력으로 기능할 수 있도록 사회의 다양한 영역과 만나는 것을 뜻한다. 여기서 창의성의 개념은 단지 문화예술의 창작물을 만드는 원천만이 아니라 문화예술이 교육, 환경, 복지, 통일과 같은 사회정책의 영역에서 적극적인 역할을 할 수 있는 원리가 되는 것을 포괄하고 있다.[42]

표 7-7 문재인 정부 '문화비전 2030' 주요 체계

구분		내용
3대 가치		자율성, 다양성, 창의성
3대 방향		• 개인의 자율성 보장 • 공동체의 다양성 실현 • 사회의 창의성 확산
9대 의제	개인의 자율성 보장	• 개인의 문화적 권리 확대 • 문화예술 분야 종사자의 지위와 권리확대 • 성평등 문화 실현
	공동체의 다양성 실현	• 문화예술 다양성의 보호와 확산 • 공정하고 다양한 문화예술생태계 조성 • 지역문화예술 분권 실현
	사회의 창의성 확산	• 문화예술 지원의 융합역량 강화 • 미래와 평화를 위한 문화협력 확대 • 문화예술을 통한 창의적 사회 혁신

출처: 서울문화재단, 『서울문화재단 예술지원체계 개선연구 보고서』 서울문화재단(2019), p.32를 참조하여 재구성.

---

42 서울문화재단, 『서울문화재단 예술지원체계 개선연구』 서울문화재단(2019), pp.33~36.

문재인 정부는 전술한 '문화비전 2030'의 3대 가치와 방향을 토대로 9대 의제를 설정하였는데, <표 7-7>에서 구체적인 내용을 확인할 수 있다. 개인의 자율성 보장의 대표적인 내용으로는 다양한 문화예술 향수권 보장과 예술인을 포함하는 문화예술 분야 종사자 지위와 권리 보장을 들 수 있다. 예술인 사회보장을 위한 고용보험 실시 등이 중요 과제로 제시되었다.

2) 지역 문화예술 분권

공동체의 다양성 실현의 핵심적인 내용은 지역 문화예술 분권 실현을 꼽을 수 있다. 분권의 가치는 노무현 정부 때 시도된 것으로, 문재인 정부가 이를 다시 추진하고 있는 것은 서울 등 수도권과 지역 간 문화예술 격차의 심각성을 인지하고, 이를 해소하기 위한 대책의 하나로 이해할 수 있다. 즉, 진보 정권인 노무현 정부 때 도입하였으나 보수 정권으로 바뀐 이후 지지부진하였던 지역문화예술 분권 정책을 재추진함으로써 같은 진보 정권의 주요 문화예술정책을 계승하고, 실현을 위한 방안을 본격화하겠다는 의도가 담겨있다. 문재인 정부는 실제로 지역문화 분권 현실화를 위해 문화도시 50개 선정, 매력적인 지역관광도시 선정, 협치를 위한 지역문화협력위원회 설립 등을 제시해놓은 상태이다.

'문화비전 2030'이 문재인 정부 문화예술정책의 총론적 접근이라고 한다면, '새 예술정책'은 각론에 해당한다고 볼 수 있다.

문재인 정부의 '새 예술정책' 비전은 '사람이 있는 문화, 예술이 있는 삶'으로 설정되었으며, 4대 목표, 8대 전략 과제, 25개 실행 과제로 구성되어 있다. 문재인 정부 임기 동안 추진할 문화예술 발전 청사진이기도 한 '새 예술정책'은 노무현 정부가 2004년에 발표한 '새 예술정책'과 명칭이 동일하지만 세부 추진 과제는 패러다임 전환이 상당 부분 시도되고 있다고 할 수 있다.

'새 예술정책' 중 핵심적인 전략 과제는 예술행정의 독립성과 자율성 제고로 모아질 수 있다. 이는 문화체육관광부와 한국문화예술위원회의 혁신을 제기한 것으로 살필 수 있으며, 두 가지 측면에서 논의할 수 있다.

첫째, 문화예술계 블랙리스트 사건으로 한국예술위의 자율성 및 독립성을 놓고 다시 논란이 가열되면서 예술행정체계 개선 필요성이 제기되었다. 국가 권력에 의한 예술지원 배제가 실존했던 주된 이유 중 하나가 예술지원체계의 중심에 있는 한국예술위의 자율성 및 독립성이 훼손됐기 때문이라고 판단하였다. 이는 예술행정체계의 신뢰 회복에 대한 논의로 이어질 수밖에 없었으며, 문재인 정부는 이러한 측면에서 '새 예술정책'에 예술지원 체계, 즉 한국예술위의 독립성과 자율성 강화를 실행 과제로 포함시킨 것이다.

둘째, 국공립 예술기관들이 대거 등장하고 예술생태계 변화에 따라 예술지원체계의 재구조화 필요성이 커졌다. 다시 말해, 2005년 한국예술위 출범 이후 한국문화예술교육진흥원(2005), 예술경영지원센터(2006), 전통공연예술진흥재단(2009), 한국예술인복지재단(2012) 등 예술지원체계에 놓여 있는 다양한 국공립 예술지원 기관이 설립됐고, 광역 및 기초자치단체에 문화재단이, 예술계 내에도 사회적 기업을 포함하여 협동조합 등 다양한 형태의 예술법인 및 조직이 형성됐다. 이러한 예술생태계의 급변이 예술지원체계 재구조화의 필요성을 견인하고 있다.[43]

43 서울문화재단 예술지원체계 개선TF팀, 앞의 보고서(2019), p.39.

3) 전환

이러한 문재인 정부 '새 예술정책'을 종합해보면, 문화예술계 블랙리스트와 예술정책의 상관성이 매우 높다. 이것은 통상적으로 새 정부가 들어선 뒤 곧바로 발표되는 각 분야의 정책과 달리, 문화예술정책은 정권 출범 이후 1년이 지난 뒤 나왔다는 점에서 특이성을 발견할 수 있다. 블랙리스트진상조사위원회가 2018년 4월 '블랙리스트 재발방지를 위한 제도 개선 권고(안)'를 발표했고, 이후 권고안의 주요한 내용을 수용한 '새 예술정책'이 발표되었다.

또한 블랙리스트 피해자인 동시에 가해자로 분류되고 있는 한국예술위가 2018년 1월 혁신TF를 구성하고 자체 혁신안을 마련했는데, 이는 '새 예술정책'의 세부 실행 과제 중 '국민이 신뢰하고 참여하는 예술지원체계 형성'과 '기관별 역할 재편을 통한 예술지원체계의 재구성'으로 반영되어 있다.

이러한 논의를 종합할 때, 문재인 정부의 문화예술위원회 체제는 '전환'으로 설명할 수 있다. 정권 교체라는 권력 관계의 대변화에 따라 예술위원회 체제를 설계할 당시에는 참여하지 못했거나 배제됐던 사람들이 제도를 장악하게 됨으로써 새로운 목적으로 제도를 바꾸면서 기존 제도에 대한 재정립을 시도하고 있다고 볼 수 있다.

표 7-8 문재인 정부 '새 예술정책' 주요 내용

목표	전략 과제	실행과제
자율과 분권의 예술행정 혁신	예술 표현의 자유와 예술인의 인권 보호	예술표현의 자유 보장을 위한 법제 정비 및 행정 혁신
		예술의 사회적 가치 실현 및 예술인의 사회적 지위 보장
		예술계 성평등 실현으로 예술활동 다양성 증진
	예술행정의 독립성과 자율성 제고	기관별 역할 재편을 통한 예술지원체계 재구성
		예술지원 체계의 독립성과 자율성 강화
		국민이 신뢰하고 참여하는 예술지원체계 형성
예술가치 존중의 창작 환경조성	예술가치 창출과 발현에 중점을 둔 창작지원	예술현장의 자생성을 강화하는 창작지원
		경력 단계별, 창작 과정별 지원 프로그램 강화
		공공예술지원과 민간 예술계의 상생협력 강화
	예술인의 삶을 지키는 예술인 복지 구현	예술인 사회보장 확대
		예술인 생활지원 확대
		예술인 직업환경 개선 및 직업활동 다양화
함께 누리는 예술참여 확대	모두에게 열려 있는 예술참여 환경 조성	문화예술교육을 통한 예술 향유 역량 강화
		수요창출형 관객 지원제도 도입
		일상에서 누리는 예술 향유 기반 조성
	소수자가 예술로 어울려 사는 사회 조성	소수자의 문화예술 접근성 강화
		소수자 예술공간 조성 및 교류
		소수자 예술을 위한 사회적 기반 조성
예술의 지속 가능성 확대	공정하고 활력있는 예술시장 환경 구축	상생협력의 예술시장 환경 조성
		활력 있는 예술시장을 위한 혁신 역량 지원
		예술의 해외시장 진출 확대
	예술의 미래 가치 육성	청년세대를 위한 예술지원 강화
		진화하는 기술의 예술 분야 활용 지원 확대
		실험과 도전의 새로운 예술 공간 조성
		국제예술 교류와 협력 확대

출처: 문화체육관광부, 『새 예술정책 보도자료』(문화체육관광부, 2020)를 참조하여 재구성.

1. 수직적 지원 구조와 수평적 지원 구조

정부의 예술지원에 대한 관점은 크게 세 가지로 구분할 수 있다. 우선 정부는 중립적이어야 한다거나 아니면 중립적이기 위해 노력해야 하고 이를 위해 제도적으로 보완해야 한다는 원칙을 들 수 있다. 상당수 국가에서 예술지원 정책의 자율성을 확보하기 위한 목적에서 적용하고 있는 '팔길이 원칙'은 예술지원의 주요 원칙으로 통용되고 있다.[44]

또 다른 관점은 정부 역시 예술사에 등장한 무수한 후원 집단들처럼 자신만의 이해 관계나 취향이 있다는 시각이다. 이는 정부가 예술을 지원함으로써 얻을 수 있는 이익에 점차 눈뜨기 시작했다는 것으로, 가령 사회의 비난 위험 없이 자신들의 메시지를 효율적으로 전달할 수 있는 방법이 바로 예술지원이라는 관점이다. 정부가 예술의 과시적 기능을 매우 중요하게 생각하고 있으며, 예술을 통해 국가의 우월성과 경쟁력을 세계적으로 알리고 궁극적으로 다른 나라의 존경을 이끌어내려는 목적도 이러한 관점에서 비롯된다고 볼 수 있다.[45]

마지막으로 관행적 지원이다. 이것은 조직 내부의 관점에서 예술지원을 담당하는 자신의 조직을 유지하기 위한 측면에서 이루어지는 것인데, 특히 관련 기관의 공직자는 예술에 관심이 없었으나 업무 수행 과정에서 예술에 대한 존경심을 갖게 되기도 하며 무언가를 지원하는 업무를 통해 스스로 자부심을 느끼는 것 등이 여기에 해당된다.[46]

---

44 이민아, 앞의 논문(2018), p.28.
45 애빙 저·박세연 역, 『왜 예술가는 가난해야 할까』(21세기 북스, 2009), pp.279~281.
46 이민아, 앞의 논문(2018), p.29.

표 7-9 정부의 예술지원에 대한 세 가지 관점

관점	주요 내용
예술에 대해 어떠한 판단도 유보	• 예술에 관한 정부의 중립성
정부도 자신만의 이해관계와 취향 보유	• 장르 편향성 • 정치적 성향과 지원 원칙 • 바람직하다고 생각하는 지향점을 갖고 지원정책 수행
특별한 이유가 없다면 관행 유지	• 예술의 신성화와 암묵적인 철의 삼각 형성 • 예술에 대한 존경과 예술관련 업무 수행 자부심 등이 관료들의 자발적인 포획 이끌어 냄

출처: 이민아, 앞의 논문(2018), p.28을 참조하여 재구성.

1) 관료 중심의 체계

한국의 문화예술 지원체계는 관료 중심의 체계를 특징으로 전개되어 왔다고 볼 수 있다. 즉, 문화체육관광부가 예술지원 기관을 제쳐놓고 지원 체계의 방향과 예산을 결정하면서, 후술할 예술지원 체계 핵심으로서의 한국문화예술위 역할과 기능이 사실상 무력화됐다. 이러한 현상은 한국문화예술진흥원 체제에서 한국예술위원회 체제로의 변화를 이끌긴 했지만 체제 변동 이후에도 수직적 구조의 예술지원 체계는 그대로 유지되고 있는 양상에서도 확인된다. 이는 문화예술계 내에서도 문제 제기로 이어져, 노무현 정부 때 네트워크 거버넌스에 입각한 수평적 예술지원 체계를 만들기 위한 지역문화예술위원회 설립을 추진하기도 했다. 이러한 지역문화예술 거버넌스를 위해 지역문화진흥법 제정 필요성이 제기됐으며, 10여 년만에 관련 법령이 만들어지게 됐다.

그러나 결과는 예술계의 반발을 사게 됐는데, 문화예술계가 바랐던 것은 지역문화예술위원회의 거버넌스 체계였으나 관련 법령이 만들어

놓은 것은 지원 택배 체계였다는 이유에서다. 즉, 공공이라는 이름을 띤 국가문화예술지원 자회사로서의 주요 택배 기능을 하는 지역문화재단에 불과했다는 지적이었다.[47] 이러한 논의는 예술지원 체계의 목적성을 새삼 부각시킨 측면이 크다고 볼 수 있다.

우리나라의 문화예술 지원 체계의 변화는 크게 세 가지로 나눌 수 있을 것이다.[48]

첫째, 예술지원 원칙의 변화로, 한국문화예술진흥원 시기에는 예술지원 시 암묵적으로 예술의 수월성을 지원의 원칙으로 삼았지만 제도의 변경으로 출범한 한국문화예술위원회는 이러한 원칙에 더하여 문화민주주의[49]를 중요한 지원 원칙으로 삼았다.[50]

둘째, 예술지원 의사결정 방식의 변화로, 이는 진흥원의 독임제하 집권적 의사결정 방식에서 예술 현장 종사자들의 자율적 참여를 통해 지원정책이 자율적으로 결정되고 의사결정과정에서의 민주성을 확보함으로써 관 주도의 정책집행에서 탈피하였다는 데 의의가 있다고 볼 수 있다.

이것은 또한 정부의 간섭이 위원회 체제 제도 변화 이후 줄어들었다는 점을 시사한다. 그러나 후술하겠지만 이 같은 긍정적 측면의 예술지원 체계 변화 기대는 시간이 지날수록 퇴색되어 갔으며, 오히려 진흥원 체제 때보다 한국예술위에 대한 정부의 통제와 규제가 더욱 심해진 것을 목도할 수 있다.

---

47 김기봉, 『새 정부 예술정책 토론회 자료집』(문화체육관광부, 2017), p.24.

48 정창호·박치성·정지원, "문화예술지원정책 정책변동과정 분석," 『한국정책학회보』 제22권 4호(한국정책학회, 2013), pp.38~39.

49 문화민주주의에 대한 논의는 제2장 2절에 상세하게 서술되어 있다.

50 2005년 출범한 한국문화예술위원회 1기 위원장에 내정됐던 김병익은 언론 인터뷰에서 "예술위 지원 정책의 원칙으로서 예술적 수월성과 예술의 민주성을 동시에 제시한다"고 밝힌 바 있다(한겨레, 2005.8.11).

셋째, 한국예술위는 진흥원 체제와 달리 보다 체계적인 지원정책을 수립하기 위한 노력이 시도되었는데, 이것은 단순 재원 분배자에서 예술진흥의 촉진자라는 보다 적극적 역할로의 변화에 의미가 있다.

2) 아르코 비전 2010

예술위의 중장기 비전 및 사업목표를 보여주는 '아르코 비전 2010' 계획 수립은 한국의 예술지원정책에서 최초로 다년간의 지원정책 계획을 수립하였다는 점에서 의미를 찾을 수 있을 것이다.[51]

하지만 정부가 학계와 예술계 등의 의견을 수렴하여 마련한 이러한 중장기 비전은 예술지원 사업 선정 과정에서 불거진 특혜 및 불공정 시비 등 무수한 논란이 불거지면서 당초 취지를 살리지 못했다는 지적이 제기되었다.

우리나라 예술지원 체계는 예술지원 정책의 변화와 깊숙한 연관성을 띠고 있다. 즉, 예술지원에 있어서도 제도의 변화가 정책의 변화에 심대한 영향을 미쳤다는 것이다. 예술지원 정책은 김대중 정부 이후 내용적 세분화 및 양적 확대라는 발전 경로를 거친 이후 2005년 합의제 기구인 한국예술위 출범으로 본격적인 팽창 전환기를 맞이하게 됐다고 볼 수 있다. 이러한 측면에서 예술정책의 확장적 변화 추세는 예술지원 체계의 구조적 변화를 이끌어내는 주요한 동인으로 작용하게 되었다.[52] 즉, 정부 일변도를 벗어나 지역 문화재단 등을 통한 예술지원 체계의 변동성이 두드러졌다.

---

51 박명학, "제1기 위원회의 사업구조 개선노력과 과제,"『예술지원정책 릴레이토론회 7회 제1기 한국문화예술위원회 성과와 과제 토론집』(한국문화예술위원회, 2008), p.11.

52 이규석, "예술지원 협치체계 재구성 방향,"『새정부 예술정책 수립을 위한 예술지원체계 혁신 방향 토론회 자료집』(문화체육관광부, 2017), p.45.

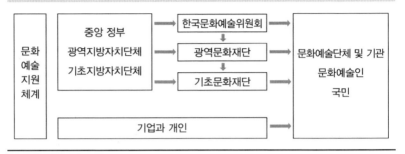

그림 7-1 한국의 문화예술 지원체계 및 과정

| 문화
예술
지원
체계 | 중앙 정부
광역지방자치단체
기초지방자치단체 → | 한국문화예술위원회 →
광역문화재단
기초문화재단 | 문화예술단체 및 기관
문화예술인
국민 |

기업과 개인 →

출처: 류정아, 앞의 논문(2015), p.12. 재인용.

중앙 정부의 경우 문화체육관광부와 한국문화예술진흥원을 중심축으로 단선적이고 일원화된 방식으로 운영됐으나, 한국예술위 출범을 전후로 장르 및 분야별 예술지원 기관이 불규칙하게 늘어났다. 이는 우리나라도 예술지원 정책이 다중적 지원 체계의 형식을 갖추면서 예술지원의 다양성 시대에 본격적으로 진입했다는 의미로 해석할 수 있다. 1990년 지방자치시대 개막이 예술지원 체계 형성에 미친 영향도 적지 않다고 볼 수 있다.

3) 분절적 체계

지방자치제도 도입과 맞물려 1997년 광역 지방자치단체 중에선 처음으로 경기문화재단이 설립됐으며, 4년 후인 2001년엔 부천문화재단이 기초 지자체 최초의 문화재단으로 출범한 이후 지자체별로 지역문화재단 설립이 봇물을 이루었다.

2017년 기준으로 77개의 광역 및 기초문화재단이 지역 단위 예술지원 체계를 형성하고 있는 것이다. 중앙 정부의 다변화된 예술지원 체계는 확장된 예술정책을 효율적으로 집행하기 위한 목적에서 비롯되었고, 지역문화재단은 문화시설 및 지역축제 운영을 목적으로 구성된 체계라는 차이점을 형성하고 있어 중앙 정부와 지역문화재단의 예술 지원 체계는 연계적 체계라기보다는 분절적 체계로 보는 시각도 있다.[53]

그러나 이러한 체계에 급격한 변화의 양태를 보인 계기는 두 가지에서 비롯된다. 첫 번째는 2005년 한국문화예술교육진흥원 출범이었다. 중앙의 한국문화예술교육진흥원을 거점으로 시도가 관장하는 광역문화재단을 지역문화예술교육지원센터로 지정하여 문화예술교육지원 사업을 국비·지방비 매칭 사업으로 구조화시킨 것이다. 두 번째는 2009년 한국문화예술위원회 문예진흥기금 사업의 일부를 '지역협력형 사업'으로 분리해 광역문화재단으로 이관시키면서 국비·지방비 매칭형 사업으로 변화시켰다. 이는 중앙과 지역의 교차된 예술지원 체계에 포함되는 사업과 지원기관의 숫자를 늘렸으며, 이 때문에 지원 체계의

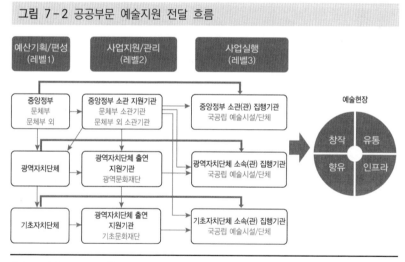

그림 7-2 공공부문 예술지원 전달 흐름

출처: 문화체육관광부, 『2014 공공·민간 예술지원실태조사』(문화체육관광부, 2015), p.20 을 참조하여 재구성.

---

53 이규석, 앞의 자료집(2017), p.45.

전체적 구조는 훨씬 복잡한 양상을 띠기 시작했다.[54]

정부의 예술지원 체계 구조를 보면, 예술지원 주체의 경우 역할에 따라 <그림 7-2>에서 설명하는 것처럼 세 가지 레벨로 나눌 수 있다.

레벨1은 문화예술지원 사업의 예산을 기획 및 편성하는 지원 주체로, 중앙 정부와 지방자치단체가 여기에 해당한다. 레벨1의 지원주체들은 예산기획 및 편성이 중심적인 업무이며, 공공시설과 공공단체, 축제 등을 직접 운영하고 있다.

레벨2는 문화예술지원사업을 지원 및 관리하는 주체를 의미한다. 문체부 소속의 예술지원기관과 광역문화재단, 기초문화재단 등이 해당되고, 레벨1으로부터 이전 받은 예산을 집행하여 직접 사업을 운용하거나 하위 기관 및 단체에 예산을 지원하게 된다. 여기에 언급된 예술지원기관이란 한국문화예술위원회, 한국문화예술회관연합회, 한국문화예술교육진흥원 등이 포함되며 예술경영지원센터, 한국예술인복지재단, 전통공연예술진흥재단, 한국문화원연합회도 해당된다.

레벨3은 최종 수혜자에게 예술 사업을 직접 실행하는 주체로 예술의 전당, 세종문화회관 등 국공립문화시설과 국립발레단 등 국공립예술단이 포함된다. 재정적 소요가 크지 않은 사업이나 비재정적 문화예술지원사업을 실행하는 특징이 있다.[55] 레벨1과 레벨2가 예술가들과의 소통에 주력한다고 한다면 레벨3은 문화예술의 수용자인 일반 국민들과 주로 접촉하면서 문화예술 소통의 폭을 넓히는 기능을 한다고 볼 수 있다. 예컨대 문화예술 진흥 및 발전을 위해 중앙 정부가 예술계에 지원하고 있는 대표적인 재원인 문화예술진흥기금은 다양한 경로로 예산이 집행되고 있다. 이 가운데 창작지원 분야의 지역협력형사업 지

---

54 위의 자료집(2017), p.45.
55 문화체육관광부, 앞의 보고서(2015), p.21.

원 체계는 전술한 것처럼 문화체육관광부로부터 시작돼 한국문화예술 위원회, 지방자치단체, 광역문화재단, 민간으로 내려오는 톱다운 방식의 예산 집행이 이루어지고 있다.

한국예술위는 전년도 사업 평가를 기초로 시도별 문화예술진흥기금 배분액을 결정한 뒤 지자체에 교부하고 있다. 이때 사업운영 세부지침 및 지방비 매칭비율 등이 공시되며, 광역 지자체는 문화예술진흥기금에 지방비 매칭 비율을 적용하여 예산 총액을 위탁사업 형태로 광역 문화재단에 전달한다. 일부 광역문화재단은 기초문화재단으로 관련 예산을 재교부하기도 한다.

4) 네트워크 거버넌스의 작동

이 같은 문화예술진흥기금 지역협력형사업의 성공적 운영을 위해선 지원 체계 못지 않게 협의 체계가 중요하지만 현실은 그렇지 않다. 이는 네트워크 거버넌스의 부실이라는 관점에서 파악할 수 있다. 즉, 한국문화예술위원회와 광역문화재단으로 구성된 한국지역문화지원협의회를 통해 사업 운영 및 예산 배분 등의 협의가 이뤄지고 있긴 해도 자문 및 제안 기능 중심일 뿐 의사결정 권한은 부여되어 있지 않다. 결과적으로 국가 예산의 효율적 운영을 위한 협의 체계는 한계를 노출하고 있는 셈이다. 이는 예술지원 체계의 핵심적 기능을 담당해야 할 한국예술위의 역할이 극히 미진하다는 것을 보여주는 것으로, 네트워크 거버넌스의 효율적 작동이 가로막혀 있다는 것을 시사한다.

예술지원 체계에서 네트워크 거버넌스가 제대로 작동되지 않는 것은 지역문화재단 등 중간 예술지원 기관의 소극적 책임성과 연관이 있다. 예술지원 체계상 한국예술위와 함께 중앙정부 및 지방자치단체와 민간 및 예술현장 간 가교 역할을 담당해야 할 지역문화재단 같은 중간 예술지원 기관의 수동적 역할에 대한 성찰이 요구되는 것이다. 지역문화재단은 정부 및 지자체 문화행정의 경직성을 완화시키고 예술분야 전문성 발휘로 민간과 예술현장의 요구를 예술지원 체계에 효과적으로 반영시켜야 한다. 그러나 문체부 등 상위기관의 위계적 지원체계에 수동적으로 편입되어 공공·민간 분야의 거버넌스형 지원체계를 적극적으로 요구하거나 구현하지 못한 책임성에서 자유로울 수 없다.[56]

2. 2005 체제 이전과 이후

1) 73체제

한국적 상황에서의 예술 생태계와 예술지원기관 체계는 크게 두 가지 형태로 설명이 가능하다. 첫째, 한국문화예술진흥원이 한국문화예술위원회로 전환하기 전인 2005년 체제 이전과 2005년 체제 이후다. 2005년 체제 이전의 경우 이른바 '45체제'는 대한민국 정부 수립 이후 국립문화예술기관들이 설립된 시기를 의미하며,[57] '73체제'는 문화예술진흥법 제정과 함께 한국문화예술진흥원이 설립되면서 최초로 종합적 예술지원정책이 마련됐다.

그러나 '73체제'는 아이러니하게 검열과 통제의 시대로도 분류된다. '05체제' 이전의 예술 생태계와 예술지원 기관은 체계적이고 전문적인 것과는 거리가 먼, 개별 기관의 역할에 국한된 시기라 할 수 있다.

2) 05체제

이러한 시기를 거쳐 노무현 정부때 등장한 '05체제'는 새로운 예술정

---

56 이규석, 앞의 자료집(2017), p.50.
57 1945년 국립도서관, 1950년 국립극장 및 국립극단, 1969년 국립현대미술관 등의 기관들이 '45체제' 이후 잇따라 설립됐다. 예술지원의 기본적 토대를 마련한 시기라고 할 수 있다.

책 수립과 함께 한국문화예술진흥원이 합의제 자율기구인 한국문화예술위원회로 전환한 역사적 의미를 담고 있다. 한국예술위 전환을 계기로 예술지원 업무를 담당하는 신규 공공기관들이 대거 등장한 것이다.

2006년에 아트마켓과 해외진출, 인력양성 등을 맡는 예술경영지원센터가 출범한 것을 시작으로 국악 등 전통공연 지원 사업을 전담하는 전통공연진흥재단이 2009년에 만들어졌다.

예술인 복지 지원과 예술인 파견 지원 사업 등이 주 업무인 예술인복지재단은 2012년에 설립됐으며 한국문예회관연합회는 문체부 산하기관으로 전환해 찾아가는 공연 등 문체부 사업을 대행한 시기 또한 이때였다.

서울문화재단 등 광역 및 기초 문화재단들이 속속 등장하기 시작한 것 역시 '05체제' 이후로, 지역문화재단[58]의 탄생은 한국에서도 문화자치가 시작됐다는 것을 의미한다고 볼 수 있다.

한국문화예술위원회가 출범한 시기는 2005년 8월 26일이다. 한국문화예술진흥원이 위원회로 변경된 특수법인인데, 위원회 체제 전환은 노무현 당시 대통령의 공약에 기인한다. 노 전 대통령은 후보 시절 한국문화예술진흥원을 현장예술인 중심의 지원기구로 전환시키는 것을 공약으로 제시했다.[59] 한국예술위의 탄생은 그 결과물인 것이다.

---

58 지역문화재단은 법적 지위로는 민간 재단이기 때문에 비정부기관(NGO)임에도 불구하고 실제적인 운영의 방식면에서 지역정부 산하기관의 성격을 갖는다. 결국 지역문화재단은 비정부기관적 성격과 정부산하기관으로서의 성격을 모두 갖고 있는 반관반민 기관인 것이다. NGO적 성격의 특징으로는 ① 지방 정부로부터 재단 운영비 전액을 지원받지만 비영리 민간기구로서의 법적 지위 확보 ② 재단 직원은 공무원이 아닌 민간인 신분으로 공채를 통해 별도 선발 ③ 직원들의 아이디어 발의로 사업예산의 기본적인 틀 구축 ④ 지자체 출연금 및 지원 이외에도 기업 및 개인으로부터 기부금 가능 등을 들 수 있다. 정부산하기관으로서의 성격으로는 ① 재단의 대표이사 및 이사진의 임명에 지자체장의 동의 필요 ② 시민의 세금을 사업비로 쓰기 때문에 공공기관에 준하는 회계감사 이행 ③ 지방 정부의 출연기관 중 하나로 공식적 인정 ④ 지방정부의 위탁사업 수행 등이 있다. 김경욱, 『문화재단』(논형, 2007), pp.206~207.
59 노무현 당시 대통령은 후보 시절 '문화예술의 자율성 및 다양성 확대'를 선거공약으로 내걸었

한국예술위는 위원회 체제가 출범했음에도 각종 문화예술 정책의 모법이라고 할 수 있는 <문화예술진흥법> 적용을 받아오다가, 출범 2년여 째인 2007년 4월 1일 <공공기관의 운영에 관한 법률>(공운법)이 시행됨에 따라 기금관리형 준정부기관으로 지정돼 2018년까지 운영되었다.

3) 공운법

한국예술위의 기금관리형 준정부기관 지정은 법규 관점에서 중요한 함의를 띠고 있는데, 그것은 한국예술위가 공운법 제5조에 따라 기금관리형 준정부기관으로 분류되면서 자율성이 보장된 독립적 기구의 역할이 원천적으로 봉쇄된 것이다. 즉, 직속 상부 기관인 문화체육관광부뿐만 아니라 기금 관련 주무부처인 기획재정부의 통제 속에 놓인 것으로, 결국 기관의 자율성 및 독립성이 운영의 핵심 가치인 한국예술위가 두 정부 부처의 통제를 받는 피규제 기관이 되었다. 이것은 정부와 지자체, 예술현장을 매개하는 예술지원 체계의 중핵으로서의 역할이 구조적으로 봉쇄되어 있는 상황을 의미한다.

이는 다시 두 가지 측면에서 논의할 수 있다. 첫째, 공운법 제26조는 준정부기관 임원 임면에 관한 사항을 정리하고 있으며, 제28조에서는 임원의 임기에 관한 사항을 규정하고 있다. 한국예술위는 이를 적용받아 위원장은 임원추천위원회 추천자 중 문체부가 임명하고, 감사는 임원추천위원회 추천자 중 기획재정부 장관 제청으로 대통령이 임명하며, 임원 임기는 위원장 3년, 감사 2년으로 못박아 놓았다. 이러한 규정은 한국예술위의 위상이 자율적이고 독립적으로 예술지원 기구를 운용하기가 어렵다는 것을 의미한다.

다. 이를 위한 구체적 실현 방안이 바로 한국문화예술위원회 전환이었다. 중앙선거관리위원회, 『제16대 대통령선거 정책자료집』(중앙선거관리위원회, 2005).

둘째, 공운법 제50조는 기획재정부 장관이 공기업과 준정부기관 경영지침을 정하도록 규정했는데, 여기엔 조직 운영과 정원 및 인사 관리에 관한 사항, 예산과 자금 운영에 관한 사항 등이 포함되어 있다. 이 또한 한국예술위의 자율적인 예산 및 인사 등의 조직 운영을 가로막는 규제라고 볼 수 있다.

특히 주목해야 할 조항은 공운법 제51조로, 문체부 장관은 한국예술위의 자율적 운영이 침해되지 않는 범위에서 감독할 수 있다고 되어 있으며, 공운법 제51조 3항은 문체부 장관이 한국예술위를 감독할 수 있는 사항에 대해선 '사업의 적정한 수행에 관한 사항'으로 규정하고 있다. 이 같은 조항은 문체부와 한국예술위가 네트워크 거버넌스에 입각한 수평적 구조의 동일한 예술지원 체계 구축을 저해하게 만드는 측면이 존재한다. 문체부가 협치와 협력 체제를 통해 한국예술위가 집행하는 예술지원 사업들이 예술 현장에 착근할 수 있도록 하는 것이 아니라, 감독 기능을 앞세워 통제를 우선하는 배타적 환경이 조성되어 있다.

또한 기금관리형 준정부기관 지정으로 한국예술위는 공운법 제48조에 근거하여 다른 공공기관들과 마찬가지로 매년 경영 공시를 해야 했고, 경영실적을 평가받는 것 역시 예외가 없었다.

경영평가는 공기업 및 준정부 기관을 공통된 틀로 평가하는 구조를 지니면서 수익성, 경제성, 효율성에 대하여 유형적 및 정량적 수치를 중심으로 평가가 이뤄지고 있으나, 문화예술은 창의성 및 다양성, 공익성 등이 중요한 가치로 여겨지는 분야임을 감안할 때, 일반 공기업 및 준정부기관과 같은 잣대로 한국예술위를 평가하는 것은 적절치 않다는 논란이 있다.[60]

---

60 한국문화예술위원회, 『한국문화예술위원회 운영체계 재설정 연구』(한국문화예술위원회, 2019), p.92.

이처럼 운영의 자율성 및 독립성을 충족시킬 수 없는 한국예술위의 거버넌스 한계에 대해 예술계에서 끊임없이 문제 제기를 하자 기획재정부는 2019년 1월이 되어서야 영화진흥위원회와 함께 한국예술위를 기타 공공기관으로 변경 지정했다.

계량 지표 중심의 경영실적평가가 예술기관의 고유 특성을 반영하지 못한다는 비판이 많았기 때문에, 한국예술위의 기타 공공기관으로의 변경 지정은 중요한 의미를 지닌다고 볼 수 있다.[61] 그러나 조직의 자율적 운영을 보장하기 위해선 한국예술위를 공운법에서 완전히 제외해야 한다는 논의도 설득력을 얻어가고 있다.

한국의 예술지원 체계에서 예술위원회 체제 전환이 가능했던 이유는 정부의 인위적 영향력을 최대한 배제하고자 하는 문화예술계의 오랜 노력이 뒤따른 것과 무관하지 않다.[62]

하지만 위원회 전환이 순조롭게 마무리된 것은 아니었다. 위원회 체제라는 획기적 전환을 놓고 보수 및 진보계열 예술단체와 각 장르별 이해관계가 충돌하면서 갈등이 불거졌지만 결국 범문화 예술기구를 통해 그들의 요구를 관철시켰는데, 이는 위원회 설립 자체가 예술단체 및 개별 장르의 정치적 이념적 성향 및 이해관계와 상관없이 예술계에 속한 모든 행위자들이 원하는 것이었기 때문이다.[63]

---

61 배관표, "한국문화예술위원회 조직 운영체계 개선 방안 검토," 『이슈와 논점』 제1555호(국회 입법조사처, 2019).

62 이민아, 앞의 논문(2018), p.37.

63 위원회 체제 전환에 대해 당시 예술계는 기대와 우려가 교차했다. 진보 성향의 예술단체인 민예총이 전면에 나서 적극적으로 지지하자, 보수 성향의 예술단체인 예총은 반대로 크게 우려감을 나타냈다. 성연주, "한국문화예술위원회의 퇴색된 자율성－2005~2013을 중심으로," 『경제와 사회』 108호(비판사회학회, 2015). 그러나 기초예술을 살리기 위한 현장 예술인 중심의 지원기구가 필요하다는 명분은 일부 반대를 누르기에 충분했다. 정창호, "정책이전 프레임웍 연구: 한국문화 예술위원회 설립 과정 분석," 중앙대학교 대학원 박사학위논문(2013), pp.176~178.

표 7-10 2018년 한국문화예술위원회 경영평가 지표

평가범주	지표 명	가중치 비계량	가중치 계량	합계
경영관리	1. 경영전략 및 리더십	6		6
	2. 사회적 가치 구현	12	8	20
	3. 조직·인사·재무관리	5	6	11
	4. 보수 및 복리후생관리	5	3	8
	5. 협력과 참여	1	4	5
경영관리 합계		29	21	50
주요 사업	1. 예술창작역량 강화사업			13
	(1) 예술창작지원 성과 　- 창작물유통확대 성과 　- 서면계약서 체결 확대 실적(%)		9	
	(2) 예술인력 취업 성과 　- 예술인력 취업성과=(당해연도)예술단체 　　정규직 취업실적(명)/(전년도) 문화화예 　　술기관 연수단원 육성지원 사업비(백만원)		4	
	2. 생활 속 예술 활성화 사업			12
	(1) 문화나눔사업 국민참여도 　- 통합문화이용권 활용증가 　- 소외계층 관람기회 확대		10	
	(2) 문화예술분야 사회적경제확산 　= 연간 소외계층 문화순회사업으로 지원받은 　　(예비)사회적 기업 및 사회적협동조합 수(개)		2	
	3. 문화예술 후원사업			4
	(1) 기부문화 확산 및 후원 확대 　- 기부문화 확산 및 후원 확대 = (크라우 　　드 펀딩 성공 건수 지표의 득점×0.6) + 　　(민관 협력 기부프로그램 성공 건수 　　지표의 득점×0.4)		4	
	4. 주요 사업 성과관리의 적정성	14		14
	5. 주요 사업 지표구성의 적정성	7		7
주요 사업 합계		21	29	50
전체 합계		50	50	100

출처: 한국문화예술위원회, 앞의 보고서(2019), p.91을 참조하여 재구성.

4) 예술지원기관의 정체성

문화예술진흥기금이라는 문화예술분야의 최대 '시드머니'를 관리하고 있는 한국예술위의 정체성은 기초예술진흥을 위한 총본산이자 최고 의결기구[64]로 요약할 수 있다.

한국예술위의 전신인 한국문화예술진흥원은 문화예술진흥법에 근거하여 문화예술진흥기금의 조성 및 운영과 문화예술 사업지원을 위해 개원했으며, 1976년 10월 서울 동숭동 소재의 옛 서울대 부지와 본관 건물을 201년 4월까지 청사로 사용했다. 이후 문화예술 인프라 설치가 두드러졌다. 1979년 5월 대학로 마로니에 공원 내에 현대식 전시공간인 미술회관(현 아르코미술관)을, 1981년 4월엔 공연예술 종합 공연장인 문예회관(현 아르코 예술극장)을 신축 개관했다. 1992년 5월 무대예술 분야 전문연수 시설인 무대예술연수회관(현 아르코예술인력개발원)을 경기 고양시에 설립하였으며, 같은 해 10월엔 국내 유일의 문화예술 종합자료센터인 예술자료관을 서울 서초동 예술의 전당 내로 옮겨 새롭게 문을 열었다. 특히 1995년부터는 우리나라 조형예술 및 건축의 세계 진출을 위한 교두보로서 베니스비엔날레 한국관을 건립하여 운영하고 있으며, 2002년에는 무대예술 연수회관을 증·개축하여 문화예술연수원(현 창의예술인력센터)을 개관했다.[65]

그러나 한국예술위는 인프라 측면의 중요한 화두이기도 한 청사 이전과 관련하여 논란의 중심에 서게 됐다. 4년 사이에 두 차례의 조직 이전이라는 전례없는 외부 충격을 맞았다. 첫 번째는 서울 서남권의 문화예술 활성화 목적으로 2010년 4월 서울 구로동으로 청사를 이전했고, 두 번째는 2014년 4월 공공기관 지방 혁신도시 이전 정책에

---

64 문화체육관광부, 『2018 문화예술정책백서』(문화체육관광부, 2020), p.298.
65 문화체육관광부, 『2013 문화예술정책백서』(문화체육관광부, 2014).

따라 전남 나주의 광주·전남혁신도시로 청사를 다시 이전했는데, 이를 두고 예술계 내부의 논란이 가열됐다.

대표적인 예술지원기관의 지방 이전은 정치적 논리에 따른 불가피한 결정이었지만, 예술계는 다른 영역과 같은 잣대로 예술진흥의 헤드쿼터라고 할 수 있는 한국예술위의 이전을 밀어붙인 것은 아쉽다는 반응을 드러냈다. 예컨대 현장 예술인들이 대부분 서울 등 수도권에 집중되어 있어 한국예술위의 지방 이전으로 실질적인 예술현장과의 소통은 매우 어려운 구조가 됐을 뿐만 아니라 서울과 나주 간 분리 근무에 따른 잦은 출장 등의 피로감과 조직 내 위화감도 상당 수준으로 나타났다는 지적이 그것이다. 특히 최근 5년 동안 한국예술위의 사업예산 규모가 2배 가량 늘었으나 예산을 반영하는 적정 인력은 확보되지 않아 심각한 과로 상태로 전문성을 기대하기 어려운 상황이 지속되고 있다는 지적[66]도 대두된다.

표 7-11 한국문화예술위원회 주요 연혁

연도	주요 내용
1972. 8. 14	문화예술진흥법 제정(법률 제2337호)
1973. 10. 11	한국문화예술진흥원 개원
2005. 8. 26	한국문화예술위원회 법인 설립(한국문화예술진흥원 해산)
2007. 4. 1	공공기관의 운영에 관한 법률 시행 – 한국문화예술위원회: '기금관리형준정부기관'으로 지정
2014. 4. 28	한국문화예술위원회 청사 전남 나주로 이전
2014. 5. 29	한국공연예술센터, 국립예술자료원 통합
2017. 11. 13	한국문화예술위원회 제6기 위원회 출범

출처: 문화체육관광부, 앞의 백서(2020)를 인용하여 재구성.

---

66 아르코혁신TF, 『예술행정의 민주주의와 환골탈태를 바라는 아르코혁신TF 보고서』(한국문화예술위원회, 2018), p.50.

위원회 체제 전환으로 한국예술위는 기관의 독립성과 자율성 보장이 강화되어야 하지만 청사 이전 등 핵심적인 인프라 측면에서부터 삐걱거리는 모습이 목도된 것은 아이러니다. 두 차례의 청사 이전 외에도 2010년 서울 구로구 이전과 비슷한 시기에 한국문화예술위원회 부서인 자료원과 아르코 극장은 문화체육관광부 주도로 각각 국립예술자료원과 한국공연예술센터로 강제 분리됐으며, 이후 2014년 다시 한번 문체부가 주도해 이들 두 기관이 재통합됐다. 이러한 과정에서 한국예술위와 예술현장 간의 사전 협의가 없었다는 점도 문제로 지적되고 있다.[67]

Ⅲ 문화예술 재정 및 문화예술진흥기금

1. 문예기금의 기능

공적 기능이 강한 문화예술 진흥을 위해선 정책뿐 아니라 재정이 뒷받침돼야 한다. 우리나라의 경우 문화예술진흥법 시행에 따라 예산과 기금을 활용하여 문화예술 분야에 공공지원을 하고 있다. 예산과 기금은 성격이 다르다. 예산이 국가의 일반적 재정활동을 목적으로 조세 수입을 통해 조성되는 것에 비해, 기금은 국가가 특정한 목적을 위해 특정한 자금을 운용할 필요가 있을 때 법률에 기반하여 설치된다.[68]

---

67 아르코혁신TF는 2018년 6월 한국문화예술위원회에 제출한 보고서에서 이 같은 조직운영상의 문제점을 지적하면서 "한국문화예술위원회의 혁신은 예술계 현장과 더불어 예술위 사무처의 강력한 자기 동기와 미션을 바탕으로 집행될 때 실효성을 갖출 것"이라고 설명했다.

68 김진, "문화예술진흥기금 존치평가 연구,"『문화경제연구』제17권 1호(한국문화경제학회, 2014), p.63.

1) 기금 사업

문화예술진흥기금(문예기금) 지원사업은 1972년 8월 '문화예술진흥법'(법률 제2337호)이 제정됨으로써 문화예술 분야 지원의 계기가 마련되었다. 이 법에 근거하여 1973년 처음으로 문예기금 모금이 시작되었으며, 이를 토대로 1974년 문예기금에 의한 첫 지원 사업이 실시됐다. 당시의 기금사업은 민족문화 창달과 민족주체성 확립이 강조되고 있던 시대 상황에 따라 국학 연구, 전통예술 및 문화재 보호, 예술창조 활동에 대한 지원이 주류를 이루었다.[69]

시행 초기 공연장, 전시장과 고적, 사적지 등 입장료에 부과하는 방식으로 모집되기 시작한 문예기금은 1980년대에 그 규모를 크게 확장했다. 이는 기존에 공익자금이라 불린 '방송발전기금'이 문예기금안으로 대규모로 편입되는 방식으로 이루어졌으며, 이와 함께 국고 예산, 문예기금과 더불어 공익자금(방송발전기금), 기업의 기부금에 이르기까지 문화예술분야에 다양한 재원이 확보되면서 이 분야에 대한 대폭적인 재정 확충이 가능했다. 이렇게 조성된 재원은 '문화의 국가발전 동력화'라는 정책 기조아래 민족문화의 주체성 강화와 문화시설 확충 분야에 집중적으로 투자됐다. 이러한 투자는 무형문화재 보존은 물론 주요 문화재 보수정비 및 국학진흥 등에서 주목할 만한 성과로 이어졌고, 지역의 종합문예회관 건립과 문화시설 개·보수에 있어서도 큰 진전을 이룬 것으로 평가받고 있다.[70] 문예기금은 대규모 문화시설 조성과 지방문화 육성이라는 문화예술정책적 과제를 해결하기 위한 핵심적인 수단으로 기능했던 것이다.

---

69 김세훈, 『2014년 문예기금 지원사업 종합진단 및 개선방안 연구』(문화체육관광부, 2015),
70 김세훈, 앞의 보고서(2015), p.4.

2. 문예기금의 재원과 성과

1) 정부 출연금

문예기금의 재원은 자체수입과 정부 내부 수입, 여유자금 회수[71] 등 크게 세 가지로 분류할 수 있는데, 2018년 기준 총 3,480억 원의 문예기금 중 정부 내부 수입이 2,321억 원으로 전체의 67%에 달했다. 정부 내부 수입 중 일반회계, 체육기금, 관광기금 전입금이 각 500억 원, 복권기금 전입금 821억 원 등으로, 이 같은 수치는 문예기금의 재원이 정부 출연금에 절대적으로 의존하고 있음을 보여주고 있다. 특히 2018년의 경우 문예기금 고갈이라는 절체절명의 상황을 돌파하기 위한 국고시원이 누드러지는데, 이것은 문예기금에 대한 국고지원 논의를 촉발한 계기가 되기도 했다.

문화예술진흥법상 기금의 재원은 정부의 출연금, 개인 또는 법인으로부터의 기부금품, 기금의 운용으로 생기는 수익금, 건축물에 대한 미술작품의 설치에 따른 건축주의 출연금, 대통령령으로 정하는 수익금 등으로 다양하게 규정되어 있지만, 현실은 법령의 규정대로 추진되지 않고 있음을 아래 논의에서 확인할 수 있다. 문예기금의 활용은 문화예술진흥법에 세부적인 용도를 지정하고 있는데, 정권에 따라 기금이 투입되는 지원 사업이 다소 변화하였다.

1973년 첫 기금 지원이 시작된 이후 40년 동안 예술진흥, 문화복지, 국제문화교류, 예술기반조성, 영상문화산업 등에 총 1조 6,535억 원이 지원된 것으로 나타났다.[72] 이중 전국 지방자치단체에 들어선 문

---

71 자체 수입은 건물 대여료, 적립금 이자수입, 기타경상이전수입, 재화 및 용역 판매 수입, 경륜경정수익금 전입, 토지매각대 등을 의미한다. 여유자금 회수는 통화금융기관 회수금을 뜻한다.

72 채경진·박양우, "공공기금의 고갈과 재원조성 방안", 『예술경영연구』 33권(한국예술경영학회, 2015), p.9.

화예술회관 건립 등 인프라 조성에 전체의 30%가 넘는 기금이 투자되었다. 이는 문화예술 분야의 기반 조성에 전체 문예기금의 3분의 1에 육박하는 재정을 사용하였음을 보여주는 것으로, 기금의 상당액이 하드웨어 투자에 들어갔다는 것을 알 수 있다.

2) 순기능

이러한 문화예술에 대한 집중 지원은 가시적인 성과를 내기도 하였다.[73] 가령 문예기금 지원을 받아 등단해 데뷔했던 신진 문인들과 예술가들이 지금은 한국을 대표하는 중진 원로 예술인으로 자리 잡고 있으며, 기금 예산이 투입됐던 전국연극제와 전국무용제는 지역 문화예술인들의 창작 역량을 고취시키는 대표적 예술축제로 정착되었다.

문화 복지 분야에서도 문화바우처사업(통합문화이용권)을 비롯하여 문화소외계층에 대한 다양한 지원이 이뤄져 문화향수 저변이 확대되고 문화양극화 해소 노력으로 이어진 것은 고무적이다. 지역문화 인프라에 들어간 막대한 문예기금으로 지역의 문화예술 복합공간으로 활용되고 있는 전국의 종합문화예술회관 건립이 가시화되었다는 것도 순기능으로 볼 수 있는 대목이다.

문화예술 인프라 구축에 이어 국제교류 등에도 문예기금이 지원되었으며, 특히 국제교류 분야 지원의 경우 2014년 이탈리아에서 열렸던 제14회 베니스비엔날레 국제 건축전에서 최고 영예인 황금사자상 수상으로 이어지는 등 일정 성과를 거두기도 했다.

이러한 결실은 문예기금을 통해 베니스비엔날레 한국관 전시를 지원하는 등 다년간 안정적 지원에 기인한 측면이 크다.

---

[73] 한승준. 앞의 보고서(2017).

표 7-12 문화예술진흥기금 사업 지원 실적(1973~2013년)

지원 분야 구분	예산(단위: 억 원)	비중(%)
예술진흥	3,350	21.3
문화복지	4,966	30.0
국제문화교류	891	5.4
기반조성	4,979	30.1
영상문화산업	1,843	11.2
기타	326	2.0
합계	16,535	100.0

출처: 한국문화예술위원회 내부자료(2013)를 참조하여 재구성.

CHAPTER

08
문화예술 지원정책 비교 분석

1. 다면적 접근

예술위원회 체제로 제도 변동이 있기 이전까지 한국의 문화예술정책의 기본 방향은 한국 사회에 자리잡고 있는 시민사회 거버넌스를 일정 부분 반영하였다. 즉 평등적, 상호 호혜적, 네트워크적, 신뢰와 협력 구축을 기반으로 향상된 인프라 구축과 문화의 질 및 전문성 향상, 문화산업으로의 도약 등의 목적성을 지니면서 정책에 이를 담아 냈다. 하지만 이러한 방향 설정에도 문화예술정책은 반드시 합리적이고 긍정적 측면만을 보여온 것은 아니라고 할 수 있다.[1]

1) 구성주의적 예술정책

1970년대에 들어서면서 전형적인 구성주의적 문화예술정책이 모습

---

1 김흥수, 앞의 논문(2004), p.66~67.

을 드러내면서 급격한 양적 팽창이 이루어진 것이다. 이 같은 양적 팽창 속에서 한국의 문화예술정책은 두 가지 특성을 보여왔는데, 첫 번째는 정부 주도로 결핍된 문화예술적 제도와 기반시설 건설에 역점을 둔 것이고, 두 번째는 체제에 대한 정당화 또는 통합에 문화예술 정책의 방향이 맞춰졌다. 이는 양적 성장이 가져온 긍정적 결과를 퇴색하게 만든 측면이 있다.

즉, 국민의 문화적 욕구나 수요와는 거리가 먼 전시적 문화시설의 급증과 정부 주도의 문화예술진흥정책에 편승한 관제 문화와 체제 비판적 문화예술 수요에 토대를 둔 민중문화의 첨예한 갈등을 불러 일으켰다.[2]

이러한 논의는 정권이 바뀌면서 과거 권위주의 잔재 청산과 문화예술 영역에 대한 정부 주도의 권위적 지배 형태의 폐기 등을 문화예술정책의 하나의 방향으로 설정하게 이끌기도 했으나, 결과론적으로 볼 때 방향이 성과로 이어지기에는 무리가 따랐다고 볼 수 있다.

제도의 변화도 이러한 관점에서 바라볼 필요가 있다. 제도의 변화는 정책 방향의 변화를 동반하기 마련이기 때문이다.

한국문화예술진흥원에서 한국문화예술위원회로의 제도 이전이 이루어진 노무현 정부는 우리나라 문화예술 지원 정책 연구에서 대단히 중요한 의미를 내포하고 있다. 그것은 '예술지원 체계의 혁신'이라고 할 만큼 문화예술 지원 정책의 방향에 일대 전환을 가져온 데 기인한다.

원장 1명이 조직의 모든 결정을 좌우하게 되어 있는 독임제 기구인 문화예술진흥원 시절에는 팔길이 원칙이라는 예술지원의 핵심 기조가 개입될 여지부터 희박했다. 문화예술에 대한 국민들의 참여를 보

---

2 김여수, "문화정책의 이념과 방향," 『문화예술논총』 제1집(문화체육부, 1988), p.27; 김흥수, 앞의 논문(2004).

장하는 문화민주주의 이념이 자리잡을 환경 역시 척박하면서, 예술 지원과 향유라는 문화예술 정책의 양대 방향이 1972년 문화예술진흥법 제정 때부터 지속되어 왔으나, 2005년 한국예술위 전환으로 대변혁이 일어났다. 이것은 제도 변화가 정책 방향의 변동을 수반한 대표적 사례이자, 이러한 예술지원 정책 방향 설정에는 문화민주주의와 팔길이 원칙이 크게 작용했음을 알 수 있다.

또한, 문화민주주의의 본격 적용으로 예술 지원의 균등한 배분을 강화하며 예술 분야의 다양성을 추구했지만, 정권 교체와 국내 경제 악화, 다문화 사회 진입 등 여러 가지 사회적·경제적 변수가 나타나면서 지원 정책의 변화를 가져온 것이다.[3]

한국예술위로의 제도 변화는 예술 지원 체계의 구조와 운영 방식을 바꾼다는 측면에서 Lowi가 언급한 구성정책의 성격을 지닌다고 볼 수 있다.[4] 이는 국가기관 사이의 권한과 기능의 재분배를 가져오기 때문에 관련 부처 간 갈등을 애초에 내포한 것이었다는 시각도 있다.[5]

2) 공공성과 효율성

우리나라는 문화예술정책에서 두 가지의 문화예술 지원 원칙을 견지하고 있다. 공공성과 효율성이 그것인데, 이는 예술지원 정책의 핵심적인 방향성으로, 이러한 원칙에 따라 지원 체계가 구성된다고 볼 수 있다.

---

3 류정아, 앞의 논문(2015), p.78.
4 Lowi, Theodore J., *Four Systems of Policy, Politics and Choice*, Public Administration Review, Vol.32(1972), p.79. Lowi는 구성체계에 대해 "정치체제에서 투입을 조직화하고 체제의 구조와 운영에 관련된 정책"이라고 정의하고 있다.
5 양혜원, "문화예술지원체계 변동 연구 – 한국문화예술위원회의 설립을 중심으로," 서울대학교 행정대학원 석사학위 논문(2006), p.59.

문화예술 지원 체계에 있어 주요 행위자는 중앙부처인 문화체육관광부, 한국문화예술위원회, 한국메세나협회, 지방자치단체 등을 들 수 있다. 한국예술위는 공공영역을 지원하고 있으며, 한국메세나협회는 기업을 중심으로 민간 차원에서 예술을 지원하는 기능을 하고 있다. 이는 영국과 비슷한 지원체계로 이해할 수 있는데, 중앙부처의 직접적 지원 대신 한국예술위와 메세나가 문화예술 모든 영역의 지원체계에 있어 실질적인 네트워크 관리의 역할을 하고 있는 것이다.[6]

한국예술위는 문체부로부터 직접적인 예산이나 보조금 지원 없이 문화예술진흥기금을 통해 모든 예술분야에 대하여 통합적인 지원 관리를 하고 있다. 이것은 국고보조금에 상당 부분 의존하는 영국이나 프랑스의 예술지원 체계와 다른 점이라고 볼 수 있다. 하지만 기금법

그림 8-1 한국의 문화예술지원 거버넌스 체계

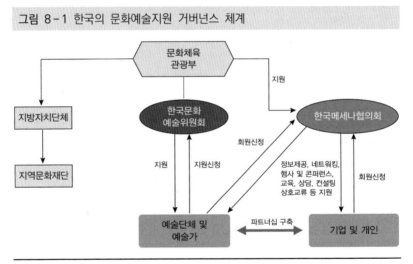

출처: 한승준 외, 앞의 논문(2012), p.280을 참조하여 재구성.

6 한승준 외, 앞의 논문(2012), p.280.

자체가 중앙부처의 예산에 편성되어 있기 때문에 실질적으로는 정부로부터 재원 지원을 받는 것으로 해석할 수 있다.[7]

표 8-1 한국, 영국, 프랑스 예술지원 체계 비교

	한국	영국	프랑스
지원 원칙	국가주도형(팔길이 원칙 견지)	팔길이 원칙	국가주도적 공공서비스 원칙
관련 법령	• 문화예술진흥법 • 국민복권법	• 불문법 • 정부와 예술위원회 간 지원협약서 • 국민복권법	• 지방분권법 • 영역별 개별법
기금 명	문화예술진흥기금	국고보조금, 복권기금 일부	국가예산
중앙정부	문화체육관광부	문화통신부	문화매체체육부
지방정부	35개 공공문화재단	잉글랜드, 웨일즈, 스코틀랜드, 북아일랜드	레지옹, 데빠르트망, 꼬뮌
주요 예술 지원기구	한국문화예술위원회	책임운영기관 형태의 영역별 센터	영국 예술위원회
메세나	한국메세나협회	Art & Business	상공업메세나협의회
메세나 관련법령	없음	없음	메세나, 협회, 재단에 관한 법률
메세나 역할	기업의 예술단체 및 예술가 지원	예술과 기업교육, 출판, 컨설팅, 세미나, 연구, 이벤트 등 활성화	문화예술 분야 교육 및 홍보, 관련 법률과 제도 연구

출처: 한승준 외, 앞의 논문(2012), p.275를 참조하여 재구성.

---

7 위의 논문(2012), p.281.

3) 지원정책 방향의 상이성

한국예술위 전환 이후 노무현 정부에서 문재인 정부까지 각 정부가 추구했던 문화예술 지원 정책의 방향을 분석해보면 두드러진 차이점을 확인할 수 있다.

노무현 정부의 경우 기초예술 지원 확대를 통한 예술인 전문성 신장을 근간으로 하는 지원 정책를 전면에 내세웠다. 하지만 이러한 방향이 문화예술 현장에 제대로 착근됐다고 볼 여지는 많지 않다. 이는 기초예술 육성 자금인 문화예술진흥기금의 창작 지원에 대한 선정 결과에서 확인되고 있는데, 지원 건수와 지원 금액 모두 노무현 정부 이후 급격한 하락세를 보였다. 문화예술진흥기금 전체 신청 건수와 신청 금액에서 약세가 두드러져 2003년은 신청 건수 대비 35.7%(지원 신청 2,823건), 신청 금액 대비 24.4%가 선정된 반면 2006년에는 신청 건수 대비 22.2%(지원 신청 5,304건)와 신청 금액 대비 14.3%가 지원된 것으로 나타났다.[89]

이러한 결과에 대해선 다면적 접근이 필요할 것이다.

첫 번째 관점은 한국예술위 체제 전환의 주요한 목적이 문화예술인이 중심이 되는 예술의 전문성 강화라고 한다면, 이러한 정책 방향에 부합하도록 기초예술 분야 지원을 문화예술진흥원 시절에 비해 늘려야 했으나 오히려 정반대 결과가 나온 것이다. 이는 노무현 정부의 문화예산에 대한 기본적인 입장이 변화하고 있음을 보여주는 것으로, 문화예술 지원이 창작자보다는 문화 격차를 해소하기 위한 다양한 문

---

8 장미진, "참여정부의 문화정책: 개혁바람에 멍드는 문화," 자유기업원 정책리포트게시물(자유기업원, 2007).

9 이종원, "문화예술위원회를 중심으로 한 예술지원정책 변화 고찰,"『문화와 관광 심포지엄 자료집』(문화미래포럼·경기개발연구원, 2007).

화복지 프로그램으로 전환된 결과로 이해할 수 있을 것이다.[10]

두 번째 관점은 기초예술 지원 신청 및 선정 건수는 줄었으나, 이렇게 된 원인이 노무현 정부가 문화다양성 개념을 강조하면서 공평분배의 원칙에 따른 예술지원 정책을 펼쳤기 때문이라는 시각이다. 이것은 형평성이 반영된 분산지원의 결과로 해석할 수 있으며, 실제로 노무현 정부 당시 전문 예술가와 예술단체에 대한 건당 지원 결정액은 꾸준히 늘었다는 것이다.[11]

결론적으로 노무현 정부 문화예술 지원 정책의 방향은 분배적 통치 철학의 바탕에서 수직보다는 수평적 문화예술, 권위주의 타파 등으로 이어지고, 그것은 문화예술정책의 수혜자들이 소외계층, 시민단체, 여성문제, 청소년 교육 문제 등을 아우르는 다원적인 문화예술정책으로 수립되었다.[12]

진보성향의 노무현 정부와 이념적으로도 반대에 위치한 이명박 정부는 선택과 집중을 통한 문화예술 경쟁력 제고를 문화예술 지원 정책의 핵심 방향으로 설정하였다. 즉, 노무현 정부와 달리 문화예술 지원 과정에서 예술인과 예술단체 간의 경쟁을 유도한다는 목표를 정했으며, 이러한 원칙에 입각하여 경쟁력 강화를 위한 예술의 질적 탁월성 추구에 강조점을 두었다. 하지만 이러한 방향성에 대해 오히려 양극화를 심화시킨다는 비판도 적지 않았으며, 동시에 예술적 창조성의 자발적인 진작은 치열한 예술혼의 발휘에서부터 일어난다고 할 때 창작활동의 지원은 창작행위 자체와는 별개로 판단해야 한다는 논의로 확장되기도 했다.[13]

---

10 원도연, 앞의 논문(2008), p.167.
11 이민아, 앞의 논문(2018), p.151.
12 박광무, 앞의 책(2013), p.344.
13 박광무, 앞의 책(2013), p.344.

이명박 정부 들어 두드러진 문화예술 지원 정책 방향의 변화는 네 가지 지원 원칙 변경으로 설명할 수 있다. 선택과 집중을 통한 전략적 지원, 사후지원을 통한 지원의 효율성 강화, 간접지원을 통한 창작 환경 전반의 개선 및 국제교류 확대, 생활 속의 예술을 통한 수요 창출과 병행하는 창작지원 제도를 개발하여 발전시키는 내용 등이 그것으로, 문화예술 지원에서 공공성을 강조한 것으로 이해할 수 있다.[14]

문화예술진흥기금 지원 방식의 변화를 중요한 정책 목표로 삼은 것도 이명박 정부 예술 지원정책 방향의 포인트라고 할 수 있다. 이는 전체적으로 문화예술 예산의 증가를 가져왔는데, 문화체육관광부 예산 중 문화예술 분야 예산이 이명박 정부가 출범한 2008년 34%에서 2012년에는 52%까지 늘어났다.

이명박 정부의 예술지원 정책 개편은 표면적으로는 문화예술진흥법이 제정된 1973년부터 계속되어 오던 예술지원정책의 방향과 체계

표 8-2 2008~2012년 문화체육관광부 일반회계 세출결산 대비 문화예술 결산
(단위: 100만 원)

년도	문화체육관광부	문화예술 부문	비중(%)
2008	1,134,093	385,166.3	33.96
2009	1,123,678	498,940.7	44.40
2010	1,186,539	550,198.6	46.37
2011	1,360,098	690,822.0	50.79
2012	1,541,935	800,786.2	51.94

출처: 문화체육관광부, 『품격있는 문화국가 대한민국』 정책자료집, (문화체육관광부, 2012), p.61을 참조하여 재구성.

---

14 금성희, 앞의 논문(2017), p.143.

를 정비했다는 데 의미를 찾을 수 있다. 이명박 정부 이전까지 예술지원정책은 예술가나 예술단체의 창작 활동에 대해 프로젝트별로 보조금을 지급하는 방식이 중심이었으나, 이후 전략적 목표 설정에 따라 집중적으로 재원을 활용하는 지원체계로 바뀌었다. 소액다건식 배분이 아닌 경쟁력과 공공성의 기준에 의거하여 필요한 곳에 집중 지원하는 방향으로 정책을 전환했다. 예컨대 공연예술 창작활동 지원체계를 구축하여 1회성 프로젝트 지원방식을 지양하고 다년간 지원방식으로 정책 방향을 전환하였으며, 공연단체의 안정적 운영과 경쟁력 강화를 도모하기 위해 공연예술단체 집중 육성 지원 방식으로 전환을 시도했다.[15]

노무현 정부가 문화민주주의, 문화다원주의, 문화제도 혁신 등의 새로운 시대적 가치를 내걸면서 한국예술위를 설립했고, 이것이 문화예술계의 자율성 제고로 이어졌다면 이명박 정부의 문화예술 지원정책은 추상적 가치보다는 창조적 실용주의라는 실질적인 정책에 방향이 맞춰져 있었다.[16]

박근혜 정부는 역대 어느 정부보다도 정책을 통한 문화예술 진흥에 역점을 두면서 문화예술계의 큰 기대를 모으면서 정부 예술지원의 획기적 변화와 확장으로 이어질 것으로 예상됐다. 하지만 정권 후반에 불거진 블랙리스트 사태 및 국정농단 사태의 핵심이 문화예술 분야와 관련되면서 국내 예술지원정책 역사상 가장 혼란과 부침이 많았던 시기로 여겨지고 있다.[17]

박근혜 정부 문화예술 지원정책의 주요 방향은 크게 세 가지로 분류할 수 있다. 첫째, 문화예술의 보편적 복지 패러다임 확대 전환으로,

---

15 금성희, 앞의 논문(2017), p.143.
16 원도연, 앞의 논문(2014), p.236.
17 한국문화관광연구원, 『예술정책 미래비전과 전략 연구』(한국문화관광연구원, 2017), p.29.

사회의 소외계층 중심으로 추진되던 선별적 문화복지 정책이 전 국민을 대상으로 확대됐다. 일상 생활 속에서의 문화향유권 신장이 핵심 의제로 부상하면서 생활문화진흥원 및 기초단위 생활문화센터 신규 설립 등을 통해 전 국민이 문화예술을 통해 삶의 질을 제고하는 방안으로 적극 모색되었다.

둘째, 문화예술에 대한 접근성 강화 및 수요개발로, 문화예술교육 지원 확대 정책으로 설명될 수 있다. 즉, 문화예술교육 지원도 유아문화예술교육 지원 및 일반시민, 근로자, 가족 및 어르신 대상 문화예술 지원 등 생애주기 대상별 프로그램 다변화를 통해 기회의 확대를 도모했으며, 소외계층 대상 문화순회 사업 및 방방곡곡 문화공감 사업의 확대 등이 이뤄졌다.

셋째, 예술지원 방식의 변화 모색으로, 가령 창작지원의 경우 아이디어 인큐베이팅 단계부터 기획, 창작, 유통 등 전반적 프로세스에 걸친 단계별 지원 등의 방식을 시각예술분야까지 확대하였다. 정기 공모제를 수시접수 및 지원 제도로 변환하여 예술현장 특성을 반영한 유연성을 강화한 것도 성과로 볼 수 있다.[18]

2. 후원자 모델과 건축가 모델

우리나라 역대 정부의 문화예술 지원정책 방향은 전술한 영국, 프랑스, 미국 등 문화예술 선진국과의 비교 분석을 통해 미비점을 찾고 보완점을 찾아갈 수 있다.

우선 영국의 문화예술 지원정책의 방향은 영국 정부 스스로 일찍이 인식한 문화예술의 가치로부터 나온다고 할 수 있다. 즉, 문화예술

---

18 한국문화관광연구원, 앞의 보고서(2017), p.31.

이야말로 개인의 삶의 질과 사회적 측면에서도 긍정적인 효과를 내면서 엄청난 부가가치를 창출하는 경제 성장 동력으로 받아들였다.

영국의 문화예술 지원정책은 전 세계적으로 성공적으로 인식되었고, 유럽과 아시아의 여러 국가가 이를 자국 문화예술정책 프로그램의 모델로 여겼는데, 한국에서도 창조산업을 비롯하여 문화도시, 예술치유 등 영국과 유사한 정책 내용이 양산되었다. 예컨대 토니 블레어 정부가 주창했던 창조경제 정책이 한국 경제의 주요한 동력이 되었으며 문화도시 역시 전국적인 확산을 낳은 바 있다.[19]

영국은 문화체육관광부가 문화예술 정책 개발에 사실상 전권을 쥐고 있는 한국과 달리 정부 부처(문화미디어스포츠부)와 영국예술위원회가 협력하는 구조로 정책을 만들어 나가고 있다. 영국 정부는 예술의 목적에 관한 전체적인 틀을 제공하고 있고, 예술위원회는 정부가 제공한 틀에 맞는 구체적인 정책 방향 및 목표를 개발하고 이를 이행하는 데 역점을 두고 있다. 이는 문화예술에 대한 체계적인 국가적 지원이 중앙정부의 막강한 계획과 영향력이 돋보이는 프랑스형 건축가(Architect) 모델이 아닌, 정부의 입김으로부터 상대적으로 자유로운 '팔길이 기관'으로서 후원자(Patron) 모델로 설명될 수 있다.

1) 모두를 위한 문화예술

영국 문화예술 지원정책의 방향은 영국예술위원회가 2010년 발간한 '모두를 위한 문화예술'이라는 제목의 보고서에서 확인할 수 있다. 이 보고서는 2020년까지 가장 우수한 문화예술을 모든 사람이 향유할 수 있도록 문화적 접근성을 개선할 것을 강조하면서, 구체적으로 5개

---

19 김종법 외, 『한국의 문화정책과 세계의 문화정책』(한국학중앙연구원출판부, 2017), pp.126~127.

의 방향을 제시해놓고 있다.

첫째, 예술적 재능과 우수성 증진으로, 이것은 예술의 탁월성을 높이는 데 문화예술 정책의 방향이 맞춰져 있다. 이를 위한 중기계획으로 우수한 예술을 장려하기 위한 투자와 예술적 재능의 개발 및 발전을 위한 범국가적인 접근, 예술적 다양성을 장려하기 위한 접근 등이 포함되어 있다. 이러한 방향은 예술가 및 예술단체들에 대한 지원을 최우선으로 하되, 예술의 질적 발전과 다양한 예술의 확산을 위해 선택과 집중 방식의 지원 정책 추진을 의미한다고 볼 수 있다.

둘째, 더 많은 사람들이 예술을 경험하도록 지원하는 것이다. 문화예술 향유를 확대하는 조치이자, 이념적으로는 문화민주주의 정책에 기반한 내용이라고 할 수 있다. 방법론으로는 예술을 접할 수 있는 기회 및 장소 제공의 확대, 신규 관객 개발을 위한 펀드 기관의 참여 장려 등이 포함되어 있다.

셋째, 자생적이고 지속 가능하며 혁신적인 예술인데, 효율성 및 혁신성 증가를 위한 예술조직 간의 협력 강화에 비중을 두고 있다고 볼 수 있다. 즉, 예술 조직 간의 협력 및 협치를 도모하는 네트워크 거버넌스를 주문하고 있다.

넷째, 수준 높게 훈련된 다양한 분야의 예술 분야 리더와 전문인력 배출로 설정되어 있다. 이러한 방향은 예술계와 사회의 이익을 위해 가치와 지식, 기술을 공유할 수 있는 전문 예술인력 네트워크 구축 필요성을 역설하고 있는 것으로 분석할 수 있다.

다섯째, 어린이와 젊은이들에게 예술의 풍요로움을 경험할 기회를 제공하는 것이다. 이는 예술의 가치에 대한 인식을 어린 시절부터 키워야 하고, 미래 예술 소비의 주축이 될 젊은이들에게 예술에 대한 관심을 확산시킬 필요성이 존재한다는 판단에서 나온 전략으로, 예술적 경험 및 기회의 제공 방식 개선 등을 통해 이를 실현한다.

표 8-3 영국예술위원회가 설정한 문화예술정책 방향(2011~2020 추진전략)

주요 방향	실행 계획
예술의 탁월성 증진	• 우수 예술 장려 위한 투자 • 예술적 재능 개발 및 발전 위한 범국가적 접근 • 예술적 다양성 장려 위한 투자
국민의 예술 경험 확대	• 예술 향유 기회 및 장소 제공 확대 • 관광 및 디지털 플랫폼 통한 예술적 경험의 확대 강화 • 신규 관객 개발 위한 펀드 기관의 참여 장려
국가 브랜드 기여 혁신적 예술	• 효율성 및 혁신성 증대를 위한 조직 간의 협력 강화 • 예술 조직의 수익 기반 다양화를 돕기 위한 예술 분야의 비즈니스 모델 강화
다양화, 전문화된 예술 인력	• 예술계와 사회 이익을 위해 가치와 지식, 기술을 공유할 수 있는 전문 예술인력 네트워크 구축 • 예술 인력으로서 참여할 수 있는 동등한 기회 창출
아동과 청소년의 예술 경험과 역량 개발 기회 확대	• 아동 및 청소년의 예술적 경험 및 기회의 제공 방식 개선 • 아동 및 청소년들을 위한 예술의 기준 향상

출처: 홍유진, "해외 문화예술교육 정책과 동향," 한국문화예술교육진흥원 워크숍 자료집 (한국문화예술교육진흥원, 2014)을 참조하여 재구성.

2000년대 후반 글로벌 경제 위기를 겪으면서 침체기에 접어든 영국은 2010년 보수당과 자민당의 연합정부 출범으로 문화예술 분야에도 큰 위기를 가져왔다. 평균 30%의 공공분야 정부 예산 삭감과 함께 문화미디어스포츠부도 2010~2015년 총 30%의 예산이 삭감됐다. 예술기관의 운영비가 축소되고 영화위원회 같은 기관이 폐지됐지만, 정권의 바뀜과는 무관하게 기존의 문화예술 정책 방향은 그대로 유지되고 있다. 그러면서 영국 정부는 미래 문화예술정책의 방향을 2016년 발간한 문화예술 백서를 통해 제시했다. 이 백서는 전술한 영국예술위원회가 설정한 문화예술정책의 방향과 비슷한 맥락에서 살펴볼 수 있으며, 이를 보다 구체화한 형태를 보여주고 있다. 그것은 네 가지로 요약할 수 있다.

첫째, 태어난 환경과 무관하게 모든 사람은 문화예술에 대한 기회를 누려야 한다는 것이다. 이를 위해 어린이와 청소년 교육에서 문화예술의 역할과 중요성이 강조됐으며, 재능 있는 학생들의 재능 개발을 위한 지원 확대, 다양성 반영 등이 세부 목표로 설정됐다.

둘째, 문화적 풍요로움이 지역 사회에 혜택을 주어야 한다는 방향성이다. 이를 위해 건강한 지역사회의 경제 성장 구축을 위한 문화예술 활동 촉진, 지역 파트너십 관계 강화, 테트놀로지 활용 등이 구체적인 목표로 정해졌다.

셋째, 문화력은 영국의 국제적 지위를 높일 수 있다는 것이다. 글로벌 명성과 소프트파워 강화, 더 그레이트 캠페인을 통한 영국의 브랜드화 촉진, 세계 문화유산 보호 등은 세부 목표로 제시되었다.

넷째, 문화예술에 대한 투자, 회복 탄력성과 개선으로, 정부의 지속적 투자와 공공기관 지원, 혼합형 기금 모델 개발을 위한 지원 등이 목표로 설정되어 있다.

결론적으로 영국의 문화예술정책 방향은 문화예술의 가치에 대한 변하지 않은 인식을 토대로 정권의 변화와 무관하게 일관성을 유지하고 있으며, 특히 예술가 및 예술단체 대상의 창작 지원 정책과 향유 지원 정책은 영국 예술위원회 주도로 일관성있게 이루어지고 있음을 확인할 수 있다.

2) 정부 개입의 최소화

미국은 문화를 전담하는 부처가 문화예술정책 전반을 다루는 한국과 달리 연방정부 내에 문화부가 존재하지 않는다. 대신 여러 독립기관이 각 주의 문화예술정책을 지원하거나 문화예술 관련 비정부 기관을 지원하고 있다. 이것은 미국의 문화예술 지원정책 운영 방식이 분권적이고 간접적인 형태를 띤다고 볼 수 있는 대목이다.[20]

미국의 문화예술 지원정책의 방향은 기본적으로 정부의 개입을 최소화하는 전통에서 기인하는데, 이는 세 가지 인식에 기반하고 있다.

첫째, 사적인 동기와 자율성 중시로, 미국에서 문화예술은 철저히 사적인 영역으로 분류되고 있다. 따라서 문화예술에 대한 직접적인 지원 정책은 문화예술의 내용을 왜곡하고 국가에 의존하는 예술가들을 양산함으로써 창조성을 저해한다는 것이 일반적인 여론이다. 이러한 방향성하에 미국의 주 정부는 예술가 및 예술단체에 대한 지원보다는 지역 커뮤니티를 중심으로 다양한 문화예술 정책과 프로그램, 이니셔티 등 예술 관련 활동을 지원하는 것이다.

둘째, 분권 및 분산인데, 미국의 문화예술정책은 '예술가들은 지역적 기반 위에서 활동하며 예술 단체 역시 특정한 공동체에 뿌리를 내리고 있다'는 가정이 지배적이라고 할 수 있다. 이는 연방정부 차원의 예술 지원 정책이 지방정부에 비해 상당히 뒤늦게 추진될 수밖에 없음을 설명한다고 볼 수 있으며, 지방정부가 미국의 예술 진흥 구심점 역할을 해온 것이나 마찬가지다.

셋째, 미국은 특히 표현의 자유를 중요하게 다뤄 국가가 문화예술 영역에 개입하는 행위를 부정적으로 판단한다. 이러한 분위기는 미국이 문화예술정책 추진에 있어 콘텐츠보다 문화적·행정적 절차 문제에 보다 집중하는 특징을 보여온 것과 무관치 않다.[21]

---

20 김종법 외, 앞의 책(2017), p.199.
21 양종회 외, 『미국의 문화산업체계』(지식마당, 2003), pp.245~247.

표 8-4 주요 국가 중앙정부의 문화예술정책 담당 기구 비교

구분	독립부처형	통합부처형	부처관할 위원회형	완전독립 위원회형
대표 국가	프랑스, 한국	스웨덴, 네덜란드	영국, 캐나다	미국
부처 명칭	문화체육관광부	교육문화부(스웨덴), 복지보건문화부(네덜란드)	문화매체체육부(영국), 문화유산부(캐나다)	없음
중앙집권	매우 큼	약간 큰 편	거의 없음	없음
간섭 정도	매우 큼	약간 큰 편	거의 없음	없음
위원회명칭	한국문화예술위원회	국립문화위원회(스웨덴),예술위원회(네덜란드)	예술위원회	연방예술기금
위원회위상	산하기관	준독립기관	독립기관	완전독립기관

출처: 구광모, 『문화정책과 예술진흥』(중앙대학교 출판부, 2001), 양건열, 『주요 국가 문화예술지원 주요 프로그램에 관한 연구』(문화관광정책연구원, 2003), p.21을 참조하여 재구성.

미국의 문화예술 지원정책 방향은 영국의 그것과 마찬가지로 예술지원 체계의 중심적 역할에서 멀어져 있는 한국예술위에 적지 않은 시사점을 던진다. 즉, 정부의 간섭이 일절 배제된 완전한 독립형 위원회 형태를 띠고 있는 연방예술진흥기금이 의회로부터 직접 예산을 배정받는 독립 기구로서의 역할을 하면서, 미국 내 문화예술정책 방향을 실질적으로 이끌고 있다. 이러한 지원 체계는 민간이 실제 문화예술 활동의 주가 되고, 주 정부와 지방정부는 지역의 문화예술 활동을 적극 지원하는 역할로 이어지고 있다. 지방정부 차원의 문화예술 정책이 연방정부 차원의 그것보다 훨씬 활발하게 추진되고 있다.[22]

---

22 이종열, "미국의 문화 거버넌스 연구: NEA를 중심으로," 한국행정학회 동계학술대회 발표논

3) 문화부모형

프랑스의 문화예술 지원정책은 위원회형을 유지하고 있는 영국이나 미국과 달리 중앙 정부에 의해 수립되어진다고 해도 과언이 아니다. 조직형태 측면의 예술지원 방식과도 밀접한 상관성을 갖는다. 즉, 프랑스는 문화부모형, 부처분산모형, 위원회모형으로 크게 구분되는 조직형태 관점의 예술지원 방식 유형화에서 문화부모형에 해당한다. 문화예술 지원정책에 대한 중앙 정부의 개입 의지 정도가 높을수록, 중앙집권이 강할수록 문화부모형을 택하는 경향이 강하다.[23]

프랑스의 문화예술 지원정책은 1970년대 이후 큰 변화를 맞게 되었다. 1960년대 이후의 고도 소비사회의 도래, 새로운 형태의 사회적 분화와 질서의 고착화, 경제적 쇠퇴 및 국제 정세 변화 등 새로운 내·외적 갈등의 요소들이 놓이면서 문화예술정책의 방향 역시 일대 변화에 직면하게 됐다. '문화민주화'를 예술정책의 방향으로 정했던 앙드레 말로 시대의 구호는 새롭게 분출하는 문화적 에너지를 더 이상 현실적으로 수용하기 어려웠으며, 이후 프랑스 문화예술 지원정책은 '문화민주주의' 슬로건으로 재편되며, 크게 세 가지 방향을 지향하고 있다.

첫째, 진흥 전략으로, 대중이 문화예술에 가까워지도록 만드는 일체의 활동을 의미한다. 다양한 정책적 수단들이 구체적인 형태로, 예컨대 요금 할인, 무료 입장, 관람 시간 변경 혹은 연장, 정보 제공, 시설 개선, 각종 서비스 제공, 축제 형태 마련 등이 있다.

둘째, 자발적 전략은 새로운 대중을 표적으로 문화예술적 체험이 가능하도록 하는 일체의 활동을 지칭한다. 이것은 '대안적인 문화 공

문 (한국행정학회, 2002).

23 정창호·박치성·정지원, "문화예술지원정책 정책변동과정 분석," 『한국정책학회보』 제22권 4호(한국정책학회, 2013). p. 37.

간' 창출을 매우 중요하게 다루고 있다. 젊은 연주자들을 위한 연습공간 제공, 카페 음악, 앰프 시설, 도시 힙합 댄스 등 젊은 층의 관심과 결합된 문화예술 콘텐츠로 정책 영역의 방향 확장을 시도하고 있다.

셋째, 상호작용 전략으로, 고급예술과 대중예술의 결합, 문화예술에 대한 권리 차원에서 다양한 집단이 개인적 혹은 집단적으로 창작 활동에 참여하도록 만드는 환경이다. 즉, 문화에 대한 기존의 모든 위계질서를 거부하는 상대주의적 개념을 도입함으로써 새로운 문화예술 활동의 가능성을 모색한다.[24]

'문화민주화'와 '문화민주주의'라는 이념적 틀에서 전개되어온 프랑스 문화예술 지원정책은 프랑스 정부가 문화예술정책을 정치적 관점에서 접근했다고 볼 여지가 충분하다.

1959년 드골 정부가 문화부를 창설하고 앙드레 말로가 초대 문화부 장관으로 임명된 이후 1970년 이전까지 내세웠던 프랑스 문화예술 정책 방향의 네 가지 준거는 문화민주화, 문화민주주의, 문화적 예외, 문화적 다양성[25]이었다. 프랑스 문화부는 정권의 변동이 거듭되면서 문화예술에 대한 접근성을 높이는 문화 민주화에서 비전문가들의 창조적 활동을 돋우어 문화예술의 다양성을 높이는 데 초점이 맞춰져 있는 문화 민주주의로 정책 방향을 선회했다. 즉, 프랑스 문화예술정책의 방향은 상대적인 평등을 원칙으로 고급예술에 대한 대중적 접근성을 높이고 노동자 혹은 농촌문화와 같은 소수문화와 민족 혹은 젊은 세대와 같은 사회문화적인 정체성 확립을 목표로 했다.[26]

---

24 김종법 외, 앞의 책(2017), p.91.
25 문화적 다양성은 문화적 예외 개념을 대체하면서 세계화라는 상황 안에서 문화의 역할을 확장시키려는 개념으로 출현했다고 설명된다.
26 김선미·최준식, "프랑스 문화정책 준거의 발전과 문화의 민주화,"『인문학 연구』제21권(경희대학교 인문학연구원, 2012), pp.148~149.

문화부모형을 유지하고 있는 프랑스는 이러한 새로운 이념에 입각
하여 문화예술지원정책의 방향을 설정하고 있으며, 이 과정에서 정부
는 이를 추진하기 위한 도구적 수단이라고 할 수 있다. 현재 프랑스
정부의 문화예술 관련 예산의 총액 중 문화부가 직접 집행하는 금액은
4분의 1 정도이지만, 문화부가 프랑스 내에서 다양한 정부 기관과 지
방자치단체들이 실시하는 각종 문화예술정책의 핵심 기관임은 변함없
는 사실로 인식된다.[27]

Ⅱ 문화예술 지원조직 운영 방향

1. 네트워크 관리자

문화예술정책의 지원 체계에서 영국 예술위원회의 조직 운영 사례
는 예술지원 조직 및 기구의 방향성을 제시한다. 영국은 이른바 '팔길
이 원칙'을 예술지원의 근본 원칙으로 정부의 직접적인 개입보다는 독
립위원회(영국 예술위원회)와 A&B(Art and Business)[28]의 후원 역할을 중
심으로 하는 예술지원 조직 체계를 일관되게 유지하고 있다. 영국 정
부는 예술위원회에 예산지원 역할에 그치고 직접적으로 예술지원 업
무를 담당하지는 않는 것이다. 이는 영국 예술위원회가 예술분야 지원
에 있어 통합적인 직접 지원 관리라는 네트워크 관리자 역할을 하고

---

27 김종법 외, 앞의 책(2017), p.92.
28 A&B는 기업의 예술협찬을 촉진시키고 이를 지원하는 기업의 이익을 보호하기 위해 1993년
만들어진 민간 비영리 기관이자 일종의 메세나다. 잉글랜드 및 다른 정부들로부터 예산지원을
받으면서 기업과 예술단체 및 개인과의 협력관계를 가능하게 하는 활동을 하는 측면에서 또 다
른 네트워크 관리자로 분류할 수 있다. 한승준·박치성·정창호, 앞의 논문(2012), p.275.

있음을 명징하게 설명해준다.[29] 사실상 영국 정부와 독립적 관계를 유지하고 있는 영국 예술위원회는 예술지원 정책의 대표성을 갖는 기관으로, 이러한 기관에 대한 조직 구성 분석은 역할 및 기능 논란에서 자유롭지 못한 한국예술위원회의 운영 방향 설정 및 역할 정립에 긍정적으로 작용할 것이다.

1) 독립적 지위

영국 예술위원회는 국가위원회, 집행위원회, 지역위원회로 구성되어 있으며, 위원장은 3개 조직의 전체를 대표하는 기능을 수행한다.

우선 국가위원회는 매년 10차례의 회의를 여는 최고의결기구로서 영국 예술위원회의 비전과 목표 달성에 책임을 지고 있으며, 이를 위해 영국 예술위원회의 우선 사업 및 정책을 결정하고 예술가 및 예술기관에 대한 직접적인 혹은 지역위원회를 통한 투자 유치 역할을 한다.

국가위원회는 1명의 위원장과 5명의 지역위원장을 포함하여 총 14명의 위원으로 구성되어 있으며, 위원들은 예술가, 예술행정가, 예술 분야 학자, 공공 및 민간 조직의 대표 등 문화예술 분야 전문가들로 문화미디어스포츠부에 의해 임명되며 임기는 4년으로 재임할 수 있다.

집행위원회는 영국 예술위원회의 실무를 맡고 있는 조직으로, 사무총장과 부사무총장, 지역위원회 사무총장, 2명의 예술국장 등으로 구성되어 있다.

지역위원회는 영국 예술위원회가 기존에 9개였던 것을 2013년 이후 런던, 남동부, 남서부, 중부, 북부 등 5개 지역위원회 축소 개편하고 명칭을 Area Councils로 바꿨는데, 이는 2010년 정부의 예산삭감

---

29 한승준 외, 앞의 논문(2012), p.275.

계획에 따른 것이다.

하지만 지역위원회의 조직 운영 방향은 비교적 명확하게 설정되어 있다. 예술위원회의 전략을 바탕으로 공공자금이 적절하게 사용될 수 있도록 돕고, 각 지역에서 영국 예술위원회의 목표와 전략을 예술가 및 예술기관, 투자자들에게 이해시킬 수 있는 공개토론을 개최하며, 각 지역의 중요 이슈는 국가위원회에 조언하고 관할 지역의 예술적 능력을 발휘할 수 있도록 돕는 것이다. 하지만 문화예술 기반 여건에 따라 예산이나 창작활동 규모, 향유자 수의 지역적 격차가 큰 편이며 주로 런던지역에 편중되는 한계를 노출하고 있다.[30][31]

네트워크 거버넌스 관점에서 영국 예술지원 체계의 조직 운영 방향을 살펴보는 것은, 흔들리고 있는 한국의 예술지원 조직 운영에 하나의 해법으로 기능할 수 있다.

영국은 지방정부도 문화예술의 중요한 지원 기관으로 하나의 네트워크 거버넌스 축을 구성하여 왔다. 지방정부의 지원금은 각종 지방세와 중앙정부의 보조금을 받아 이루어지며, 지방정부가 지역 주민들을 위한 다양한 문화여가시설을 제공하는 것은 기본으로 되어 있다.

이러한 지방정부 외에도 10개의 지역예술위원회(Regional Arts Boards) 또한 지역 차원에서 예술을 지원했는데, 영국 예술위원회에서 분배한 지원금을 지역예술위원회는 각 지역의 예술기관과 지역을 기반으로 한 예술활동 지원에 사용했다. 예산 지원과 관련한 예술지원 체계 조직의 운영이 톱니바퀴처럼 굴러가고 있음을 알 수 있는 대목이다. 하지만 2002년 4월부터 영국 예술위원회와 10개의 지역예술위원회 간의

---

30 최보연, 앞의 보고서(2016), pp.37~38
31 ACE, *National Portfolio Organisations and Major Partner Museum: Key data from the 2013/14annual submission*, ACE(2013), pp.8~32.

법적 통합이 이뤄지면서 새로운 예술위원회가 지역사무실을 이끌고 통괄하는 역할을 담당하게 됐다. 이것은 통합을 통해 좀 더 효율적이고 효과적인 문화예술 지원 체계를 만들려는 영국 예술위원회의 시도로 읽혀지고 있다.[32 · 33]

특히 네트워크 관리자의 역할을 중심으로 거버넌스 구조를 보면, 영국 정부와 영국 예술위원회와의 관계는 예산지원 및 관리감독의 관계로 형성되어 있지만, 여기서 관리감독이란 전통적인 계층제에 있어서의 톱다운 방식의 상하 관리감독이 아니라 집행된 내용에 대한 보고의 정도를 의미할 뿐이다.[34]

2) A&B

또한 영국 예술위원회와 예술단체 및 예술가의 관계에 관심이 쏠리는데, 이들 간의 관계는 기금 지원을 신청하고 지원을 받는 관계라고 볼 수 있으나 실제로는 전통적인 성과에 대한 관리감독의 관계라기보다 자율적인 창작활동을 위한 지원에 한정되는 경향이 크다. 이것은 노동당 정부 시절 문화예술 향유권 확대 정책을 펼치면서 정착된 측면이 있다.[35] 영국 예술위원회와 함께 예술지원 조직을 대표하는 A&B 역시 내부 관리자 역할을 하고 있다. 설립 자체가 정부와 같은 외부 정책 결정자의 필요에 의해 설립되었다기 보다는 필요에 의하여 설립

---

32 김경욱, 『문화재단』(논형, 2006), pp.140~141.
33 지역의 예술위원회와의 통합이 이뤄진 뒤 새로운 영국 예술위원회의 총괄 이사를 맡았던 Hewitt는 예술지원 통합의 의미를 설명한 바 있다. "이것은 조직의 구조변화를 구조의 변경이 아니다. 중요한 예술 지원 기관인 영국예술위원회와 지역예술위원회를 통해 이 나라의 예술을 다시 위치 시키고 영국 전체의 예술가들을 위해 좀 더 나은 구조와 영향력, 인식, 그리고 재원을 제공하기 위한 작업이다." The Arts Council England 홈페이지(2002).
34 한승준 외, 앞의 논문(2012), p.276.
35 이남국, 『영국의 중앙정부조직』 (한국행정연구원, 2001), p.63.

된 비영리기관이라는 측면에서 내부 관리자로 볼 수 있는 것이다. 역할 측면에서는 서로 성격이 다른 두 종류의 기관(민간 기업과 예술가 집단) 간의 협력을 도모하는 중재 역할을 하고 있어 네트워크 관리자 유형 중 후원자 유형으로 파악된다.[36]

이처럼 영국의 양대 예술지원 조직은 직접적인 기금지원 및 관리는 예술위원회가, 민간과 예술가 간의 전략적 파트너십 구축 지원은 A&B가 각각 수행하고 있으나, 두 기관 간에 예산지원 및 정책 관계는 긴밀히 연결되어 있다.

A&B는 정부의 역할인 민간과 예술가 간 파트너십 구축을 대신하면서 영국 예술위원회 및 다른 주 정부 산하 예술위원회로부터 직접적인 예산 지원을 받고 있는 것이 조직 운영의 두드러진 특징이다. 이러한 내용은 일종의 메세나 역할을 하고 있는 A&B의 영국 지형에서의

그림 8-2 영국의 예술지원 조직 거버넌스 체계

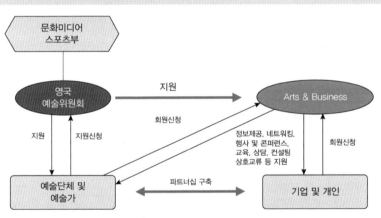

출처: 한승준 외, 앞의 논문(2012), p.276 재구성.

---

36 한승준 외, 앞의 논문(2012), p.276.

특수성으로 여길 수 있는데, 조직의 성격은 민간 비영리이지만 조직운영은 권한이양 정책의 일환으로 정부 조직과 밀접한 관계가 있는 통합적인 지원관리 체계라는 점에서 영국의 예술지원체계의 조직 특징이 나타난다고 볼 수 있다.[37]

2. 정부와 예술지원기관의 분업 체제

1) 외부 장치의 구축

이러한 거버넌스와 관련해서 영국 예술위원회는 명목적 자율성만 유지하고 있는 한국예술위에 적지 않은 고민거리를 던지고 있다. 우선 조직 구성 및 운용에서부터 차이점이 두드러진다. 한국예술위의 경우 문화체육부 장관의 위원장과 위원 임면을 견제하는, 즉 정치적 자율성 보장의 첫 단추를 꿰는데 필요한 외부 장치가 전혀 구축되어 있지 않지만 영국예술위는 그렇지 않다. 영국예술위는 문화부 장관의 위원 임면 과정에서 공직임용감독관실 감시를 받게 되어 있다.[38] 장관의 독자적인 결정에 대한 부담을 덜어주고 인사의 신뢰를 확보하기 위한 장치로 이해할 수 있다.

또한 네트워크 관리자로서의 역할에 충실하면서 산하 지역위원회[39]

---

37 위의 논문(2012), p.277.

38 정종은, 앞의 논문(2014).

39 영국예술위 산하 지역위원회는 현재 런던, 미들랜드, 노스, 사우스 이스트, 사우스 웨스트 등 5개 위원회로 운영되고 있다. 전신은 1973년 설치된 RAB(Regional Arts Board)로 2003년 영국예술위와 통합되기 전까지 영국의 지역단위 문화예술진흥의 기본 체계였다. 공모로 선출되는 지역위원장들은 당연직으로 영국예술위의 예술위원으로 근무한다. 지역의 관점에서 중앙의 정책 결정에 영향을 미치거나, 전국을 포괄하는 기금 지원 사업으로서의 국가 포트폴리오기관 사업의 지역별 결정을 도출시키는 등 핵심적인 역할을 하고 있다. 한국문화예술위원회, 앞의 보고서(2020), p.41.

를 통해 지역문화예술을 진흥시키는 체계로 이끌고 있는 것은 지방 분권적 정책 상황의 관점에서 이해할 수 있다. 즉, 영국예술위는 창작 중심의 예술지원에 집중하면서 소홀하기 쉬운 지역의 문화예술 생태계 조성을 돕기 위해 지역위원회를 활용하고 있다. 지역위원회는 영국예술위의 전체 위원 14명 중 5명으로 구성되는데, 영국 정부는 물론 상급기관인 영국예술위로부터도 운영의 통제를 받지 않는 '팔길이 원칙' 하에 지역 중심의 예술정책에 대한 책임성을 지닐 뿐만 아니라 지역의 예술 현안 및 이슈 제기 역할을 수행하고 있다.[40] 즉, 영국예술위가 국가 단위의 예술지원 정책을 추진하고 있다면, 산하 지역위원회는 지역의 문화예술발전을 위한 제반 기능을 하고 있는 것이다.

결론적으로 영국의 예술지원 체계를 정리하자면, 영국 정부는 문화예술정책을 입안하고 재원을 마련하는 역할을, 영국예술위는 문화예술 활동을 지원하는 전문 기관으로서의 역할을, 영국예술위 산하 지역위원회는 지역의 문화예술 활동 지원을 전담하는 역할을 각각 이행하는 구조라고 할 수 있다. 이러한 바탕에는 '팔길이 원칙'이라는 운영의 불간섭 법칙의 철저한 작동이 자리하고 있다.

Ⅲ 문화예술 재정 운용 현황

1. 재정과 문예기금 사업

준정부 기관으로 출발한 한국예술위의 정체성은 순수예술 분야의 지원으로 요약할 수 있다. 정부가 예술가의 창작을 직접 지원하는 경

---

40 한국문화예술위원회, 앞의 보고서(2020), p.42.

우도 있지만 예술위로 바뀐 이후에는 예술가 창작 지원 및 국민들의 문화 향유는 온전히 예술위 몫이다. 이를 구체화하기 위한 방법론이 바로 예술지원 정책인데, 이는 예술단체가 창작 및 공연을 위해 필요로 하는 기초적인 자금을 정부 및 지방자치단체, 국가기관 등에서 지원하는 것을 의미한다. 이러한 예술지원 정책의 재정 운용은 기본적으로 공적자금의 테두리 내에서 진행되며, 크게 세 가지 측면에서 살펴볼 수 있다.

첫째, 지원예산 분배 담당 부처인 문화체육관광부의 지원, 둘째, 지방자치단체의 지역문화예술 진흥기금 및 문화예술 예산에 의한 지원, 셋째, 문화예술진흥기금으로 운영하는 한국예술위와 한국방송공사, 한국국제교류재단 등 특수법인으로부터 지원되는 기금 또는 공익자금 등의 재정지원이 이루어지고 있다.[41] 그 중에서 예술지원 체계의 최대 역할을 하고 있는 한국예술위의 '시드머니'인 문화예술진흥기금은 재

표 8-5 2018년 문화예술진흥기금 단위사업별 지원 현황

단위사업명	세부사업명	사업비(100만 원)
예술 창작역량 강화	• 예술창작지원 • 국제예술교류지원 • 예술인력육성	• 34,191 • 5,760 • 13,641
지역 문화예술 진흥	• 지역문화예술지원 • 예술의 관광자원화	• 7,389 • 25,370
생활 속 예술 활성화	문화예술향유지원	• 118,119
예술가치의 사회적 확산	예술정책 및 기부활성화	• 29,851

출처: 한국문화예술위원회 내부자료(2018)를 참조하여 재구성.

---

41 남경호, 앞의 논문(2018).

정 운용을 대표한다고 해도 과언이 아니다.

한국예술위 제도 전환 이후 문예기금을 통한 문화예술진흥 사업 영역은 크게 다섯 가지 단위사업으로 구분하였으나 문재인 정부 들어 네 가지로 축소 운영되고 있다. 단위사업을 축으로 다시 세부사업, 세세부사업으로 나뉘어져 있다.

2018년 기준으로 예술창작역량강화, 지역문화예술진흥, 생활 속 예술활성화, 예술가치의 사회적 확산 등이 해당 단위사업들이다.

1) 기금 사업의 적정성

이러한 네 가지의 단위사업 추진을 위해 막대한 문예기금이 투입되고 있으나, 사업의 적정성을 둘러싼 논란도 적지 않다. 문예기금에서 지출되는 한국예술위의 사업과 유사한 사업을 정부 산하의 외부기관에서도 시행하고 있기 때문이다. 한국예술위와 다른 기관들이 100% 동일한 사업을 시행하고 있는 것은 아니지만 사업의 목적이나, 지원대상, 내용면에서 유사성을 가진 사업이 다수 존재한다.

창작, 복지, 교육, 인력파견, 국제교류, 향유 등 사업분류 체계 내에서 다른 기관 사업 분야의 유사 중복성이 나타나고 있으며, 이에 따라 각 기관의 기능 조정 필요성이 요구되고 있다.[42] 예컨대 한국예술의 우수성을 세계에 알리는 '한국문화예술세계화' 사업, 민간예술단체의 해외시장 진출 및 유통활성화를 위한 사업, 기반조성사업 등 세부분야별로 문예기금 지원사업과 유사 사업을 시행하고 있는 예술경영지원센터와의 역할 분담이 필요하다는 것이다.[43]

---

42 김세훈, 『2014년 문예기금 지원사업 종합진단 및 개선방안 연구』(문화체육관광부, 2015), p.154.
43 김세훈, 앞의 보고서(2015), p.154.

2) 중첩성

문예기금의 향유 지원 사업도 중첩성 논란에서 자유롭지 못하다. '소외계층 문화역량강화' 사업에서 '문화예술향유지원' 사업으로 이름만 변경됐을 뿐, 이 사업은 기본적으로 문화소외계층을 대상으로 한다는 점에서 한국문화예술교육진흥원의 사회문화예술교육지원사업과 수혜 대상이 겹칠 가능성이 있다. 농산어촌 지역의 어린이와 노인 대상의 한국문화예술교육진흥원 '농산어촌 이동형 문화예술교육지원 — 움직이는 예술정거장' 사업은 문예기금의 '통합문화체육관광이용권', '소외계층문화순회' 사업에도 해당 지역과 대상이 포함되어 있다.[44]

이러한 측면은 문예기금 고갈과의 연관성 관점에서도 분석이 필요하다. 즉, 문예기금 고갈에 대비해 사업에 대한 선택과 집중은 물론 다

표 8-6 연도별 문화예술진흥기금 조성 현황 (단위: 100만 원)

년도	1973~2003	2004	2005	2008	2009	2011	2013	2014	비율(%)
국고	184,722	–	–	–	–	–	–	–	7.3
모금	410,252	7,943	268	–	–	–	–	–	16.5
이자수입	413,914	28,376	28,909	25,922	17,306	14,402	6,836	17,529	25.4
기부금	9,906	4,709	6,509	10,542	10,403	14,275	19,454	10,695	5.2
복권기금	–	44,584	50,406	19,800	21,800	48,000	58,121	61,300	19.2
경륜경정 전입	–	–	–	–	–	25,387	21,102	29,244	5
기타	260,829	10,739	9,948	8,642	8,315	6,483	32,655	178,37	21.5

출처: 한국문화예술위원회 내부자료를 참조하여 재구성. 기타는 뉴서울골프장 운영 수입, 임대수입, 사업수입, 잡수입 등.

---

44 위의 보고서(2015), p.153.

른 외부 기관 간의 과감한 협업 시도, 역할 분담 등 새로운 전략 마련을 시사한다. 이는 문예기금을 운영하는 주체인 한국예술위에 사업의 특화를 주문하고 있다. 한국예술위가 예술창작지원과 예술인력육성, 향유 분야 사업에 역량을 집중할 수 있도록 해야 한다.

2. 영국의 문화예술 재정 운용

우리나라처럼 '기금'이라는 형태의 재정 수단을 통해 문화예술 재정을 운용하고 있는 주요 국가로는 영국, 미국, 캐나다, 일본, 호주 등이 있다. 영국은 예술위원회, 미국은 연방예술진흥기금, 캐나다의 경우 예술위원회, 호주는 예술위원회(Australia Council for the Arts: ACA), 일본은 예술문화진흥기금에서 각각 이러한 기능을 수행하고 있다.

이 가운데 예술지원 정책의 주요 모델로 분류되는 영국 예술위원회는 안정적인 재정 운용이 두드러지는 편이다. 2012~2013년 기준으로 총 수입 1조 2,980억 원 중 63% 수준을 국고에서 지원 받았는데, 이 같은 규모는 한국문화예술위원회 예산의 거의 10배에 이르고 있다.[45]

1) 정부보조금과 복권기금

비정부기구의 정체성을 일관되게 견지하면서 영국의 예술시장을 개발하고 후원하는 역할을 하고 있는 영국 예술위원회를 재정적으로 뒷받침해주는 든든한 지렛대는 정부보조금(국고지원), 복권기금, 민간기부 등 3각축으로 설명되는데, 이 중 정부보조금과 복권기금 비중이 절대적이다.

2000년부터 2015년까지 영국 예술위원회의 연례보고서를 보면, 재

---

45 채경진·박양우, 앞의 논문(2015), p.15.

연도	합계	정부보조금		복권기금	
	금액	금액	비율(%)	금액	비율(%)
2014~2015	722,660	449,371	62	273,289	38
2013~2014	691,521	460,721	67	230,800	33
2012~2013	739,380	469,227	63	270,513	37
2011~2012	604,102	393,602	65	210,500	35
2010~2011	618,251	438,523	71	179,728	29
2006~2007	569,465	426,531	75	142,934	25
2002~2003	452,522	289,405	64	163,147	36
2001~2002	447,707	251,455	56	196,252	44
2000~2001	420,584	237,155	56	183,429	44

표 8-7 영국 예술위원회 재정 현황 (단위: 1,000파운드)

출처: 영국예술위원회, 『Annual Report and Accounting』 2000~2015년 자료를 참조하여 재구성.

정은 매년 증가하고 있는데, 그 원인은 정부보조금이 아닌 복권기금의 점진적 증가에 기인하는 것을 알 수 있다. 2000년에 56%였던 정부보조금은 3년 뒤엔 76% 수준까지 뛰었지만 이후 지속적으로 떨어져 2015년엔 62%를 기록한 반면, 복권기금의 비율은 2008년 24%에서 매년 높아져 2015년에는 38%를 보이고 있는데 이는 <표 8-7>에서 확인할 수 있다.

영국은 복권기금 개혁을 통해 문화예술 지원 기금을 확대한 측면이 강하다. 이는 복권기금을 예술지원을 위한 재정 운용의 키워드로 삼겠다는 영국 정부의 의중이 잘 반영된 조치라고 볼 수 있다.

1994년 보수당 정권 때 탄생한 영국의 국립복권은 당시 정부가 다섯 가지의 '좋은 일'(good causes)[46]에 복권수입의 절반을 사용한다고 발표

---

46 다섯 가지의 좋은 일이란 예술, 체육, 문화유산, 비영리활동, 밀레니엄 기념사업 등을 의미한다.

하면서 예술 분야 지원을 사실상 명문화했다.

영국 정부는 복권기금의 다른 분야 전용과 정치적 목적을 위한 활용을 방지하기 위해 '복권기금독립법'(National Lottery Independence Act: NLIA) 제정을 약속했다.[47] 기존에 사회 서비스 분야에 사용되던 기금 중 일부가 예술지원 재정으로 전환되는 효과를 겨냥한 것으로, 영국 정부의 문화예술 분야 안정적 지원을 위한 의지를 읽을 수 있다.

영국은 2012년 기준으로 2조 3,368억 원의 복권수입금 중 25.6%인 5,984억 원을 문화예술분야에 지원하고 있다. 우리나라의 경우 4% 정도를 문화예술 분야에 배분하는 것에 비하면 6배 이상 높은 수치인 것이다.[48]

영국 예술위원회 사례에서 주목되는 지점은 경제위기로 인한 내수경제 악화와 지속적인 정부예산 감축으로 인해 2015년부터 3년 동안 복권기금이 개별 예술가 및 단체지원을 중심으로 하는 '예술보조금 사업'(Grants for the Arts)의 주된 재원으로 활용됐다는 사실이다.[49] 이는 정부의 재정위기로 국가보조금 지원이 여의치 않을 경우 한시적으로 복권기금의 주재원화를 허용했다는 의미로 받아들여진다. 그러나 영국 예술계는 이러한 정부 조치를 강력 비판하기도 했다. 원칙적으로 복권기금의 보조성 원칙을 위배하는 것인 동시에 기존 예술지원 재원구조의 불안정을 야기할 뿐 아니라, 궁극적으로 예술에 대한 정부지원의 의지가 약화될 것이라는 이유에서다.[50] 하지만 이러한 논란에도 불구하고 영국의 예술분야 지원은 정부보조금을 중심으로 구조화되어 있다는 것은 의심의 여지가 없다.

---

47 주효진·장봉진, "문예진흥기금 확보방안에 관한 연구," 『한국자치행정학보』 제31권 2호(한국자치행정학회, 2017), p.313.
48 채경진·박양우, 앞의 논문(2015), p.18.
49 김세훈, 앞의 보고서(2015).
50 위의 보고서(2015), p.64.

2) NPOs

영국 예술위원회의 재정은 상당 부분이 NPOs로 불리는 국가포트폴리오기관 지원사업(National Portfolio Organizations)에 할애되고 있는데, NPOs를 통해 총 660개가 넘는 예술기관을 지원하고 있다. 규모로 따지면 2015년 기준 영국 예술위원회의 예술지원의 총 지출 대비 연간 평균 61%를 차지하고 있어 영국 예술위원회의 중심 사업이라고 할 수 있다. 이 외에도 예술기관의 재개발 및 재생 프로젝트나 단기 혹은 중장기 사업과 연관성이 깊은 전략적 펀딩 지원사업, 예술보조금 지원사업, 문화예술 교육 사업 등에 재정이 투입되면서 탁월한 예술창작에 대한 지원 강화와 모든 국민의 문화예술 향유기회 증진이라는 영국 정부의 문화예술정책 방향에 부합하기 위한 재정 운용이 이뤄지고 있는 것이다.

표 8-8 영국 예술위원회 재정 운용 영역 및 비중(2014~2015년)

(단위: 1,000파운드)

구분	2014년		2015년	
	금액	비율(%)	금액	비율(%)
국가포트폴리오 기관 지원 사업(NPOs)	311,200	46.38	519,400	60.97
전략적 펀딩 지원사업	118,900	17.72	148,500	17.43
예술보조금 지원사업	69,900	10.42	78,200	9.18
문화예술교육사업	68,500	10.21	62,400	7.32
박물관 지원	43,000	6.41	40,300	4.73
도서관 지원	3,000	0.45	3,100	0.36

출처: 최보연, 앞의 보고서(2016), p.41을 참조하여 재구성.

3. 미국, 프랑스, 캐나다의 문화예술 재정 운용

1) 비영리단체의 후원

미국 연방예술진흥기금의 재정은 책정된 기금과 트러스트 기금으로 구성되는데, 매년 예산이 감소하고 있는 상황이다. 그러나 경제계 CEO와 예술행정가, 예술가, 신진예술가 등으로 구성된 비영리단체 미국예술연합(Americans for the Arts)이 강력한 후원자 역할을 하면서 예산 문제에서 비교적 자유로운 것은 물론 정부 및 정계의 압력행사, 대국민 홍보 등에도 적극적으로 나서고 있다. 미국 연방예술진흥기금은 전체 지원예산의 80% 이상이 지원 프로그램에 투자되고 있으며 직접 지원과 주 및 지역 파트너십 사업, 예술교육, 연구 등으로 구성되어 있다.[51]

표 8-9 미국 연방예술진흥기금의 예산 책정 현황		(단위: 100만 원)
구분	2013년	2014년
직접 기금 지원	66,851	71,115
사업 지원	59,124	62,691
도전 아메리카	7,727	8,153
주/지역 파트너십 지원	44,568	47,602
기본계획 지원	35,095	37,585
소외계층	9,493	10,017
프로그램 지원	2,188	2,297
급여 및 경비	27,666	28,057
합계	141,275	149,072

출처: 미국 연방예술진흥기금 홈페이지(2013~2014)를 참조하여 재구성.

---

51 채경진·박양우, 앞의 논문(2015), p.17.

표 8-10 캐나다 예술위원회 재정 현황

구분	2014년	비율(%)	2013년	비율(%)
정부지원금(국고)	1,612억 원	95	1,605억 원	93
투자수입	65억 900만 원	4	94억 8,000만 원	6
기타(기부금 등)	14억 8,000만 원	1	15억 3,600만 원	1
총 재원규모	1,692억 2,000만 원	100	1,715억 4,000만 원	100

출처: 캐나다 예술위원회 Annual Report(2013~2014)를 참조하여 재구성.

캐나다 예술위원회의 재원은 정부에 절대적으로 의존하고 있다. 정부 지원금이 전체 예산 규모의 평균 93~95% 정도다. 2013~2014년 기준으로 총 재원 규모는 1억 9,100만 캐나다 달러(한화 1,692억 원 수준)로, 이중 정부 지원금은 95% 수준이었다. 캐나다의 예술지원은 거의 전액 국고를 통해 충당된다고 볼 수 있는 대목이다. 이러한 재원 구조는 국고보조금과 복권기금이 지탱하는 영국 예술위원회와 책정 기금 및 트러스트 기금으로 운영되는 미국 연방예술기금의 형태와 대비되지만, 운영의 자율성 및 독립성 보장 측면에서는 세 나라가 동일성을 띠고 있다고 할 수 있다.

캐나다 예술위원회의 국고지원금은 매년 의회에 의해 결정되어 캐나다 유산부를 통해 전달된다. 정부 보조금 외 캐나다 예술위원회의 재원으로는 기금수입 및 기부금 등이 있지만 그 규모는 미미한 편이다.

2) 1% 예술제도

영국과 함께 문화강국으로 꼽히는 프랑스는 예술위원회 체제를 운영하고 있지는 않지만, 문화부 산하에 국립조형예술센터, 국립영화센터, 국립서적센터 등 다양한 행정형 책임운영기관을 통해 문화예술 분야를 지원하고 있다. 프랑스의 문화예술 분야 예산은 국비 및 지방비로 재원을 구성하고 있는데 지방자치단체의 경우 문화예술 분야 예산이 전체의 10%를 넘는다. 이는 프랑스 문화예술 육성에 지자체가 재정 확장을 통해 적극성을 띠고 있다는 사실을 보여주는 것으로, 특히 1983년에 제정된 지방분권법에 따라 박물관과 도서관 운영을 위한 재정적 지원이 두드러지고 있다. 프랑스의 문화예술 재원 확보 방안의 특징 중 하나는 공공건축물의 건축비 중 1%를 예술 창작을 위해 의무적으로 배정토록 되어 있는 '1% 예술제도'로 요약할 수 있다. 1983년부터 시행된 '1% 제도'는 국가와 지자체의 강제 조항으로, 공립 교육기관 설립 시 건설비의 1%를 해당 교육시설을 위한 예술작품 구매에 활용하기 위해 시작됐으나 지금은 사실상 창작지원제도로 정착하면서 프랑스 문화예술 분야 발전을 위한 재원 확보에 효자 역할을 톡톡히 하고 있다.

표 8-11 프랑스 문화예술 예산 규모   (단위: 1억 유로, 2016년 기준)

구분	문화산업, 미디어, 도서 등 분야	문화연구개발	합계
	44	29	73

출처: 프랑스 문화통신부 홈페이지를 참조하여 재구성.

04

한국의 문화예술 지원체계 분석

CHAPTER

09
현안과 쟁점

I 정책의 집행과 운영의 결여

　예술지원 체계에서 정책지원은 정책의 내용을 실현시키는 과정으로, 정책집행(policy implementation)과 같은 의미로 이해할 수 있다. 여기서 정책내용 실현의 핵심은 정책수단 실현과 동일하게 파악된다.

　그러나 정책수단이 실현되더라도 정책목표가 반드시 달성되는 것은 아니다. 정책수단이 실현되었는데도, 다시 말해 정책지원이 이뤄졌는데도 정책목표가 달성되지 않은 경우는 정책목표와 수단 사이에 처음부터 인과 관계가 존재하지 않았거나 정책지원 과정상의 잘못으로 정책효과가 나타나지 않은 경우에 해당된다고 할 수 있다. 이 때 정책목표와 정책수단 사이에 존재하는 인과 관계를 이론이라고 하는데, 잘못된 이론에 따라 정책수단을 선택하면 정책수단과 목표 사이에 인과 관계가 존재하지 않아 정책지원 효과가 나타나지 않게 된다. 즉, 정책에 인과 이론이 없다면 아무리 정책이 충실히 지원되어 지원의 산출물이 나오더라도 정책목표가 지향하는 성과 또는 정책효과를 기대할 수 없는 것이다.[1]

---

1 정정길 외, 앞의 책(2011), p.511.

이러한 맥락에서 예술지원 정책에 입각한 한국문화예술위원회 중심의 한국적 상황의 예술지원 체계는 효과성을 발휘하고 있다고 보기엔 어려운 측면이 곳곳에서 목도된다. 이것은 예술지원 정책 목표가 올바르게 설정되지 않았거나, 설령 목표 설정이 정확했더라도 정책의 수단이 효율적으로 작동하지 않았다는 의미로 볼 수 있으며, 결과적으로 정책목표와 수단 사이의 인과 관계의 허술함을 제기할 수 있는 대목이다.

1) 지원 제도

한국적 상황의 예술지원 체계에서 나타나고 있는 정책지원 차원의 대표적인 문제점은 지원제도와 관련된 내용들이라고 할 수 있다. 이는 네 가지 측면에서 파악할 수 있을 것이다.

첫째, 정책 결정 과정의 불투명성이다. 한국예술위의 지원사업 정책을 결정하는 과정은 공개되지 않아 예술인들은 한국예술위가 어떤 정책을 결정하고 시행하는지 알 수 없는 구조를 보이고 있다. 주요한 정책 사업이 갑자기 없어지거나 신설되는 경우가 적지 않았지만 그것에 대한 이유와 진행 과정을 전혀 알 수 없었던 것이다. 이는 예술지원 정책 전반에 대한 예술현장 수용도를 떨어뜨리면서 지원 체계 불신으로 이어지고 있고, 지원사업 심의 및 심의 과정의 전문성, 공정성, 투명성에 대한 지속적인 문제 제기로 이어지고 있다.[2]

또한 지원 공모와 심의, 교부 시점이 예술현장과 맞지 않는 정책지원과 현실 사이의 미스매치는 사업 선정 작품들이 비수기에 공연해야 하는 부작용을 일으키거나 해당 예술단체의 예산편성 등 사업계획

---

2 한국문화예술위원회, 『사후평가를 통한 문화예술지원 확대 방안 연구』(한국문화예술위원회, 2019), p.21.

수립에도 부정적인 영향으로 나타나고 있다.

이에 더하여 한국예술위와 광역자치단체 소속의 문화재단과의 관계 및 성격이 유기적이지 않다는 것은 예술지원 체계 제도의 한계를 노출시키고 있으며, 이는 문화예술 현장 수혜자 입장에서 체감하는 재정적 지원 수준이 매우 낮은 결과로 반영되고 있다.[3]

둘째, 중앙정부 중심의 위계적 정책지원 전달 체계는 공급자 관점의 문제로 해석할 수 있다. 이는 현행 예술지원 체계가 상위 기관의 규정성이 강력하게 작동하는 체계라는 의미로, 정책적 협의 기능은 매우 제한적이며 중앙과 지역 간 재정분담 및 행정서비스 전달 통로로 구조화되어 지역 문화재단 등 중앙에서 지원하는 기관의 사업운영 자율성을 위축시키고 예술현장과 시민 등의 수요자 정책 반영이 불가능한 결과로 나타나고 있다.[4] 이러한 논의는 지역 현장의 정책 수요가 제대로 반영되지 못한 하향식 운영 체계의 문제로 확대될 수 있다. 즉, 국비와 지방비의 매칭을 통한 지역협력형 사업이 양적으로 확대되고 있는 상황임에도 불구하고 사업별 재원배분 기준의 정책적 일관성이 미흡하다는 것이다.[5]

셋째, 정책 지원 사업의 편중성을 들 수 있다. 예술지원 정책은 크게 창작지원 정책과 향유지원 정책으로 구분할 수 있는데, 향유지원 사업 비중이 지나치게 높다는 것이다. 이는 수치상으로도 확인되고 있다.

2014년부터 2018년 사이에 이뤄진 한국예술위의 단위사업별 지원 금액 운용 결과를 보면, '예술창작역량강화'(창작지원) 사업 기금은 2014년 689억 원에서 2015년 465억 원으로 급감한 후 크게 변동이 없는 반면

---

3 한국문화예술위원회, 『문화예술지원방식 다변화 방안 연구』(한국문화예술위원회, 2020), p.41.
4 이규석, 앞의 자료집(2017), p.48.
5 위의 자료집(2017), pp.48~49.

표 9-1 한국문화예술위원회 단위사업별 지원금(2014~2018년)

(단위: 억 원)

정책지원 사업 유형	예술창작역량 강화	생활속 예술활성화 (2017년까지 존속)+예술가치의 사회적 확산	지역문화 예술진흥
2014년	689	803	248
2015년	465	809	248
2016년	458	1,233	505
2017년	454	1,386	319
2018년	478	1,480	321

출처: 한국문화예술위원회, 『사후평가를 통한 문화예술지원 확대방안 연구』(한국문화예술
위원회,2019), p.39를 참조하여 재구성.

향유지원 사업인 '생활 속 예술 활성화'를 포함한 '예술 가치의 사회적
확산' 기금은 2015년 809억 원에서 2016년 1,233억 원으로 급증한 이
후 계속 증가하고 있다.

특히 문화예술진흥기금 공모사업 심의 및 지원제도가 개편되면서
2016년에 창작지원 사업들이 대거 폐지됐는데, 이는 창작지원과 향유
지원 정책의 균형이 무너지는 결과로 나타났다. 예컨대 아르코문학창
작기금사업, 우수문예지 지원사업, 문학행사 및 연구지원, 시각예술행
사지원, 사립미술관 네트워크 활성화, 공연예술 발표 공간 지원 사업,
창작산실 대본 공모사업, AYAF 사업, 융복합 예술창작지원(다원예술 창
작지원) 등이 없어진 대표적인 기초예술 지원 사업들이다. 이같은 창작
지원 규모의 대폭 축소는 기초예술의 위축을 가져올 수 있는 것은 물
론 창작지원과 향유지원 사업 간 단절과 불균형의 심화로 이어지고 있
다. 즉, 예술가 및 예술단체의 창작지원은 지역문화예술진흥, 예술가치

의 사회적 확산 등 다른 두 단위사업의 기초가 되며, 각 단위사업은 서로 순환하는 관계를 맺어야 하지만 현재 각 단위사업에서 창작 유통 되는 예술의 내용을 들여다보면 단절 현상이 뚜렷하다는 것이다.[6]

이러한 논의는 창작과 향유를 별개로 지원하는 이원화 정책 기조의 논란으로 확대되는 측면이 있다. 다시 말해, 창작지원 중심의 작품과 향유 중심의 작품을 구분하여 따로 접근하는 것이 적절한 것인지에 대한 문제 제기인 것이다. 이와 관련하여 아르코혁신TF 보고서는 "좋은 작품이 창작되고 지역 곳곳의 국민들에게 선보일 수 있는 연계성이 부족하다"고 진단하기도 했다.[7] 이는 창작과 향유지원 정책의 이분법적 구분이 갖는 한계를 지적한 것으로 보인다.

넷째, 공공지원금 배분의 착시 현상과 비영리 예술지원 기구로서의 정체성 혼란으로, 2018년 공연예술창작육성 세세부사업 중 대한민국 공연예술제(구 공연예술행사지원) 사업에서 그 사례를 확인할 수 있다. 342억 원에 달하는 예술창작지원 세부사업 중 공연예술창작육성 사업은 총 220억 원으로 외관상 상당한 비중의 사업으로 보이며, 이중 대한민국공연예술제 지원이 89억 원으로 공연예술창작산실 규모 86억 원을 상회하고 있다. 하지만 대한민국공연예술제 지원 사업 중 대부분이 세계마술올림픽, 청소년트로트가요제, 대한민국 행복바라미 문화대축전 등 행사성 축제로 기초예술 창작지원이라는 기금의 목적과의 합당성이 결여되어 있다.

특히 대한민국 공연예술제 사업 가운데 기초예술 지원과는 거리가

---

6 한국문화예술위원회, 앞의 보고서(2019), p.40.
7 아르코 혁신 TF, 앞의 보고서(2018), p.55. 이 보고서는 한국예술위가 가장 기본적으로 충실해야 할 정책은 창작자 지원이라고 강조하면서, 기초예술이 활발하게 만들어질 때 이를 향유하는 기회는 자연스럽게 늘어날 것이고, 일반 국민의 예술 감상 능력도 고양될 수 있다고 덧붙였다.

표 9-2 한국문화예술위원회 국회 지정 사업 현황 (단위: 100만 원)

연도	사업명	예산	비고
2020	허황후스토리창작오페라제작	500	국회 증액
	서울국제무용콩쿠르	500	국회 증액
	독도사랑축제	250	국회 증액
	윤이상평화상제정	163	국회 증액
	국제아트페어개최	200	국회 증액
	국제일루전페스티벌	450	국회 증액
2019	서울국제공연예술제	990	국회 조정
	독도사랑축제	250	국회 조정
	부산국제매직페스티벌	500	국회 조정
	서울국제무용콩쿠르	400	국회 조정
	이마에스트로연주회	40	국회 증액
	아시아아트페어지원	100	국회 증액
2018	서울 K팝 공연	100	국회 증액
	제10회 대한민국청소년트로트가요제	250	국회 증액
	대한민국오페라축제	200	국회 증액
	아시아아트페어지원	100	국회 증액
	세계한민족미술대축제	400	국회 증액
2017	독도사랑축제	250	국회 증액
	서울국제무용콩쿠르	400	국회 증액
	대한민국행복바라미문화대축전	200	국회 증액
	대한민국독도음악제	100	국회 증액

출처: 한국문화예술위원회 내부자료를 참조하여 재구성. 국회 조정: 별도 증액 없이 공모 예산에서 감축 편성

멀다고 할 수 있는 국회 지정 사업이 적지 않은 것은 한국예술위가 정책지원과 관련하여 정치의 간여 등 외부 입김에서 자유롭지 않다는 사

실을 보여주고 있다.

<표 9-2>에서 확인할 수 있듯이 기초예술 분야를 지원하는 한국예술위의 본래 목적과는 달리 국회 지정 사업[8]은 미술, 아트페어, 트로트, K팝, 콩쿠르 등에 지원된 것이다. 이 같은 결과는 한국예술위의 사업 성격과 배치되는 것은 물론, 한국예술위의 예산 편성 시 핵심 절차라고 할 수 있는 사업 타당성 검사를 무력화한 측면이 있다.

표 9-3 공연예술창작육성 사업 중 대한민국공연예술제 지원사업(2018년 기준)

기초사업	공모 분류	사업내용	지원금
대한민국 공연예술제 (구 공연예술 행사 지원)	일반 공모	4억 3,200만×40건	17억 여원
	주요 지정 공모	대한민국연극제	7억 2,000만 원
		전국무용제	6억 원
		해비치아트페스티벌	4억 1,000만 원
		대한민국 발레축제	3억 6,000만 원
		한국뮤지컬어워즈	4억 원
		대한민국행복바라미 문화대축전	2억 원
		독도사랑축제	2억 5,000만 원
		제10회 대한민국 청소년 트로트 가요제	2억 5,000만 원
		세계마술올림픽	5억 원

출처: 한국문화예술위원회, 『사후평가를 통한 문화예술지원 확대 방안 연구』(한국문화예술위원회, 2019), p.120을 참조하여 재구성.

---

8 국회 지정 사업은 예산을 증액해 편성하는 경우가 대부분으로, 통상의 공모 사업보다 지원 금액이 큰 게 특징이다. 한국예술위는 공모를 통해 지원 사업을 선정하지만, 국회 지정 사업은 이 과정이 생략되고 사후 평가도 소홀한 편이다. 국회의원들이 예산 심의권을 무기로 표밭 관리를 위한 지역구 민원이나 선심성 행사 등에 한국예술위 예산을 끌어들이고 있다(국민일보, 2020.6.22.).

이처럼 지원 목적과 맞지 않는 지원 사업 구성으로 인해 예술창작 역량강화나 공연예술창작육성 지원 규모에 대한 착시 현상이 일어나고 있는 것이다.

2) 예술현장의 참여

예술현장의 참여 구조가 배제된 지원 체계라는 것도 정책지원 차원의 문제로 꼽을 수 있다. 이는 공공부문이 주도하고 공급자 중심의 예술지원 체계에서 민간영역과 예술현장은 원천적으로 제외되어 있다는 의미로, 수직적 관료제의 현행 예술지원 체계상 민간 및 예술현장 주체들은 협치와 거버넌스의 공식적 주체로 참여하지 못한 채 지원 사업의 수혜자나 문화예술 향유자로서 호출되고 있는 상황을 지칭한다. 이러한 현상은 문화예술정책의 기본 방향 중 하나인 문화민주주의 맥락에서 짚을 수 있으며, 이를 위해선 정책 결정이나 지원 사업 심사 과정에 적용되고 있는 전문가주의를 보완하기 위한 참여적 문화예술 거버넌스 체계 고민이 필요하다.[9]

1. 자율성 및 독립성의 한계

문화예술 분야 지원을 총괄하는 기관으로서 한국문화예술위원회의 탄생은 예술인들 손으로 위원회 체계 전환을 이룬 것으로, 자율적이고 독립적인 예술 지원 활동을 바라는 예술계의 기대감을 높여 놓기에 충분했다.[10]

위원회 체제 전환은 예술지원정책의 자율성 획득을 위해 확실하고

---

9 이규석, 앞의 자료집(2017), p.50.
10 성연주, 앞의 논문(2015)

구체적인 장치가 마련됐다는 것을 시사한다. 자율성이란 예술 가치에 대한 적극적인 옹호와 존중을 지칭한다고 볼 수 있다. 3장에서 일부 논의한 것처럼 예술위에 적용되는 자율성은 문화예술 분야의 자율성 개념 중에서도 정치적 자율성을 의미하는 것으로, 기본적으로 합의제 기구인 예술위가 권력 등 정치적 개입, 또는 통제로부터 벗어나는 것을 말한다. 자율성은 특히 전문성이 중요한 문화예술지원정책 영역에서 가장 중요하게 다루어지는 측면이 있다.

그러나 위원회 체제 전환 이후 예술위는 이 같은 자율성이 제대로 지켜지지 않으면서 합의제 기구라는 의미 부여가 무색해지고 있다.

1) 장르별 지원

단적인 사례는 일관성이 떨어지는 장르별 지원에서 확인할 수 있다. 이러한 비일관성은 노무현 정부에서 이명박 정부로 정권이 바뀐 이후 출범한 예술위 3기 체제가 정착된 2009~2010년에 특히 두드러졌다. 문학(2008년 18.7%, 2009년 24.4%, 2010년 12.8%), 연극(2009년 20.7%, 2010년 37%) 등 거의 모든 장르에서 급격한 변화가 이루어졌음을 <표 9-4>에서 파악할 수 있다. 이는 이명박 정부의 문화부가 예술정책의 전면에 내세운 '선택과 집중', '사후지원' 기조에 부합해 예술위가 조직 및 사업을 정비했는데, 이 과정에서 기금 지원에도 대대적인 전환이 이루어진 것이라고 볼 수 있다. 이처럼 일관성이 상실된 기금 지원은 정책 변화에 민감하게 반응하는 예술위의 상황을 그대로 보여준다.[11]

한국예술위의 설립 비전은 "정부의 영향력을 최소화하고 조직의 자

---

11 성연주, 앞의 논문(2015).

표 9-4 한국문화예술위원회 장르별 기금지원 (단위: %)

	2005	2006	2007	2008	2009	2010	2011	2012	2013
다원예술	4.2	3.5	4.6	5.8	6.4	3.1	4.2	5.7	7.4
무용	7.5	9.0	9.6	11.5	6.2	11.4	13.8	15.4	15.3
문학	17.4	14.4	15.3	18.7	24.4	12.8	14.0	12.5	14.6
시각예술	13.1	14.3	13.6	13.3	18.1	10.3	18.9	19.9	20.6
연극	25.3	15.5	21.8	17.8	20.7	37.0	27.7	25.0	21.3
음악	8.8	5.7	9.5	11.1	5.9	10.2	8.9	9.2	9.1
전통예술	13.3	11.0	13.5	15.5	7.4	14.1	9.1	10.5	9.9
문화일반	10.4	26.5	12.3	6.6	10.9	1.2	3.2	1.9	1.8

출처: 한국문화예술위원회 내부자료를 참조하여 재구성.

율성과 독립성은 확대한다"는 것이었다. 노무현 정부가 문예 진흥의 모토가 되었던 문화예술진흥법을 개정한 것은 한국예술위의 이러한 설립 비전에 공식적인 정당성 확보를 부여하기 위해서였다. 예컨대 문화예술진흥법 7장31조 기금의 관리 및 운용의 경우 "진흥원장은 매분기 말일을 기준으로 기금의 수납 및 기금 운용 현황을 매분기 다음달 10일까지 문화관광부 장관에게 보고하여야 한다"고 되어 있었으나, 2005년 삭제되었다. 예술위의 운영 자율성과 독립성 강화에 방점이 찍힌 조치로 이해될 수 있는 부분이다.

또한 6장 제23조의8(위원의 결격사유)과 6장 제23조의10(위원의 직무상 독립 등)을 신설 추가[12]했는데, 이는 정치권으로부터 인적 간섭을 배제하겠다는 의도로 읽혀지고 있다.

---

12 문화예술진흥법 6장제23조의8(위원의 결격사유): 다음 각 호의 어느 하나에 해당하는 자는 위원회의 위원이 될 수 없다. 1. 국가공무원법 지방공무원법에 의한 공무원 2. 정당법에 의한 당원 3. 국가공무원법 제33조 각호의 어느 하나에 해당하는 자. 6장 제23조의10(위원의 직무상 독립 등) ① 위원회의 위원은 임기 중 직무상 외부의 어떠한 지시나 간섭을 받지 아니한다.

하지만 진흥원 체제에서 위원회 체제로 전환하면서 이뤄진 이 같은 명시적인 예술지원기관의 자율성 및 독립성 확보는 이후 여러 갈등들이 도출하면서 그 의미가 퇴색되어가고 있다.

예술위는 현재 7기 체제를 가동하고 있지만 위원회 변경 이후 즉각적으로 갈등이 현실화된 뼈아픈 경험을 갖고 있다. 2005년 8월 취임한 1기 김병익 위원장은 당시 특정 사업을 둘러싸고 빚어진 위원들 간 이해관계 조정 과정에서 임기 1년여를 남겨놓고 갑자기 사퇴했다. 김 위원장의 사퇴는 예술위 출범 초기부터 내재된 내부갈등이 극명하게 표면화한 것인 동시에 위원들의 장르 이기주의 등이 빚어낸 결과라는 시각이 많았다.[13]

1기 김병익 위원장 후임인 김정헌 위원장은 임명 1년도 안 돼 기금 운용 규정 등 위반을 이유로 정부에 의해 해임됐는데, 김 위원장은 이에 불복해 문화체육부 장관을 상대로 해임무효확인 청구 소송을 내 2년여의 긴 다툼 끝에 승소함으로써 복직하였다. 하지만 이 때문에 한국예술위에 '하나의 조직, 두 명의 위원장'이라는 초유의 사태가 벌어지면서 조직이 크게 흔들리기도 했다.

한국예술위 위원장이라는 자리는 상징성이 특히 큰 직책임에는 이론의 여지가 없다. 민간 자율적인 정책 의제를 설정하고 민주적 참여를 통해 문화현장과 직결된 고도의 전문성을 가진 예술지원 기구의 수장이 갖는 함의는 예술위의 자율성과 독립성과 맞닿아 있다. 이런 측면에서 법률적으로 예술위 위원장에게 부여된 3년의 임기는 보장되어

---

13 당시 기초예술연대 방현석 위원장은 한겨레신문 인터뷰(2007.7.9.)에서 "문화예술위원회가 민간 중심의 자율적이고 창조적인 조직으로 거듭나기 위한 새로운 리더십 창출에 실패한 결과물"이라고 밝혔다. 그는 김 위원장의 사퇴 배경에 대해서는 "문화예술 예산과 관련된 정부 관계기관의 소극적인 태도, 위원회 구성원들의 장르 이기주의 등 실망스러운 태도, 자기중심성을 버리지 않고 있는 사무처 관행 등이 중첩되면서 위원회에 기대했던 역할들을 수행하기가 어려웠을 것"이라고 설명했다.

야 했지만, 현재까지 7명의 역대 위원장 중 임기를 채운 경우는 극히 드물다. 이명박 정부 시절 임명된 오광수 전 위원장만이 3년 임기를 마무리한 유일무이한 사례였을 정도다.

2) 문화정치

이른바 진보정부에서 탄생한 위원회 체제가 보수정부로 정권이 바뀌고, 다시 진보정부가 집권하는 정권의 변화 속에서 역대 예술위 위원장들도 정치적 환경에 따라 부침이 두드러졌다.[14]

역대 예술위 위원장들이 법적으로 명문화된 3년의 임기를 채우지 못한 이유는 정치적 자율성 확보의 실패가 가장 크다고 할 수 있다. 상술한 것처럼 정권이 바뀌자마자 문체부 수장이 납득하기 어려운 사유로 전 정부 때 임명된 위원장을 해임시킨 것은 예술위가 정치적인 영향에 고스란히 노출되어 있음을 방증한다.

문화예술은 대내적으로 예산과 정책이라는 내부 정치의 원리가 존재하고, 정부의 이념적 성향에 따라 정책의 변화를 가져올 수 있지만, 소위 '문화정치'의 본질과 지향이 문화예술 자체가 갖는 의미와 방향을 훼손해서는 안 된다는 것은 자명하다.[15]

하지만 이에 못지않게 예술위 설립취지와 맞지 않는 법적·제도적 모순도 자리하고 있다. 예술위 위원장은 2005년 예술위 출범 당시 민간 자율의 합의제 행정기구의 취지에 따라 호선제로 선출되었지만 2008년 '공공기관의 운영에 관한 법률'(공운법) 시행에 따라 임원추천위

---

14 한국문화예술위원회 역대 위원장 임기는 다음과 같다. 1기 김병익(2005.08.26.~2007.07.26.), 2기 김정헌(2007.09.07.~2008.12.05.), 3기 오광수(2009.2.12.~2012.2.11.), 4기 권영빈(2013.03.15.~015.06.08.), 5기 박명진(2015.06.09.~2017.06.19.), 6기 황현산(2017.11.27.~2018.3.2.), 7기 박종관(2018.11.2.~현재)

15 원도연, 앞의 논문(2014), p.235.

원회 추천자 중에서 문화체육관광부 장관이 위촉하도록 변경되었다. 예술위 위원장의 임기는 보장하면서도 위원장 임기 출발부터 정부의 통제를 제도적으로 허용해 놓은 것이다. 결과적으로 예술위 위원장은 정치로부터 자율성을 담보하기엔 불가능한 구조가 처음부터 형성된 것은 물론이고 현장 예술인들의 참여와 기관의 자율성을 보장하는 예술위 설립 취지에도 반하는, 제도 취지와 실제 법령의 충돌이 일어난 것으로 해석할 수 있다. 이는 특히 예술지원의 컨트롤타워라고 할 수 있는 예술위의 수장을 선임하는 과정에 정작 예술계는 배제된 상태에서 감독기관인 문체부와 지원기관인 예술위 사이에서만 형성된, 고착 관계를 보여준다. 이러한 미스매치는 예술위가 아닌 정부에 더욱 힘을 실어줄 수밖에 없는데, 정부 의지와 선택에 따른 정책 방향의 유동성이 강화되어 예술지원 체계에서 중심적 기능을 수행해야 할 예술위의 자율성 약화로 이어지는 악순환을 반복하게 만들고 있다.

2. 문화체육관광부와 한국문화예술위원회

예술위원회의 자율성과 독립성은 문화체육관광부와 한국예술위 간의 수평적 협력 관계에서 출발해야 하지만 현실은 정반대의 모습을 띠고 있다. 2005년 예술위 설립 시 논의되었던 두 기관 간의 역할 정립은 실종된 것이나 마찬가지다. 한국예술위는 자율적이고 독립적인 예술 지원 활동에 대한 기대 속에 출범하였지만, 예술위 체제 전환 이후 두 기관 간의 역할 정립이 부재하면서 독임제 행정기관이었던 진흥원 당시의 상명하복 관계에서 여전히 벗어나지 못하는 상황이 이어지고 있는 것이다. 이것은 두 가지 관점에서 설명할 수 있다.[16]

---

16 아르코혁신TF, 앞의 보고서(2018).

1) 정책과 현실의 엇박자

첫째, 문체부 중심의 예술지원 체계 및 지원 사업 운영에 따라 상대적으로 한국예술위의 역할 범위가 축소되고 간섭은 확대된다는 점이다. 이는 한국예술위 전환 당시 문화관광부가 '2004 새 예술정책'에서 명시한 한국예술위와의 역할 분담을 무색하게 한다고 볼 수 있다. 즉, <표 9-5>에 규정된 것처럼 자율성과 독립성이 최대한 보장되는 국가 차원의 민간자율기구, 정부의 예술정책과 연계한 지원정책의 추진, 예술인 스스로 능동적으로 예술정책에 대한 의제를 설정하고 논의하는 구조 형성 등이 한국예술위에 부여됐음에도 불구하고 정작 예술지원 체계는 철저히 정부 주도로 이뤄졌던 것이다.

이러한 정책과 현실의 엇박자는 현행 문체부 예술정책관실의 주요 업무내용에서도 확인할 수 있다. 즉, 문화예술진흥을 위한 지원 재원의 조성 및 운용에 관한 사항과 한국문화예술위원회에 관한 사항 등을 문체부 예술정책과의 주요 업무로 규정해 놓았다. 이 규정은 문체부가 한국예술위를 관리 감독하는 상급 통제기관으로서의 포지셔닝을

표 9-5 한국문화예술위원회 관련 규정을 담은 문체부 예술정책과 주요 업무

구분	주요 업무
예술 정책과	• 예술정책에 관한 종합계획의 수립·조정 및 시행 • 문화예술진흥을 위한 지원 재원의 조성 및 운용에 관한 사항 • 한국문화예술위원회에 관한 사항 • 예술지원사업의 평가에 관한 사항 • 예술정책에 관한 조사연구계획의 수립 및 추진 • 예술인의 복지 증진에 관한 사항 • 예술인의 권익증진 및 예술분야 불공정 관행 개선 사항 • 문화예술에 대한 기업의 협력, 지원 및 기업문화 활동의 지원 및 육성

출처: 문화체육관광부 홈페이지(http://www.mcst.go.kr)를 참조하여 재구성.

의미하는 것으로, 결과적으로 자율성 및 독립성 보장을 통해 예술지원 정책을 추진하는 국가차원의 민간자율기구로서 한국예술위의 역할은 명목적이고 선언적인 수준에 불과하다.

2) 기능적 예산배분 기관

이것은 문체부 내부의 문제로 살필 수 있다. 첫째, 문체부는 예술국의 장르별 부서 편제 속에 문화예술 전반의 정책 의제를 다루는 총괄 역할, 즉 문화예술정책의 컨트롤타워 기능을 해야 하는데도 이보다는 장르 내 사업 중심으로 기능이 강화되고 있는 현실이 이를 반증한다.

둘째, 이런 이유 때문에 장르별 부서의 사업 수행을 위한 기관 설립 수요가 늘어날 수밖에 없는 구조가 개선되지 않고 있고, 결국 신규 산하기관이 계속 양산되는 결과가 생길 수밖에 없다는 시각이다.17 이 같은 구조는 예술지원체계에 복잡성과 중복성, 비효율성을 늘리는 악순환을 낳게 되는데, 궁극적으로 한국예술위의 역할을 심각하게 침해하게 되는 것이다. 수많은 기능적 예산배분 기관이 생겨나면서 예술위의 설립 취지와는 다르게 예술위 지원정책 결정 범위는 오히려 축소될 수밖에 없는 상황이 지속되고 있다. 운영의 자율성과 독립성을 토대로 하는 위원회 체제의 장점은 살리지 못하고 단점만 극대화하는 비정상적인 구조라고 할 수 있다. <표 9-5>가 제시하듯이 한국예술위 출범 직전 논의됐던 위원회 체제의 특성은 전혀 힘을 발휘하지 못하고 있다.

---

17 문체부 산하 공공 기관은 2018년 기준으로 54개에 이른다.

한국 문화예술 지원 체계의 중핵인 한국문화예술위원회의 조직 구조를 다룰 이번 챕터에서는 한국문화예술진흥원 체제가 한국예술위 체제로 바뀌면서 조직 구조상 어떠한 변화가 있었는지, 그리고 이와 관련한 문제점 등을 중점적으로 파악한다. 이와 함께 예술지원을 결정하는 핵심적인 역할이 주어진 비상임 위원 위촉을 둘러싼 논란도 분석의 대상이다.

우선 예술위원회 체제 변경 이후 조직 구조의 변화가 두드러진다. 3실 4관 7팀 1검사역에 인원은 임원 3명, 직원 85명이었던 한국문화예술진흥원은 한국예술위로 바뀌면서 직제가 대폭 늘어났다. <그림 9-1>에서 보는 것처럼 4실, 4관, 12팀, 감사 및 감사역에 총 인원은 89명이었고, 외부 전문가들로 구성된 11인 위원회와 9개의 소위원회로 새로운 제도의 체제를 구축한 것이다. 한국예술위 출범으로 정원 등 사무처의 전체 규모는 크게 변화가 없었으나 11인 위원회와 소위원회에 현장 예술인이 대거 참여했고, 업무 추진에 있어서도 현장 예술인들을 테스크 포스팀으로 아웃소싱하는 방향으로 가고 있는 것이 두드러졌다. 이는 과거 관료제적 성격의 감소와 유연화라는 측면에서 의미를 살필 수 있을 것이다.[18]

1. 관계 설정의 부조화

한국예술위는 지금까지 7기 비상임 위원 체제를 맞으면서 수차례 조직 구조가 변화했으며 현재는 1처, 4본부, 1극장, 1관, 1실, 19부로

---

18 양혜원, 앞의 논문(2006), pp.91~92.

총 인원은 계약직을 포함하여 270명이 넘는다. 지난 15년 사이에 직제는 물론이고 사무처 인력만 3배 이상 늘어난 것이다. 이러한 양적인 측면에서의 한국예술위 성장은 질적인 측면의 조직 발전으로 이어졌다고 보기에는 무리가 따른다. 이는 몇 가지 관점에서 분석할 수 있다.

1) 수직적 관계

첫째, 위원회 체제 전환으로 한국예술위원회가 예술지원 체계의 핵심적인 기능을 할 수 있도록 조직 구조가 대폭 변화하면서 문체부와의 수평적 관계 도모가 기대됐지만, 결과는 진흥원 시절처럼 수직적 관계 반복으로 이어지고 있음을 보여준다고 할 수 있다. 즉, 예술지원 체계 중추 조직의 획기적 구조 변화가 곧바로 해당 조직의 역할 정립으로 나타났다고는 볼 수 없는 것이다.

둘째, 조직 구조와 관련한 거버넌스 체계의 미흡을 지적할 수 있다. 한국예술위 조직의 최상위 구조는 위원장과 비상임 위원이며, 이들의 임면 과정은 중차대한 의미를 지닐 수밖에 없다.

그러나 한국예술위는 위원장과 비상임 위원의 임면은 물론 위원추천위원회도 장관이 임명하는 구조라는 거버넌스의 치명적 결함을 지니고 있다. 합의제 기구의 수장 등 모든 임원진들 운명이 사실상 장관 한 사람의 결정에 달려 있다. 이런 시스템은 예술지원기관에 대한 정부의 개입을 원천적으로 허용하고, 장관에 의해 임명된 위원장이 스스로 독립성을 견지하는 게 어렵다는 점에서 예술위의 자율성 확보는 요원해지는 방향으로 흘러갈 수밖에 없는 한계를 지닌다. 정권 교체 시기에 툭하면 논란을 빚었던 인위적인 위원장 경질 등으로 한국예술위의 위상과 명성이 크게 실추된 것도 풍전등화처럼 부실하고 아슬아슬한 거버넌스의 태생적 문제점에서 기인한다고 볼 수 있다.

표 9-6 영국예술위원회와 한국문화예술위원회의 거버넌스 비교

	영국예술위원회	한국예술위원회
위상	팔길이 원칙의 모태로서 문화예술 진흥을 위해 설립된 대표적인 준정부조직	한국을 대표하는 예술진흥기관이지만, 교육 기능이나 지역사회와 네트워크 미약
위원회 구성	14명(위원장 1명, 지역위원장 5명 + 전문가 8명)	위원장 포함 15명 이내의 위원
임기	위원장, 위원 4년(연임 가능)	위원장 3년, 위원 2년(연임 가능)
임면권과 견제장치	문화부장관. 공직임용감독관실 감시	문화부장관. 임면 관련 견제 장치 전무
인력 관리	직원 약 560명. 영국 문화부의 경영 강령 준수	직원 약 270여 명 수준, 기획 재정부 지침 준수
지역과의 연계성	매우 밀접(지역위원회 운영).	매우 느슨(지역문화재단과의 관계 미정립)
재원	국고보조금과 복권기금	문화예술진흥기금(매년 불입되는 복권기금 포함)
예산편성	3년에 한번씩 영국 문화부와 지원금 협약	매년 문체부, 기획재정부, 국회의 3단계 심의
복권기금운영 주체	영국 문화부	복권위원회, 기획재정부, 국회 등 3중 구조
지원정책구성	지원금 협약 통해 영국 문화부와 조율	문체부, 기재부, 국회의 다중 통제
지원대상선정	2단계 선정(지역 담당직원→지역 또는 국가위원회)	해당 장르를 관장하는 심의위원회 의결로 선정
감사 주체	의회 소속 외부감사, 행정부 소속 내부 감사, 영국예술위원회 자체 감사위원회	대통령 소속 감사원, 국회 국정감사, 문체부 감사, 기재부 감사 등 중복 감사
성과평가주체 (근거)	연간보고서 통한 영국 문화부의 성과평가(지원금 협약 근거)	문체부, 기획재정부, 복권위원회 등 복수의 주체(각 기관 관심사 반영 평가)
감사 및 성과 평가 초점	영역별 모니터링 및 지속적인 성과관리	운영, 결과물, 성과 등을 총망라한 일괄적인 최종 평가

출처: 한국문화예술위원회, 영국문화예술위원회 홈페이지를 참조하여 재구성.

위원들의 임기도 영국예술위는 4년인 데 비해 한국예술위는 이의 절반에 그치고 있다. 한국예술위 위원들의 임기가 이처럼 짧다 보니 예술진흥 정책의 전문성과 연속성을 유지하기란 매우 어려운 작업이다.

2) 소위원회

셋째, 예술지원 체계 논의에서 중요한 기능을 해야 하는 한국예술위 소위원회 조직의 취약성을 들 수 있다. 한국예술위의 소위원회는 실용적인 예술정책 개발과 집행 등의 연계 활성화를 위해 도입된 제도로, 문화예술진흥법 제32조를 설치 근거로 하고 있다. 소위원회는 위원회의 위원장이 지명하는 1명 이상의 위원을 포함하여 해당 분야 전문가 중에서 위원장이 위원회의 동의를 받아 위촉하는 자로 구성하되, 소위원회 구성과 운영에 필요한 사항은 위원회의 규정으로 정하고 있다.

한국예술위 1기 체제 때는 장르별, 기능별 소위원회를 병행했고, 2~5기 위원회는 기능별 소위원회 중심으로 운영되다가 2015년 이후엔 민간위원 없이 예술위 비상임 위원으로만 예술지원, 문화나눔, 예술확산, 기금운용 계획 및 중장기 전략 소위원회 등 4개 소위원회를 운영해왔다. 하지만 이렇게 되면서 전체 예술위 비상임 위원들로는 관장할 수 없는 다양한 현장의견 수렴이 어렵다는 지적이 대두되면서 6기 이후부터는 현장 전문가들이 참여하는 총 10개의 소위원회를 운영하고 있다.[19] 그러나 예술지원 정책을 실질적으로 구현하고 예술현장이 필요로 하는 정책설계 기반을 조성해야 할 한국예술위의 소위원회는 최종 의사결정권이 없는 정책자문 역할의 한계에 부딪혀 있다. 즉, 한국

---

19 2020년 기준으로 한국문화예술위원회의 소위원회는 현장소통, 예술정책·지원, 예술확산·지역협력, 재원확충, 미래전략, 사업평가, 성평등예술지원, 남북 및 국제교류, 예술가치확산, 한국예술공론화 소위원회 등으로 구성되어 있다.

예술위 사업 구조의 현장성을 담보하고 정책 정당성 확보 및 정책결정 기능을 지원해야 하는 역할이 구조적으로 봉쇄되어 있는 것이다.

3) 문화기본법 적용

넷째, 한국예술위가 국가의 예술지원 체계를 이끌기 위해선 지금처럼 문화예술진흥법의 적용을 받는 것이 최선이냐는 논의다. 이러한 지적은 문화기본법이 문화예술에 관한 국민의 권리와 국가 및 지방자치단체의 책임을 정하고 문화예술정책의 방향과 그 추진에 필요한 기본적인 사항을 규정하고 있는 상위 규범인 만큼, 한국예술위가 자율적이고 독립적인 예술지원 기관으로 운영되기 위해선 문화예술 진흥을 위한 사업과 활동 지원을 명문화하고 있는 문화예술진흥법이 아닌, 문화 관련 법률의 최상위 법령이라고 할 수 있는 문화기본법의 적용을 받도록 해야 한다는 논리와 맞닿아 있다. 즉, 국가의 예술지원이란 결국 국민의 문화적 기본권 확보에 중요한 기제로 작동할 수밖에 없기 때문에 한국예술위 운영 관련 사항을 문화기본법에 규정하는 게 보다 설득력이 있다는 논의로 받아들여진다.

문화적 권리는 생존권적 기본권으로 분류되고 있는데, 이것은 궁극적으로 국민 모두가 문화예술이 주는 창조적 기쁨으로부터 소외되지 않도록 해야 한다는 의미로, 예술지원은 국민의 문화예술 향유가 최종 목적지라는 점을 시사하고 있다. 한국예술위가 이를 위해 필요한 사업을 수행하고 있다는 사실을 감안한다면 한국예술위의 문화기본법 적용 필요성은 보다 명징해질 것이다.

그림 9-1 한국문화예술위원회 출범 당시 조직도와 현 조직도 비교

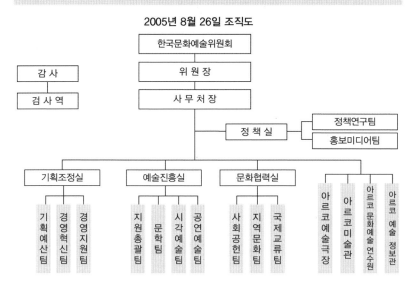

2005년 8월 26일 조직도

한국문화예술위원회

위원장

사무처장

감사
검사역

정책실 ─ 정책연구팀 / 홍보미디어팀

기획조정실: 기획예산팀, 경영혁신팀, 경영지원팀

예술진흥실: 지원총괄팀, 문학팀, 시각예술팀, 공연예술팀

문화협력실: 사회공헌팀, 지역문화팀, 국제교류팀

아르코예술극장, 아르코미술관, 아르코문화예술연수원, 아르코예술정보관

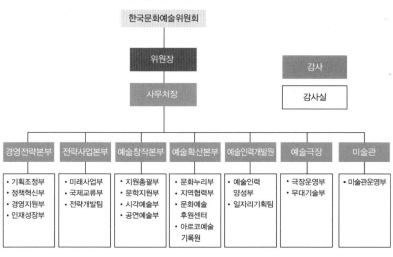

2021년 2월 8일 개정 조직도

한국문화예술위원회

위원장 / 감사

사무처장 / 감사실

경영전략본부
· 기획조정부
· 정책혁신부
· 경영지원부
· 인재성장부

전략사업본부
· 미래사업부
· 국제교류부
· 전략개발팀

예술창작본부
· 지원총괄부
· 문학지원부
· 시각예술부
· 공연예술부

예술확산본부
· 문화누리부
· 지역협력부
· 문화예술
  후원센터
· 아르코예술
  기록원

예술인력개발원
· 예술인력
  양성부
· 일자리기획팀

예술극장
· 극장운영부
· 무대기술부

미술관
· 미술관운영부

출처: 문화관광부, 『2005 문화예술정책 백서』와 한국문화예술위원회 홈페이지를 참조하여 재구성.

2. 예술지원의 집행 결정과 모순

한국예술위 조직이 안고 있는 구조적 차원의 또 다른 문제는 예술지원 체계에 있어 사실상 지원의 결정권을 쥐고 있는 비상임 위원과 관련된 사안이라고 할 수 있다. 기금 지원 등 운용 과정에서 최종 의결권이 부여돼 막강한 영향력을 행사하게 되어 있는 비상임 위원들의 원칙 없는 위촉은 한국예술위의 자율성을 가로막고 있는 장애물 중 하나로 볼 수 있다.

1) 비상임 위원

한국예술위 설립 초기 문화예술진흥법은 위원후보자 추천 조건과 결격 사유를 비교적 엄격하게 적용하였다. '위원 후보자는 문화예술 전반에 대한 균형감각 및 정책적 이해와 능력 등을 종합적으로 갖춘 자가 되도록 할 것', '국가공무원 법 및 지방공무원법에 따른 공무원과 정당법에 따른 당원 등은 위원회의 위원이 될 수 없다' 등으로 규정했는데, 이것은 현장 예술인 중심으로 운영되는 합의제 기구 취지에 맞게 예술 분야 종사자로 위원들을 구성함으로써 운영의 자율성과 독립성을 확보하기 위함이었다.

그러나 실제로는 이러한 원칙이 제대로 지켜지지 않았다. 그동안 임용된 비상임 위원들의 주요 이력을 분석해보면 한국예술위의 자율성은 확대되기보다는 오히려 축소되었음을 알 수 있다.[20]

---

20 성연주, 앞의 논문(2015).

표 9-7 문화예술진흥법상 한국문화예술위원회 비상임 위원 관련 조항 비교

연도	주요 조항
2005년 6월 13일 신설	제43조의 5(위원후보자의 추천) ②위원추천위원회가 제1항의 규정에 의한 위원후보자를 추천할 때에는 다음 각호의 사항이 반영되도록 하여야 한다. 1. 위원후보자는 문화예술 전반에 대한 균형감각 및 정책적 이해와 능력 등을 종합적으로 갖춘 자가 되도록 할 것 2. 문학·미술·음악·무용·연극·전통예술 등 각 예술 분야와 문화 일반·복지, 예술경영·행정 또는 지역문화 등의 분야의 전문가가 균형 있게 포함되도록 할 것 3. 남·여 및 각 연령층이 균형있게 포함되도록 할 것
2008년 2월 29일 개정	제28조(위원추천위원회의 구성 등) 1. 문화예술의 창작·연구·기획 또는 행정 분야에서 10년 이상 종사한 자 2. 문화예술단체에서 10년 이상 활동한 자 3. 법조계·교육계·언론계 또는 경제계 등의 전문 분야에서 10년 이상 종사한 자로서 문화예술에 관한 식견을 갖춘 자 4. 제1호부터 제3호까지의 규정에 해당하는 경력을 합하여 10년 이상인 자

출처: 문화체육관광부 홈페이지를 참조하여 재구성.

한국예술위 출범 1기부터 현재까지 비상임 위원들의 주요 이력 및 성별을 분류한 <표 9-8>은 정부별로 위원들의 특성이 크게 다르다는 것을 확인시켜주고 있다.[21]

1기(2005~2007년)는 40대와 50대 중심의 남성으로 순수예술 분야를 전공한 교수들이 중심을 이루고 있다. 진보정권에서 보수정권으로 바뀐 2기(2008~2010년)는 60대 이상의 고령층과 순수예술을 전공한 교수들이 장악했으며, 3기(2011~2012년)는 언론인 등 비예술분야와 기

---

21 위원들의 기수는 한국문화예술위 홈페이지에 나와 있는 내용을 그대로 인용했다.

업가 출신 위원들이 등장한 것이 눈에 띄고 있다. 3기의 경우 국정의 모든 영역에 선택과 집중 논리를 설파하면서 효율성을 강조한 이명박 정부의 국정철학이 한국예술위 운영에도 상당 부분 반영된 측면이 있다고 볼 수 있다.

박근혜 정부 출범과 맞물린 4기(2013~2015년)는 60대 이상 남성, 언론인 출신, 비예술분야 위원들이 대거 등장했으며, 5기(2016~2017년)도 비교적 이 같은 기조가 이어졌으나 언론인 출신이 1명으로 준 것이 특이점으로 나타났다. 문재인 정부 출범과 임기를 함께 하고 있는 6기는 50대 비중이 높았고 남녀 간 인원 차이가 역대 가장 적었으며, 문화일반 및 예술분야를 전공한 교수와 예술가들이 각각 5명과 4명으로 표면적으로는 예술의 전문 영역별 균형을 맞추려는 시도가 읽혀진다. 하지만 6기 체제에 대한 평가가 아직 이루어지지 않았음을 감안할 때 위원들의 영역별 고른 배분이 곧 한국예술위 운영의 정상화를 의미한다고 보기에는 무리가 따른다.

이러한 논의와 함께 위원들의 이력 분석 결과가 한국예술위 운영에 던지는 시사점은 클 수밖에 없다. 문화예술진흥법이 규정하고 있는 현장성과 참여 확대라는 지향점을 감안할 때 예술위 위원 구성은 현장예술인이 중심이 되어야 예술위 설립 취지를 구현할 수 있는데, 실제로 이뤄진 위원 인선은 그것과는 거리가 멀다. 특히 4기로 갈수록 비예술계 종사자들이 많아지고 정부의 영향력에서 자유롭지 못한 정부 소속 위원회 참여 인사들로 구성되어 있다는 것도[22] 예술위의 자율성 확보에는 좋지 않은 징후로 볼 수 있다. 이는 전문성이나 역량이 위원 임용의 최우선적 고려 요인으로 작동하지 않았음을 유추하게 만든다.

예술위가 외부의 입김에 흔들리지 않으려면 자율성 및 독립성을

---

22 성연주, 앞의 논문(2015).

축으로 한 고정적 역할이 부여되어야 한다. 이러한 맥락에서 위원장과 함께 합의제 기구인 예술위 운영을 실질적으로 책임지고 있는 비상임 위원들 인선 과정에서도 잡음이 없어야 하는 것은 당연하지만, 노정된 사례들을 살펴보면 그렇지 않음이 확인된다.

2) 공개 검증

특히 문재인 정부 출범 이후 성평등 확산의 사회 분위기 속에서 예술계 역시 젠더 평등의 흐름을 피할 수 없었는데, 예술위 비상임 위원 공모 과정에서 이와 관련한 이슈가 불거지면서 예술위가 한바탕 홍역을 치른 것이다. 문재인 정부 두 번째 기수인 제7기 문예위 비상임 위원 8명을 뽑기 위한 후보자 명단을 문화체육관광부가 공개[23]했고, 공교롭게 공개된 2배수 후보자 16명 전원이 남성으로 나타난 것이다.

한국예술위가 체제 개편 이후 그동안 6차례의 비상임 위원들을 선임해 왔으나, 7기처럼 후보자 명단을 공개한 것은 처음이다. 이것은 후보자에 대한 성폭력 및 이른바 '문화예술계 블랙리스트' 등 관련 공개 검증을 위한 목적에서 비롯됐다고 할 수 있다.

우리 사회의 다양한 영역 중에서도 성폭력과 블랙리스트 문제를 정면에서 겪어 온 예술계로선 예술위 비상임 위원 후보자 공개 검증을 환영하고도 남을 일이었으나, 후보자 면면이 확인되면서 전혀 다른 양상이 전개됐다.

예술계에서는 특정 연령대와 성별에 편중된 후보자 선정 자체에 문제를 제기했으나 내용적으론 100% 남성 후보자라는 사실에 반기를 든 것으로 볼 수 있다.[24] 예술계의 거센 반발이 이어졌고, 결국 문화체

---

23 문체부가 2019년 11월 인터넷 홈페이지를 통해 공개한 후보자 16명은 1956년생부터 1972년생에 이르는 남성으로, 40대 1명, 50대 10명, 60대 5명이었다.

육관광부와 한국예술위는 공모 절차를 중단하는 결정을 내릴 수밖에 없었다. 예술계의 반대 논리를 수용하여 백지상태에서 7기 예술위 비상임 위원을 재공모하기로 했다.

예술위 7기 비상임 위원 후보자 추천 논란이 남성 후보 일색에서 출발했지만 그 이후 나타난 양상을 분석해보면 예술위 내부의 후보 추천 시스템이 원활히 작동하지 않았음을 확인할 수 있다. 단적인 사례가 예술위 내부에 설치된 성평등 예술지원 소위가 당시 발표한 입장문[25]이다.

소위에 불과한 조직이 예술위 결정을 정면 비판한 것 자체가 이례적이지만, 이는 합의제 기구로서 특정 사안에 대해 체계적이고 합리적 접근 방식으로 내부 소통을 통해 결론을 내려야 할 예술위가 주어진 역할 수행에 실패한 것으로 볼 수 있는 대목이다. 즉, 예술위 내부의 관련 소위의 의견조차 수렴하지 않은 채 후보자 공모 결과를 발표한 것으로, 내부의 다양한 견해 청취가 1차적 절차이기도 한 합의제 성격과는 거리가 멀다.

---

24 당시 성폭력반대연극인행동(성반연)은 77개 단체 464명이 연명한 '한국문화예술위원회 비상임 위원 최종 후보자에 관한 성명서'를 문체부에 제출했고, 문체부는 이를 받아들여 위원추천위원회를 다시 구성하고 재공모에 돌입했다. 성반연의 성명서 내용을 보면 예술위 비상임 위원 후보자 전원이 남성인 것에 대한 논리적 비판이 두드러진다. "문화예술계 성폭력은 종사자들 전반의 성인지 감수성이 일반인에 비해 현저히 낮아서 발생하는 사안이 아님을, 문화예술계의 중요한 사안을 결정하는 위치를 소수의 남성들이 독점하는 구조가 수많은 성폭력을 발생시키고 은폐해 왔기 때문이라는 사실을, 지난 2018년 미투운동은 우리게 가르쳐 주었다. 지난 2017년 한국문화예술위원회와 신임위원을 구성하며 동일한 지적을 받았던 문체부와 예술위는 왜 2년이 지난 지금, 미투운동 이후인 2019년에도 동일한 행태를 반복하는가"

25 예술위 성평등 예술지원 소위원회의 주장은 크게 두 가지인데 핵심은 남성 위원 편중에 대한 우려다. 첫 번째는 역대 예술위 위원 63명 중 여성은 16명으로 25% 수준인데, 만약 예술위 방안대로 7기 위원이 구성될 경우 그 비율은 22%로 뚝 떨어질 가능성이다. 두 번째는 예술위 위원과 위원추천위원회 성비 및 연령비 구성을 40% 이상 또는 남녀동수로 명문화하는 '성평등 쿼터제'를 도입해야 한다는 것이다.

이처럼 한국예술위 출범 이후 처음으로 비상임 위원 후보 추천 과정에서 재공모를 거치는 우여곡절 끝에 새로운 진용을 갖추는 데 성공했으나, 비상임 위원 조직 구조를 보면 또다른 논란의 소지를 안고 있다고 볼 수 있다.

3) 편중

한국예술위 7기 비상임 위원 구조의 가장 두드러진 특징은 여성의 숫자가 남성에 비해 2배 가까이 많다는 사실이다. 이는 <표 9-8>에서 확인할 수 있듯이 역대 비상임 위원 성별에서 남성의 비율이 압도적으로 높았던 사실을 감안할 때, 7기 비상임 위원 후보 추천 당시 불거졌던 100% 남성 후보 추천 논란을 잠재우기 위한 결과로 해석될 여지가 있다. 연령대 역시 처음으로 30대가 비상임 위원으로 위촉됐으며, 장르별로는 문화일반이 8명으로 전체의 70% 이상을 차지한 데 반해 순수예술은 2명에 그치고 있다.[26] 이러한 결과는 한국예술위의 예술지원 정책적 기능을 강화하겠다는 의미로 볼 수도 있지만, 예술가 등 예술 현장의 목소리를 정책에 반영하는 데에는 한계가 있을 수 있다는 시각도 존재한다. 실제로 7기 비상임 위원들의 직업 중 현장에서 활동하는 예술가는 단 1명이고, 그것도 소설가라는 점은 시사하는 바가 적지 않다.

---

[26] 문화체육관광부는 한국예술위원회 7기 비상임 위원 위촉 보도자료에서 "7기 위원은 문학, 연극, 전통예술, 미술, 문화일반 등의 전문성과 경험을 포괄적으로 고려해 변화하는 문화예술 현장을 대변할 수 있는 다양한 전문가들로 구성됐다"고 설명했다. 30대 위원 위촉과 관련해선 "청년예술가들의 목소리를 반영해 청년들에게 실제 필요한 지원을 확대하고자 최초로 30대 청년예술가를 위촉했다"고 했다(문화체육관광부 보도자료, 2020.5.6.).

표 9-8 한국문화예술위원회 비상임 위원 분석(2005~현재)							(단위: 명)
구분		1기	2기	3기	4기	5기	6기	7기
연령 (세)	30~39	0	0	0	0	0	0	1
	40~49	4	0	5	1	2	0	3
	50~59	4	3	5	4	4	6	5
	60~69	2	6	2	5	5	3	2
	70~79	0	1	2	0	0	0	0
성별	남성	8	8	11	9	7	6	4
	여성	2	2	3	1	4	3	7
장르	문화일반	3	0	3	0	3	5	8
	순수예술	7	9	7	5	4	3	2
	비예술	0	1	4	5	4	1	1
직업	교수	6	10	8	5	7	5	2
	예술가	2	0	2	1	2	4	1
	언론인	2	0	2	3	1	0	3
	기업가	0	0	2	1	1	0	2
	기타	0	0	0	0	0	0	3

출처: 성연주, 앞의 논문(2015)과 한국문화예술위원회 내부 자료를 토대로 재구성.

3. 문화예술과 정치적 압력

1) 문화예술계 블랙리스트

문화예술과 정치는 불가분의 관계를 구축한다. 이러한 논의는 국가의 공적 지원 영역에 들어와 있는 문화예술이 정치에서 자유롭지 못하다는 것을 시사한다. 동서고금을 막론하고 문화예술인들의 정치 개입과 정치 의 문화예술 분야에 대한 영향력 행사는 어렵지 않게 목도되고 있다. 이 같은 맥락에서 한때 한국 사회를 소용돌이 속으로 몰아넣었던 '문화예술 계 블랙리스트' 사건을 한국예술위와 연관 지어 살펴볼 필요가 있다.

한국예술위 설립의 당위성이기도 했던 '독립성을 갖춘 합의제 기구'

정체성을 뒤흔든 대형 사건은 박근혜 정부 시절에 발생했던 이른바 '문화예술계 블랙리스트'[27]였다. 특정 문화예술인과 단체 등을 정부의 예산지원에서 배제하려는 의도로 작성된 것으로 알려진 블랙리스트 존재에 대해 문화예술계는 "대한민국의 문화예술가들을 체제 밖으로 추방하거나 순치시키려 했던 반헌법적 국가범죄"라며 크게 반발했다. 화살은 문화예술지원 기관이었던 한국예술위로 향했다. 위원회 체제 전환 이후에도 끊임없이 자율성 및 독립성 훼손 논란을 겪어야 했던 한국예술위는 2016년 10월부터 불거지기 시작한 국정농단 사건 이후 블랙리스트 실행기관 중 하나였다는 의혹이 법원 재판 과정 등에서 일부 확인되면서 또 한 차례 격랑 속으로 빠져들어야 했다.

한국예술위는 문체부 산하기관들 중 가장 많은 임직원이 블랙리스트 사태에 연루된 것으로 '문화예술계 블랙리스트 진상조사 및 제도개선위원회'의 발표에 의해 나타났다. 문체부가 발표한 수사 의뢰 대상 전체 10명 중 한국예술위 임직원은 2명, 징계 및 주의 조치 대상 전체 68명 중 한국예술위 임직원은 17명이었다. 한국예술위의 블랙리스트 실행 사례 중 예술위가 2018년 11월 징계 처리한 사건은 공통 1건, 공연 14건, 문학 5건, 전시 1건으로 총 21건이다.[28]

---

27 문화예술인 블랙리스트는 2016년 10월 12일 언론 보도를 통해 처음 수면 위로 떠올랐다. 당시 언론은 9,473명에 이르는 블랙리스트 명단을 공개했다. 2018년 4월 6일 박근혜 전 대통령의 국정농단 사건 관련 1심 재판부는 "이념적 성향이나 정치적 입장이 다르다는 이유로 지원을 배제하는 것은 평등 원칙에 반하는 위헌이자 위법"이라며 실형을 선고했다. 앞서 문화예술인 블랙리스트를 기획하고 수행한 죄로 김기춘 전 청와대 비서실장과 조윤선, 김종덕 전 문화체육관광부 장관은 구속 기소됐다.

28 한국문화예술위원회 징계 처리 사건 중 '2017직공7'인 '한국문화예술위원회 블랙리스크 실행을 위한 지원 및 심사제도 개편 사건'에서 기존의 심사제도를 개편하는 구체적 방식과 블랙리스트를 철저하게 배제하는 메커니즘이 결정됐으며, 이 기준을 토대로 공연, 문학, 전시 등 모든 예술장르 지원사업에서 블랙리스트 배제가 실행되었다. 배관표·성연주, "한국문화예술위원회 블랙리스트 실행," 『문화정책논총』 제33권 2호(한국문화관광연구원, 2019), p.172.

표 9-9 한국문화예술위원회 블랙리스트 실행 징계 처리 사건 내역

분야	사건번호	유형	사업명	처벌(명)
공통	2017직공7	배제	한국문화예술위원회 블랙리스트 실행을 위한 지원 및 심사제도 개편 사건	10
전시	2017전3	배제	'한국문화예술위원회 2016 국제예술교류지원 1차' 등 '화성 열린문화터' 선정 배제 의혹 사건	3
문학	2017문11	배제	김형중 등 심의위원 풀 부당배제 사건	2
문학	2017문3	배제	김성규 등 주목할 만한 작가상 부당배제 사건	2
문학	2017특21	배제	작가 김중미에 대한 블랙리스트 등재 사건	1
문학	2017직문1	배제	2015 아르코문학창작기금 사업 파행 사건	3
문학	2017직문2	배제	2015 우수문예지발간지원 사업 파행 사건	2
공연	2017공4	배제	'2016년도 한국문화예술위원회 공연장 정기대관공모', '극단 놀땅' 선정 배제 사건	2
공연	2017공8	배제	한국문화예술위원회 등 '극단 허리' 선정 배제 사건	7
공연	2017직공2	배제	2015년 공연예술창작산실 심사번복 요구 및 공연 포기 강요 사건	3
공연	2017공1	배제	한국문화예술회관연합회 등 '극단 진일보' 선정 배제 사건	1
공연	2017공21	배제	한국공연예술센터 정기대관 공모사업 '극단 두비춤' 선정 배제 의혹 사건	2
공연	2017직공1	배제	2015 서울연극제 대관 배제 및 아르코 대극장 폐쇄 사건	5
공연	2017공32	배제	한국문화예술위원회 2015년 팝업씨어터 공연방해 및 검열 의혹 사건	4
공연	2017공15	배제	2016 한국문화예술위원회 국제예술교류 지원 2차 '극단 드림플레이' 선정 배제 의혹 사건	2
공연	2017공18	배제	'2015 한국문화예술위원회 민간국제예술교류지원' 등 서울연극협회 선정 배제 사건	1
공연	2017공24	배제	한국문화예술위원회 '2015년 공연예술(연극) 창작산실 대본공모지원' 사업 등 '극단 미인' 선정 배제 사건	2
공연	2017공28	배제	한국문화예술위원회 등 '극단 연우무대' 선정 배제 사건	1
공연	2017공6	배제	'극단 하땅세(윤시중)' 배제 사건	3
공연	2017공35	배제	한국문화예술위원회 2015 문예진흥기금 공모사업 등 '서울변방연극제(임인자)' 선정 배제 사건	3
공연	2017특2	배제	윤한솔 연출가 전면 배제 사건	1

출처: 문화예술계 블랙리스트 진상조사 및 제도개선위원회, 『블랙리스트 진상조사 및 제도개선위원회 백서』
(문화예술계 블랙리스트 진상조사 및 제도개선위원회, 2019), pp.474~478을 참조하여 재구성.

문화예술에 대한 정치적 압력 행사로 규정할 수 있는 블랙리스트 사건은 안 그래도 허약한 기관의 자율성 시비에서 좀처럼 벗어나지 못하던 한국예술위에 치명타로 작용했다. 문재인 정부가 출범한 뒤 한국예술위는 외부에 의해 집중적인 견제와 함께 혁신 요구에 직면하게 되었다. 특히 상급 기관인 문화체육관광부는 2017년 6월 새 장관이 취임하자마자 일종의 시급한 정책으로 '블랙리스트 진상조사 및 제도개선 추진'[29]을 발표했으며, 이를 관장할 '블랙리스트 진상조사 및 제도개선 위원회'는 그로부터 한 달 뒤 출범했다. 속전속결식으로 블랙리스트 진상을 파헤치겠다는 정부의 의지가 읽혀지는 대목이었는데, 한국예술위는 이러한 블랙리스트 소용돌이의 한가운데에 자리 하면서 위상 추락을 예고했다.

이후 정부 차원의 '블랙리스트 진상조사 및 제도개선위원회'와 별개로 한국예술위 내에도 '아르코혁신TF'가 꾸려졌다.[30] 예술 현장에서 활동하는 예술가들로 짜여진 민간위원 6명을 비롯해 한국예술위 위원 4명, 사무처 직원 4명 등 모두 14명으로 구성된 TF는 숫자상으론 한국예술위와 민간 예술 전문가들의 균형을 맞춘 듯 보이지만 활동 내용적으론 민간위원들이 주도했다.

'아르코혁신TF'는 그 명칭에서도 드러나듯 한국예술위 운영 전반의 뼈를 깎는 변화를 목표로 하고 있음을 추정하게 만들지만, 실제 활동은 블랙리스트 근절이 바탕이 되고 있다.[31]

---

29 도종환 당시 문체부 장관은 2017년 6월 19일 취임사에서 블랙리스트 조사를 정면으로 언급한바 있다. "저는 지원은 하되 간섭하지 않겠다는 원칙을 지키겠습니다. (문화부 공무원) 여러분도 그런 행정을 해주시기 바랍니다. 예술인들을 대상으로 재정지원에서 배제하고 사회적으로 배제하는 일을 했던 분들에게는 책임을 묻겠습니다. 국정농단에 관여한 문화행정에도 책임을 묻겠습니다."

30 2018년 1월 출범해 6개월 동안 활동한 '아르코혁신TF'는 같은 해 12월 아르코혁신을 위한 23개 의제를 제시하는 경과 추진 보고회를 가짐으로써 공식 업무를 종료했다.

31 아르코혁신TF 민간위원들은 〈아르코 혁신 TF〉 보고서에서 "모든 것은 블랙리스트를 인정하

특히 TF의 민간위원들은 활동을 마무리하면서 한국예술위에 제출한 보고서에서 자신들의 이름으로 문체부 및 한국예술위, 산하기관 등에 대해 더욱 철저한 조사와 수사를 요구했다. 아르코혁신TF는 한국예술위의 경우 블랙리스트 실행 책임자라는 이유로 사무처장을 징계하고 그 아래 직원들의 실행 행위에 대해서도 납득할 만한 수준의 처벌이 있어야 한다고 지적했다.[32]

문화예술계 블랙리스트는 예술지원기관을 대표하는 한국예술위의 존재 이유를 묻고 있는 초유의 사태로, 예술정책과 예술행정은 과연 누구를 위해 존재했는지를 질문하고 있다. 즉, 예술가와 창작자들 위에 존재했던 보이지 않는 힘의 실체를 확인해준 사건이었다.[33]

위원회 체제 전환 15년을 목전에 두고 터져 나온 문화예술계 블랙리스트 파문은 자율성 및 독립성 확보가 요구되었던 한국예술위의 발목을 다시 잡는 결과를 초래했다고 볼 수 있으나, 역설적으로 한국예술위 조직의 자율성 및 독립성 확보가 어느 때보다 절실한 것임을 공개화한 측면도 적지 않다.

문체부로부터 한국예술위로 수직적으로 내려오는 정책 생성과 추진 과정이, 다시 말해 훼손된 자율성과 독립성이 블랙리스트에 저항하기보다는 구체적으로 실행하는 토양이 됐다는 지적이다. 이는 진흥원 체제에서 위원회 구조로 변경된 이후 줄곧 강조되어온 자율적이고 독립적인 기관 운영이 전제되지 않고선 한국예술위의 미래는 담보하기

고 이에 대한 책임을 묻는 것에서 시작한다"고 강조했다.

32 아르코혁신TF, 앞의 보고서(2018).

33 최도인은 문화예술계 블랙리스트 사태를 네 가지 측면에서 설명하고 있다. 언제든 돌변할 수 있는 정치권력, 비대해진 예술행정, 40년 전으로 시계를 돌린 검열, 그 과정에서 문체부와 예술지원기관이 보여준 무책임한 모습들 등이 그것이다. 특히 최도인은 '검열'을 '사회적 재난 상황'이라고 규정했다. 최도인, 앞의 토론집(2017), p.25.

힘들다는 것을 경고하고 있다.

문화예술계 블랙리스트 사건은 예술지원의 기본 원칙이자 핵심 기조인 '팔길이 원칙'이 실종되거나 무시된 결과로 볼 수 있을 것이다. 즉 '팔길이 원칙'이 예술위원회가 정부로부터 상대적 자율성을 보유한 상태에서 존재하거나 운영되어야 한다는 생각에 기반한다고 할 때, 한국예술위에 대한 정부나 정당 등의 정치적 개입은 최소화되어야 했지만 실제로는 이러한 기능이 작동하지 않았다. 이것은 특히 예술지원 체계의 중요한 축이 허물어지면서 전반적으로 예술지원정책의 일관성에 의문을 가져왔으며, 정부 정책에 대한 신뢰도 저하로 이어진 측면이 크다고 할 수 있다.

2) 정책적 판단

블랙리스트 사건이 의미하는 '팔길이 원칙'의 붕괴는 지원은 하되 간섭은 안 한다는 예술지원정책 결정 기조가 소위 '정책적 결정'에 의해 훼손된 결과로 볼 수 있다. '정책적 결정'으로 간주되는 순간부터 그 사안에 관한 결정은 보다 상위의 결정권자 또는 결재권자의 몫으로 돌려지거나 유예되는데, 이는 한국예술위의 역할 수행에 있어서도 해당 기관이 아니라 상급 기관인 문화체육관광부의 관료나 행정기관의 장이 결정의 주체임을 암묵적으로 내포하고 있다.[34] 다시 말해, 예술지원 체계의 핵심인 한국예술위가 자율성과 독립성이 부여된 상태에서 '팔길이 원칙'에 입각한 정책 결정 및 집행을 하는 것이 순리이지만, 상급 기관인 문체부의 정책적 결정으로 블랙리스트 사건을 유발한 측면이 크다.

---

34 박소현, 앞의 논문(2017), p.124.

1. 재정의 악화

문화예술진흥기금은 2003년 말 헌법재판소의 결정이 내려지기 전까진 재정에 대한 우려 없이 문화예술진흥의 든든한 종잣돈 역할을 톡톡히 수행해왔다. 그러나 헌법재판소가 모금제도 위헌 결정을 내린 이후 모금자체가 폐지되면서 대형 위기가 찾아왔다. 당시 한국문화예술위원회 전신인 한국문화예술진흥원은 대체 재원이 제대로 확보되지 않은 상황에서 재정 위기를 돌파할 방안이 마땅치 않자 그동안 적립해온 기금을 인출하여 기초예술 분야 진흥에 사용할 수밖에 없었다.

1) 구조적 문제

2005년 이후 수입보다 지출이 많은 문예기금의 구조적 문제 속에서 적립금 인출은 이어졌으며, 이런 흐름 때문에 적립금은 계속 줄어 2004년 5,273억 원 수준이던 기금 적립금은 2016년엔 813억 원으로 2004년과 비교해 무려 85% 가량 감소했다.[35]

한국문화예술위원회 주변에선 2018년엔 예산 편성이 불가능한 상황까지 예상할 만큼 절박한 순간이 현실화했다. 급기야 정부가 나서 일반회계와 체육, 관광, 복권기금 등을 핵심으로 하는 공적자금을 확보[36]하여 겨우 급한 불은 끌 수 있었지만, 이는 임시봉합일뿐 안정적

---

35 한승준, 앞의 보고서(2017), p.42.

36 정부는 2018년 문예기금 재원으로 일반회계와 체육기금, 관광기금에서 각 500억 원씩 1,500억 원을, 복권기금에서 821억 원 등 총 2,321억 원을 확보하여 한국예술위원회에 긴급 수혈하였다.

표 9-10 문화예술진흥기금 적립금 현황 (단위: 억 원)

연도	2004	2005	2006	2008	2009	2011	2012	2013	2014	2015	2016
잔액	5,273	4,929	4,548	4,091	3,739	2,631	2,522	2,395	1,547	1,110	813

출처: 한국문화예술위원회 내부자료를 참조하여 재구성.

재원 유입 구조 대책이 마련되지 않는다면 문예기금의 고갈은 시간 문제라고 할 수 있다.

정부는 2018년 긴급 국고 편성으로 문예기금 절체절명의 위기를 넘기면서 부족한 문예기금 마련을 위해 2020년까지 매년 500억 원을 유입하기로 결정했다. 하지만 이 같은 정부 조치엔 허점이 존재할 수밖에 없다. 매년 500억 원이 유입된다 하더라도 한국예술위가 문예기금을 통해 안정적 사업을 추진하려면 연간 사업비 1,000억 원을 확보할 수 있는 3조 원 이상의 기금이 적립되어야 한다. 매년 500억 원씩 넣어도 60년 이상을 적립해야 할 엄청난 액수여서 정부 구상으로 실현되기엔 불가능하다는 지적이 대두된 이유다.[37]

2) 기금 고갈

문예기금이 고갈에 이르게 된 이유는 몇 가지 측면에서 살펴볼 수 있다.

첫째, 기금 조성 방식에 대한 헌법재판소의 위헌 결정이 결정타였다. 문예기금은 1972년 제정된 문화예술진흥법에 의거해 공연, 전시장, 고적 및 사적지 입장료의 6%를 모금하여 기금을 구성하는 방식으

---

37 라도삼, "예술지원체계 혁신 방향과 과제," 한국문화관광연구원 웹진(한국문화관광연구원, 2018), p.5.

로 시작하였다. 모금 주체는 한국문화예술진흥원으로, 이러한 기금을 바탕으로 예술가 및 예술단체를 지원하게 되었다.[38] 그러나 헌법재판소는 2003년말 이 같은 문예기금의 모금 방식이 헌법에 위배된다고 판단[39]하면서 기금 모금에 급제동이 걸렸다. 연간 400억 원 규모의 수익이 사라지게 된 것은 문예기금 운용에 치명타로 작용할 수밖에 없었다.

둘째, 입장권 수익을 통한 기금 모금이 중단되면서 최대 수입원이 사라지게 됐다면 대체재원 발굴에 뛰어들어야 했으나 결과는 신통치 못했다. 2004년부터 복권기금이 대체재원으로 문예기금에 신규 전입됐는데, 복권이라는 사업의 특성상 소외계층 대상의 정책에만 사용해야 한다는 단서조항에 따라 문화예술 향유 부문에 집중되었다. 이는 필연적으로 한국문화예술위원회의 지원목표의 변화에 영향을 미칠 수밖에 없었다.[40] 결국 복권기금의 전용이 불가능해짐에 따라 기초예술 분야 지원을 위해선 적립금을 사용해야 하는 단계에 이르게 됐다.

문예기금 모금 제도 폐지와 함께 한국문화예술진흥원에서 한국문화예술위원회로 예술지원 체제의 전환 이후 지속적인 적립금 인출로 기금의 고갈 속도는 가속화되었다. 2003년 5,000억 원이 넘던 적립금은 10년 만인 2013년엔 2,400억 원으로 반토막 나면서 정상적인 사업 추진이 사실상 불가능한 상황이 벌어지게 되었다.[41]

셋째, 기금 운용의 방향이 적립 위주로 진행되면서 신규재원 확보 제약을 초래한 측면이 크다. 2005년 합의제 기구인 한국문화예술위원

---

38 이민아, 앞의 논문(2018), p.41.

39 당시 헌법재판소는 "문화예술 발전의 책임은 국가에게 있는 것이지 국민 개개인에게 있는 것은 아니다. 문예진흥기금은 관람객에게 예술 발전의 책임을 전가시켜 헌법상 명시된 국민의 재산권을 침해할 소지가 있다"고 판단하였다.

40 정광렬, 『예술분야 사후지원방식 평가·관리방안 연구』(한국문화관광연구원, 2008), p.6.

41 채경진·박양우, 앞의 논문(2015), p.8.

회 출범 이후 민간 부문의 문화예술진흥사업은 기금으로 지원한다는 방침이 정해졌고, 이에 따라 예전에 국고(일반회계)를 통해 수행되었던 예술창작기반조성지원 및 전통예술활성화지원 등의 사업이 기금 사업으로 변경되었다. 그러나 이러한 사업 이관과 함께 재원 역시 일반회계 방식이 유지되었어야 하지만 결과는 정반대였다. 기금의 적립금이 많다는 이유 때문에 사업만 이관되고 재원은 기금으로 충당하도록 했는데, 이것이 기금 운용의 재정적 제약으로 작용하는 결과로 이어졌다.[42]

사업성 기금으로 분류되는 문예기금을 통해 조성된 재원은 목적사업 수행에 일차적으로 집행하는 것이 타당하지만, 문예기금은 설립 초기부터 30여 년간 사업비 집행보다는 적립에 더욱 치중해왔다. 이렇게 된 근본적인 이유는 적립금 확충을 통해 발생한 이자가 원금을 훼손하지 않고 연간 사업비의 상당 부분을 충당할 수 있는 결정적인 이점에 기인한다. 그러나 이 같은 기대는 IMF 사태 이후 여지없이 무너져 버렸다. 이자율 급락으로 적립금이 갖고 있는 최대의 장점이 크게 손상된 것은 물론, 그동안 적립된 막대한 기금 적립금이 국고 및 민간기부금 등 외부 신규 재원의 유입을 막는 일종의 심리적 장벽이라는 역기능을 초래한 것이다. 즉, 5,000억 원 규모의 막대한 기금 보유 사실 자체가 일반 국민의 소액 기부 의지를 꺾었고, 정부 출연금이나 다른 기금으로부터의 전입을 어렵게 했다고 볼 수 있다.[43]

넷째, 재정 고갈이 예상됐음에도 불구하고 방만하게 기금을 운용했다는 논란이다. 문예기금 재정 위기가 현실화하고 있는 상황에서 정부와 한국문화예술위원회는 기금의 존치와 효율적 운용을 위한 합리적 대안 마련에 치중하는 것이 상식적 판단이었다. 그러나 오히려 지출은

42 권해수·한인섭·박석희, 앞의 논문(2010), pp.1199~1120.
43 위의 논문(2010), p.1120.

급격히 늘어남으로써 기금 모금 폐지에 따른 대체재원을 확보할 것이라는 기대감을 무색하게 했음은 <표 9-11>이 설명하고 있다. 2013년까지 157억 원~175억 원 수준이던 장르별 예술창작지원 사업 규모는 1년 사이에 496억 원으로 거의 3배 가까이 늘었다. 2015년에는 338억 원 규모로 다시 줄긴 했지만 2014년 이전과 비교하면 지출의 급증은 두드러진다고 할 수 있다.

셋째, 고갈 가속화는 문화체육관광부 산하기관 및 단체에 대한 단순 재교부 사업의 지속적 증가에 기인한 측면도 있다. 2018년 기준으로 문예기금 사업의 19.8%가 지정교부 사업으로, 그 중 73.5%인 331억 1,900만 원(6개 보조사업)이 문체부 산하 기타 공공기관에 대한 단순 재교부 사업인 것으로 나타났다. 이는 단순 재원 경비 사업들의 정비 필요성을 시사한다고 볼 수 있다. 즉 문체부가 한국예술위를 경유하여 예술경영지원 센터 등 유사 공공기관에 그대로 이전하는 재원의 경우

표 9-11 문화예술진흥기금 장르별 예술창작지원사업 편성 (단위: 100만 원)

지원예술분야/연도	2012년	2013년	2014년	2015년
문학	2,133	2,536	3,225	1,677
시각	3,362	3,399	7,120	6,979
다원	1,033	1,299	1,395	1,211
무용	2,729	2,231	4,041	3,472
연극	4,247	3,015	10,892	8,670
음악	1,852	1,535	5,780	2,669
전통	1,782	1,392	5,055	1,142
예술일반	385	300	12,092	8,000
합계	17,527	15,710	49,604	33,822

출처: 한국문화예술위원회 내부자료를 참조하여 재구성.

문체부 직접 이전으로 변경해야 예술지원 체계의 최일선에 위치한 예술위의 고유 업무를 강화하고 재정 운용의 투명성을 높이게 될 것이기 때문이다.[44]

하지만 위원회 체제 전환 시기에 한국문화예술교육진흥원(2005년)과 예술경영지원센터(2006년) 등 문체부 산하의 다른 예술지원 관련 공공기관들이 설립되었다는 사실을 감안하면, 한국예술위가 예술지원정책의 컨트롤타워 역할을 할 수 있는 입지가 위원회로 바뀔 때부터 위협받고 있었음을 인식하게 만드는 측면도 있다.

또한 국고와 기금 간 사업구분이 명확하지 않고 수탁사업의 기준과 협의 역시 충분하지 않다는 것도 문제점으로 지적할 수 있다. 이는 국고사업을 문예기금 사업으로 편성했다가 다음 해 다시 국고이관 후 예술위에 위탁하는 것을 의미하는데, 예술위의 설립목적과 소관 사업 성격에 맞지 않는데도 구체적인 기준과 충분한 사전 논의 없이 일방적으로 수탁되는 사례가 적지 않다. 예컨대, 공연예술연습공간조성 및 운영 지원 사업의 경우 2014년 문예기금으로 100억 원이 신규 편성됐으나 다음해에는 일반회계로 이관돼 예술위 수탁으로 추진되고 있다. 이러한 내용은 한국예술위가 문예기금이라는 독립된 회계를 운영하는 민간자율기구 설립 취지와도 배치된다고 할 수 있다.

2. 예술 진흥과 재정 안정성

문화예술 진흥을 위한 최대 공공 재원인 문예기금의 안정성은 예술발전과 직접적 연계성을 띤다. 문예기금이 바닥을 드러낼 정도의 좋지 않은 상황이 현실화할 경우, 그 여파는 문화예술계에 직격탄으로

---

44 아르코혁신TF, 앞의 보고서(2018).

작용할 수 있다. 문예기금을 통한 지원이 예술 창작의 절대적인 버팀목 구실을 하고 있는 문화예술인들의 불안과 반발은 예술계 전체로 확산될 가능성이 높다. 이는 예술의 질적 저하로 이어질 개연성을 충분히 노정하고 있다.

특히 수많은 문화예술 콘텐츠의 토대가 되고 있는 기초예술에 대한 기본적 생태계 조성과 인력 양성, 활동 장려, 문화예술 향유 진행 등 일련의 과정에 문예기금 지원이 편만하게 자리매김하고 있다[45]는 점을 고려하면, 문예기금의 고갈이 기초예술에 가져올 마이너스적 영향은 지대할 수밖에 없다.

문화예술이 국가의 경쟁력을 좌우하는 중요 지표로 기능하고 있는 문화산업의 시대에, 이러한 문화산업의 가치는 문학, 음악, 공연예술 및 시각예술 등 핵심적인 기초예술에서 영화, TV, 광고 등 다른 대중예술 분야의 콘텐츠로 빠르게 확산되고 있다. 이는 기초예술이 국가의 정책 자산의 중심이라고 할 수 있는데, 문예기금 고갈에 따른 기초예술 퇴보는 이와 연관된 문화콘텐츠는 물론 콘텐츠 의존도가 높은 관광산업에까지 부정적으로 작용해 결과적으로 국가 경쟁력 강화를 저해하는 요소로 작동될 개연성을 높이고 있다.

문예기금의 고갈은 정책적 측면에서도 정부에 큰 부담이 될 수 있다. 정부가 중점적으로 펼치고 있는 문화예술향유 지원 정책은 창작을 위한 지원이 순탄하게 이루어질 때에만 성과 도출이 현실화돼 정책 목표 달성이 가능하다는 측면에서 기금 고갈에 따른 창작 지원 위축은 예술계를 넘어 문화예술을 통한 사회적 가치 확산에도 적지 않은 영향을 미치게 된다. 예컨대 예술 창작지원 사업을 비롯하여 국제 협력 사업, 인력 육성 사업 등은 단기적으론 가시적 효과 기대가 난망하다.

---

45 김진, 『문화예술진흥기금 지원 실태조사 연구』(한국문화예술위원회, 2017), p.21.

즉, 중장기적 관점에서 안정적이고 지속적인 지원이 절대적으로 필요한데, 문예기금 안정성이 무너진다면 장기 계획 수립을 통한 사업 추진이 더욱 힘들어질 수밖에 없는 구조다.

CHAPTER

10
문화예술지원기관의 역할 정립

Ⅰ **문화예술지원기관의 자율성 확보**

1. 독립성 보장

조직의 수장인 원장의 권한이 절대적인 한국문화예술진흥원 체제에서 민간 위원들의 합의로 운영 방식 등이 결정되는 한국예술위로의 전환이 갖는 문화적 무게감은 가볍지 않다. 예술지원기관의 정치적 자율성과 독립성 보장 등을 통해 정책의 직접적인 당사자였던 현장 문화예술인들이 스스로 지원 정책을 입안하고 집행할 수 있는 토대를 마련한 것에 작지 않은 의미를 부여할 수 있었다.[1] 예술지원 정책의 전문성 획득에도 유리한 조건이 형성됐음은 물론이다.

1) 전문성

전문성이란 예술의 가치를 사회적으로 확장해내기 위한 다양한 전략을 가능하게 하는 지혜와 힘을 뜻한다.[2] 현장 예술 전문가들의 참여

---

1 한승준, 앞의 보고서(2017).

로 이뤄진 위원회 체제가 가동되면 이 같은 전문성이 발휘돼 수준 높은 예술지원정책이 만들어질 수 있을 것이란 기대를 한몸에 모으기도 했다. 그러나 한국예술위는 운영의 자율성 및 독립성을 확장시키기 보다는 오히려 정체성 혼란을 겪으면서 그 역할이 도마에 올라 있는 것은 아이러니다.

이것은 법적으로 부여된 한국예술위의 역할과 지위가 정치적 이유로 훼손된 것과 연관성이 크다고 할 수 있다. 즉, <문화예술진흥법> 제16 – 20조, 제29 – 30조와 '문화예술진흥기금사업 지원심의 운영규정'(한국예술위 규정) 제8조 등에 따르면, 문체부 산하에 설립된 한국예술위의 독립성 보장이 적확하게 명시되어 있지만, 실제로는 이러한 규정이 유명무실하다.

표 10 – 1 문화예술진흥법의 한국문화예술위원회 위원 직무상 독립 규정

문화예술진흥법	규정
문화예술진흥법 제29조	① 위원회의 위원은 임기 중 직무상 외부의 어떠한 지시나 간섭을 받지 아니한다. ② 위원회의 위원은 문화예술의 다양성과 균형적 발전을 위하여 성실하게 직무를 수행하여야 한다. ③ 위원회의 위원은 다음 각 호의 어느 하나에 해당하는 경우 외에는 그의 의사에 반하여 면직되지 아니한다. 1. 제27조(위원의결격사유 – 국가공무원법 및 지방공무원법에 따른 공무원, 정당법에 따른 당원, 국가공무원법 제33조 각 호의 어느 하나에 해당하는 자, 공공기관의 운영에 관한 법률 제34조제1항제2호에 해당하는 사람)에 따른 결격사유에 해당하는 경우 2. 심신상의 장애로 직무를 수행할 수 없게 된 경우

출처: 법제처, 국가법령정보센터 홈페이지를 참조하여 재구성.

---

2 위의 보고서(2017).

관련 규정들의 핵심은 두 가지이다. 첫 번째는 한국예술위가 정부 출연금 등으로 조성된 문화예술진흥기금을 독립된 회계로 별도 운용 및 관리토록 되어 있다. 두 번째는 위원장을 포함한 한국예술위 소속 비상임 위원의 경우 임기 중 직무상 외부의 어떠한 지시나 간섭을 받지 않고 문화예술의 다양성과 균형적 발전을 위하여 성실하게 직무를 수행하며, 문화예술진흥기금의 운용 및 관리 등과 관련된 사항을 공정하고 투명하게 심의·의결토록 하고 있다. 하지만 이 같은 규정은 선언적 수준에 머물고 있음은 지금까지의 논의에서 확인할 수 있다.

기실 한국예술위의 독립성 논의는 <국가공무원법> 규정으로 확대될 수 있다. <국가공무원법> 제57조에 따르면, 공무원은 직무를 수행할 때 소속 상관의 직무상 명령에 복종하여야 한다는 규정만 있고 위법·부당한 지시에 대한 거부 규정은 없지만, 대법원 판례[3]는 소속 상관의 명백한 위법 내지 불법한 명령은 직무상 지시명령이라고 할 수 없으므로 하급자는 이에 따라야 할 의무는 없다. 또한 '문화체육부 공무원 행동 강령' 제5조에 따르면, 공무원은 상급자가 자기 또는 타인의 부당한 이익을 위하여 공정한 직무수행을 현저하게 해치는 지시를 하였을 경우 그 상급자에게 소명하고 지시에 따르지 아니할 수 있다고 규정하고 있다.

한국예술위에 부여된 이러한 조항은 독립 기구로서의 역할을 주문하면서, 동시에 정부나 정치권 등 외부로부터의 업무 압력에서 자유로움을 강조하고 있다고 볼 수 있다. 그러나 전술한 블랙리스트 사태에서 단적으로 드러났듯이, 실상은 정부와 정치권 등 외부 압력 및 간섭으로부터 매우 취약한 구조로 방치되었다.

---

3 대법원, 1988.2.23. 선고 87도2358 판결, 대법원 1999.4.23. 선고 99도636 판결 등을 참조하면 된다.

이와 관련하여 문화체육관광부 기관운영감사를 실시하였던 감사원은 감사결과 보고서에서 다음과 같이 지적하였는데, 한국예술위의 독립성 훼손을 구체적으로 제시하고 있다.

"한국예술위가 문체부의 지원배제 지시에 따라 특정 심의위원 후보자를 선정 배제하거나 공모사업 등에 신청한 특정 문화예술인·단체를 문화예술진흥기금 지원에서 배제함으로써 특정 문화예술인·단체 등이 문화적 표현과 문화예술활동의 지원이나 참여에 있어 차별받았고 국민의 문화권 및 문화다양성이 침해될 우려가 있는 한편, 한국예술위의 직무상 독립성이 훼손되고 심사의 공정성과 투명성이 저해되었다."[4]

2) 제도적·사회적 환경

한국예술위를 둘러싼 제도적·사회적 환경은 자율적이고 독립적인 기관 운영을 더욱 어려운 방향으로 몰아간 측면이 있다.

우선 구조적 한계를 들 수 있다. 한국예술위는 한국문화예술진흥원의 전신이기 때문에 정부 입장에선 진흥원 시절처럼 한국예술위가 정책의 집행기능을 맡아줄 것을 여전히 기대하고 있다. 동시에 한국예술위가 기금 관리 유형으로 분류되면서 공공기관의 규제를 받는 상황에서 자율성과 독립성의 확보는 난망한 과제일 수밖에 없을 것이다.

또한 제도적 환경 측면에서의 문제도 여전하다. 대표적인 것이 문화체육관광부에 예속된 위원장 및 비상임 민간 위원들의 인사권이다. 정부에 의한 이러한 위원장 임명 제도는 독립성을 침해하며, 불투명한 위원 추천 과정도 기관의 자율성을 저해하는 요소로 꼽힌다. 문예기금의 고갈로 인한 기금 예산편성권의 위기, 문체부의 하청 기관화 등은 한국예술위를 끊임없이 괴롭히고 있는 고질병과 같다고 할 수 있다.

---

4 감사원, 『문화체육관광부 기관운영감사 보고서』(감사원, 2017), p.123.

사회적 환경 관점에서 한국예술위가 처한 여건 역시 예사롭지 않다. 한국예술위의 블랙리스트 실행이 확인되면서 예술현장에서의 예술행정에 대한 불신은 최고조에 달한 상태이다. 한국예술위와 유사한 기능을 수행하는 다른 문화예술 기관과의 업무 중복 문제 등 여러 가지의 제도적 변화 역시 해결해야 할 현안 중 하나다.

2. 관련 법령의 정비

예술지원 체계의 핵심 기관으로서 한국예술위의 위기는 동시에 기회가 될 수 있다는 점에서 대폭적인 수술을 통한 새로운 역할 정립이 필요할 것이다. 이러한 점에서 몇 가지 역할 정립 방안을 논의할 수 있다.

1) 운영 협정서

첫째, 예술지원기관의 자율성 및 독립성을 상징하는 '팔길이 원칙'의 실질적 이행을 위한 문체부와 한국예술위 간의 운영 협정서 도입 필요성이다.[5] 이는 일찍이 '팔길이 원칙' 준수를 위한 운영 협정서 제도를 운영하면서 3년마다 내용적인 부분을 보완하고 있는 영국 문화부와 영국예술위의 사례를 벤치마킹하는 식으로 접근하면 될 것이다.

위원장 임명 등 정부 주도의 거버넌스 문제와 공공기관이란 결국 정부 산하기관에 불과하다는 일종의 고정관념, 이로 인해 정부의 정책방향에 조응해야 한다는 이유 등 여러 현실적 고려 요인 때문에 그동

---

5 문화체육관광부는 2018년 5월 발표한 새 예술정책 '예술, 사람, 삶이 있는 문화'에서 "2019년 중에 한국예술위와 협약을 체결하여 기능과 역할을 명문화하고, 정책방향과 성과를 공유하여 긴밀히 협력하겠다"고 밝힌 바 있다. 문체부는 이를 위해 협약 체결 방식 및 주요 내용 등을 연구하여 예술위의 독립성을 보장하면서도 공적 책임을 확보할 수 있는 방안을 마련하기로 했다.

안 문체부와 한국예술위의 관계는 수평적 협력 관계라기보다는 수직적 관료제 구조에 가까웠다. 이러한 점에서 예술지원기관에 대해 엄격한 독립성 원칙을 견지하고 있는 영국 정부와 영국예술위의 운영 협정서는 한국의 정부와 예술위에겐 주요한 해법이 될 수 있다.

합의제에 기반한 위원회 모델을 운영한 경험이 일천하고, 이런 이유로 인해 '팔길이 원칙'에 대한 인식 공감도 충분치 않은 한국적 현실에서 '자율성 보장'과 적절한 '감독체계 구성'이 영국예술위원회 등 선진국에 비해 더 신경을 써야 하는 것은 분명하다. 그러나 한국예술위가 예산의 계획 및 운영 과정에서 감사원, 국회, 문화체육관광부, 기획재정부 등 지나치게 많은 주체로부터 중복 감사를 받고 있는 현실은 정당화되기 어렵다.[6] 이러한 측면에서 '팔길이 원칙'의 효율성과 효과성 제고를 위해선 감사 횟수를 대폭 줄이고, 대신 책임 있는 주체로부터 일관적이고 깊이 있는 감사를 받는 것에 대한 논의가 필요한 시점이다.

둘째, 독립적 예술지원 기관으로서 위상 확립을 위해 한국예술위를 '공공기관의 운영에 관한 법률'(공운법)상 공공기관에서 완전히 제외하는 방안이다. 운영의 자율성 및 독립성이 핵심인 위원회 체제를 유지하면서, 실제로는 공공기관 지정에 따른 의무를 이행하는 것은 모순이다. 이 역시 독립적인 기관으로 운영되고 있는 영국 예술위원회 사례를 참고하면 될 것이다.

한국예술위는 2007년 공운법에 근거해 기금관리형 준정부기관으로 분류된 이후 현장중심의 합의제 기구의 역할보다는 임원임면, 경영평가, 조직운영 및 정원, 공공기관 기능조정 등에 있어 정부의 지휘감독을 받는 구조적 한계가 드러난 바 있다. 이 가운데 경영평가는 한국예

---

6 임학순·정종은, 앞의 논문(2013), p.147.

술위 운영을 옥죄는 측면이 크다고 할 수 있다. 7장에서 논의했듯이 경영평가는 기관 운영의 효율성을 측정하는 것이다. 구체적으로는 주요 사업의 공익성 및 효율성, 직원의 고용형태 등 조직 및 인력 운용의 안정성, 중장기 재무관리계획의 이행 등 재무운용의 건전성 및 예산절감 노력 등 측정 등을 포괄하는 개념이지만, 기관의 자율성 및 독립성을 주요한 가치로 내세운 한국예술위의 설치 목적과는 상치된다.

공운법 제3조의 경우 자율적 운영을 보장한다는 선언이 있지만 이는 무의미한 것이었다. 선언을 제도적으로 뒷받침할 구체적인 장치들이 부재하기 때문이다. 예술위가 공운법 적용을 받게 되면서 설립 취지와 달리 예술 현장과의 괴리에서 벗어나지 못한 것은 어쩌면 당연하다고 볼 수 있다. 경영 효율성 제고 측면에서 여러 제도들을 준수해야 했고, 가시적이고 단기적인 성과지향형 사업 운영이 필수적으로 따르게 되었다. 이러한 구조적인 이유 때문에 단년도 평가나 작품 수 및 관객 수 등 계량화된 실적을 우선시하게 된 반면, 현장과의 소통이나 실험적 예술 지원 등은 등한시 할 수밖에 없는 한계가 계속되었다.[7]

독립 법인으로서의 위상에 걸맞지 않게 공운법상 기금관리형 준정부기관 적용을 받게 되면서 나타나는 부작용이 끊이지 않자 문체부는 뒤늦게 한국예술위의 기타 공공기관 변경 지정을 추진했고, 기획재정부가 이를 받아들여 2019년 1월 기타 공공기관으로 변경 지정했다. 기타 공공기관으로의 변경 지정 조치는 기획재정부에 대한 위계적 책임성을 경감[8]시키는 것이라고 할 수 있다. 그러나 이 역시 기관의 위

---

7 한국예술위의 공운법 제외와 관련하여 '아르코혁신TF'는 2018년 6월 한국예술위에 낸 보고서에서 "단기적으로는 공운법 적용을 제외하는 방안을 통해 예술위의 독립성을 보장해야 하고, 장기적으로는 국가예술위원회에 준하는 기관의 위상과 자율성을 보장하기 위한 문화기본법상의 기구로서 재편해야 한다"고 제안했다.
8 배관표·성연주, 앞의 논문(2019), p.129.

상과 자율성 보장엔 크게 미치지 못하는 조치여서 정부 당국을 중심으로 공운법의 완전 제외 조치 논의가 필요한 시점이다.[9]

공운법 제4조에 따르면, '기획재정부 장관은 다음 각 호의 어느 하나에 해당하는 기관을 공공기관으로 지정할 수 없다'고 명시하고 있는데, 그 각호 중 하나는 3호 방송법에 따른 한국방송공사(KBS)와 한국교육방송공사(EBS)다. KBS와 EBS 모두 표현의 자유와 관계된 곳으로, 예술이 기본적으로 사람의 표현과 관계된 것이라면 한국예술위도 방송사처럼 공운법상 공공기관 지정대상에서 제외되어야[10] 할 것이라는 논리가 설득력을 지닌다.

셋째, 한국예술위 설립 근거가 되고 있는 문화예술진흥법과 이 법령의 시행령에 한국예술위의 자율성을 명시하는 방안도 고려할 수 있다. 한국예술위의 독립성 및 자율성 보장을 위해 문화예술진흥법 시행령에 독립성 및 자율성 보장 조항을 새롭게 추가하는 것으로, 예컨대 "문화체육관광부 장관은 문화예술진흥을 직접적 목적으로 정책 사업을 수행하는 한국문화예술위원회의 독립성 및 자율성을 최대한 보장해야 하고, 이에 필요한 사항은 대통령령으로 정한다"라는 식으로 규정하는 것이다. 이 같은 시도는 관련 법령에 한국예술위의 독립성 및 자율성 보장을 못박음으로써 독립된 위원회 형태로서의 한국예술위 역할과 기능을 명문화하는 것인 동시에, 예술지원 사업 등을 추진함에 있어서 정치권 등 외압으로부터의 완전한 차단을 법적으로 확보할 수 있다는 의미를 지닌다.

모법(母法)에 한국예술위의 자율성 및 독립성 규정이 이뤄질 경우

---

9 공운법 제외는 문화예술진흥법 개정과 공운법 개정이 필수적이다. 문화예술진흥법의 경우 문체부, 공운법은 기재부가 각각 관할 부처여서 문체부의 강력한 의지와 실질적인 노력이 뒤따라야만 가능하다.

10 라도삼, 앞의 논문(2018), p.6.

시행령에 포함되어야 할 관련 범위로는 문화예술진흥기금 사업의 예산편성을 비롯하여 문화예술진흥기금 사업의 심의계획 및 운영, 문화예술진흥기금 사업의 지원금 배분 및 지급 등과 이 외에 문화체육관광부 장관이 정하는 사항을 들 수 있을 것이다.[11]

2) 지원체계 혁신

예술지원의 투명성과 객관성 확보를 위한 예술지원 체계 혁신은 한국예술위의 자율성 및 독립성 논의와 중첩되어 있다. 즉, 정부의 간섭과 외부의 압력으로부터 자유로운 예술지원체계가 구축되어야 한국예술위의 운영이 정상화될 것이라는 논의다. 이것은 두 가지 측면에서 논의할 수 있다.

첫째, 예술인 친화형 지원프로세스를 도입하는 방안이다. 정부 지원을 받기 위해 예술인들이 지원 신청을 하고 정산할 때 불편함이 최소화될 수 있도록 지원 – 평가 – 정산으로 이어지는 지원 시스템을 대폭 혁신하는 것이다. 정부 온라인 시스템 'e – 나라도움' 입력 시스템 개선이 시급하다.[12]

둘째, 지원 심사 과정을 투명하게 공개하는 것이다. 지원 심사의 투명성 확보를 위해 예심, 본심 등 심사과정의 결과를 공개하는 것인데, 공개의 내용과 범위는 별도 논의를 통해 마련해야 한다.

온라인 적용의 확산 등 새로운 문화예술 환경에 걸맞는 조직혁신

---

11 아르코혁신TF, 앞의 보고서(2018), p.43.
12 임인자는 e – 나라도움과 관련하여 "통제와 감사의 정점"이라고 진단하고 "기금과 보조금 사용에 대한 예술인의 책임과 의무를 다해야 하지만 현재는 주객이 전도된 통제의 정점으로 작동하고 있다"고 지적했다. 임인자, "통제와 감시 체제로서의 예술행정에서 문화예술의 공공성 회복, 그리고 자율적인 문화행정을 위한 예술가 주도의 문화예술행정으로," 『새정부 예술정책 수립을 위한 예술지원체계 혁신 방향 토론회』, 문화체육관광부(2017), pp.100~101.

도 검토해야 한다. 본부 조직을 비롯하여 팀별 조직과 위원회가 보유한 인프라 공간의 운영 혁신을 통해 독립된 기구로서의 역할에 대비하는 시도가 요구되고 있다.

II 문화예술지원 네트워크 거버넌스 구축

1. 굿 거버넌스와 배드 거버넌스

거버넌스로서 한국의 문화예술정책 지원 체계는 배드 거버넌스(bad governance)에 가깝다고 할 수 있다. 예술지원 과정에서 대규모 사업 예산이 중앙정부·한국문화예술위원회–광역문화재단의 획일적 지원체계로 집행되면서 네트워크 거버넌스가 작동될 여건이 구축되어 있지 않다. 다시 말해, 협치와 네트워크 거버넌스의 관점에서 예술정책의 지원 체계는 다양한 이해 관계자로부터 참여, 소통, 조정, 합의를 통해 문화예술 분야의 공통된 사회적 가치를 발견하는 것을 지향점으로 삼아야 하는데, 현재의 한국적 상황에서는 이것이 보이지 않는다. 이는 배드 거버넌스가 아닌 굿 거버넌스(good governance)로의 예술지원 체계 전환을 강력하게 요구한다고 볼 수 있다.

굿 거버넌스를 예술지원 체계에 적용할 경우, 특히 지역문화재단 등 예술지원 체계의 중간지원기관의 수동적인 역할에 대한 성찰을 필요로 한다.

중간자로서 지역문화재단은 정부 및 지방자치단체 문화예술 행정의 경직성을 완화시키고 문화예술 분야의 전문성을 발휘하여 민간과 예술현장의 요구를 예술지원체계에 효과적으로 반영시키는 역할을 맡고 있다. 하지만 문화체육관광부나 한국문화예술위원회 등 상위 기관의 위계적 지원 체계에 수동적으로 편입되면서 공공 및 민간 분야의 거버넌스형 지원 체계를 적극적으로 요구하거나 구현하지 못한 책임성에 자유롭지 못한 상황이다.[13]

1) 새로운 패러다임

문화예술정책의 새로운 패러다임을 마련하기 위해선 문화예술 거버넌스 방식에 대한 개선이 필요하다. 이를 위해선 몇 가지 고민이 뒤따라야 한다.

첫째, 굿 거버넌스로서의 예술지원 체계 구축이다. 정부의 위계적이고 통치적 질서와 달리 정부와 시민사회 행위자 간 네트워크와 파트너십, 대화·협상·조정의 방식에 의해 예술지원 체계가 안고 있는 어러 문제점을 해결하는 것이다. 이는 문화예술 거버넌스에서 정책을 수립하고 예산을 집행하는 문화 분야 관료와 이를 간접적으로 수행하는 광역 및 지역 문화재단, 그리고 문화예술 관련 단체들과 예술기획과 정책 민간 전문가 및 개별 예술가 모두 예술의 장안에서 위계적인 관계에서 벗어나 가족적인 유사성을 갖고 있어야 한다는 의미로 볼 수 있다. 문화예술 거버넌스의 장 안에 참여하는 주체들이 서로 이해관계를 조절하고 공존과 상생의 마인드를 가지고 있어야 한다.[14]

둘째, 수평적 네트워크에 기반한 참여적 문화예술 거버넌스 구조를 만드는 것이다. 즉, 위계적 전달 체계에서 수평적 정책 네트워크로의 전환으로, 예술지원 체계 프로세스에 있는 공공 및 민간 부문의 운영 주체들이 수평적 관계에서 공유와 참여권한을 부여받을 수 있는 정책 네트워크로 재구성한다. 중앙정부나 지방자치단체로부터 예술지원 기

---

13 이규석, 앞의 자료집(2017), pp.49~50.
14 이동연, 앞의 토론문(2017), p.16.

관의 자율성과 독립성을 보장해주기 위한 제도를 마련하는 것도 여기에 해당한다.

2) 자치

또한 문화예술 거버넌스 구조의 무게 중심을 협치에서 자치로 이동하는 것이다. 이 방안은 예술지원 체계상 중앙과 지역의 정책목표 설정 및 역할 분담을 통해 지역 단위에서 수행되어야 할 기능을 적극적으로 이관하거나 이양할 계획을 수립하고, 광역 단위에서 추진되어야 할 정책 사업과 생활권역을 기반으로 운영되어야 할 정책사업에 대해 광역문화재단과 기초문화재단의 위상과 역할을 재정립해야 하는 내용이다.[15]

이밖에 문화예술 거버넌스 매개의 중심에 예술가가 있어야 한다는 인식 전환의 일반화도 고려할 필요성이 있다. 예술가가 거버넌스의 중심에 있다는 것은 예술가가 문화예술정책의 법과 제도, 예술을 향유하는 국민의 위에 군림한다는 뜻이 아니다. 예술지원 정책 수립에 앞서 예술가들과 충분하게 대화하고 그들이 현장에서 원하는 것이 무엇인지를 경청하고, 예술가를 매개로 정부의 예술정책과 국민의 예술향유가 잘 만날 수 있도록 장을 마련해주는가가 핵심 과제이다.[16]

2. 권한의 융통성

한국의 예술지원체계는 형식적으로는 위계적이고 수직적인 측면이 강하며, 이는 정부 조직상 불가피한 측면도 존재한다고 볼 수 있다.

---

15 이규석, 앞의 자료집(2017), p.52.
16 이동연, 앞의 토론문(2017), p.15.

그럼에도 불구하고 문화예술 거버넌스의 유지 및 작동의 필수 조건은 권한의 분산과 위임으로 정리할 수 있다. 이것은 문화예술정책 전반의 양적 확대와 맞물려 예술행정 전달 체계의 비대화 및 복잡화가 가속화되면서 예술행정 전달 체계가 매우 복잡하고 혼란스러운 상태임을 감안한다면 설득력을 배가시킬 수 있다.

즉, 예술지원체계에서 최상위 체계에 예산 배분 및 정책·사업 가이드라인 결정 권한이 독점되면서 중간 및 하위 전달 체계로 갈수록 사업·예산 의존성이 심화되고 있으며, 기관 및 제도의 자율성, 독립성 왜곡이 가중되고 있는 현실에 대한 일종의 타개책이다.

예술지원 체계와 사업의 전달체계는 문화예술 거버넌스의 관점에서 일관성 있게 작동될 수 있도록 재구성하는 것이 관건으로, 이러한 실행계획을 위해 국가 예술정책의 지원 및 전달체계를 재구성할 수 있는 테스크 포스(TF)팀 가동을 고려해볼 수 있다.[17]

Ⅲ 문화예술 재정 건전성 확보

1. 재원 조달 방안

문화예술진흥기금이 안고 있는 최대 과제는 안정적 재원 유입 구조를 구축하는 것이다. 이렇게 하려면 2005년 위원회 체제 이후부터 수입보다 지출이 많은 구조적 문제 개선에 최우선 순위를 두어야 한다. 특히 문화체육관광부 산하 기관 및 단체에 대한 예술위의 단순 재교부 사업이 지속적으로 늘면서 기금고갈 가속화가 두드러지고 있는

---

17 위의 토론문(2017), pp.15~17.

현상부터 해결해야 한다. 순수예술 진흥을 위한 유일한 재원인 문예기금의 위기는 곧 기초예술의 위기이기도 하다. 문예기금의 안정적 재원 유입 구조 확보 방안은 이러한 위기 의식의 밑바탕에서 출발해야 성과를 거둘 수 있다고 본다.

1) 기금 전입과 국고 전환

문예기금 재원 조달 방안의 하나로 유력하게 검토할 수 있는 것은 다른 기금 전입 또는 국고 전환 등이다. 이는 국고 지원을 통한 문예기금의 일반회계 출연과 다른 기금 전입금 확충을 의미한다.

한국예술위 출범 이후 국고 지원이 이뤄졌던 민간 부문의 문화예술진흥사업은 기금사업으로 변경됐다. 당시 사업 이관과 함께 국고 지원이 유지됐어야 했지만 재원은 기금으로 충당됨으로써 문예기금 운용에 재정적 제약 요소가 되는 결과로 이어졌다.[18] 특히 복권기금 전입금 사용이 소외계층 문화향수 지원에 국한되는 바람에 문예기금 재정 운용에 숨통을 조이고 있다. 이러한 현상은 국고보조, 즉 일반회계를 통한 문예기금 지원 필요성을 강력히 요구한다고 볼 수 있다.

다른 기금으로부터 전입금을 지원받는 방안도 검토될 수 있다. 복권기금 전입 확대, 체육진흥투표권 수익금 배분, 방송발전기금 전입금 확보, 관광진흥개발기금 전입금 확보, 마사회 수익금 배분 등은 실현 가능성과 규모성, 안정성 등의 측면에서 문예기금 재정 해결 방안으로 적극적인 검토가 필요하다.[19] 이 가운데 복권기금 전입 확대와 관광진흥개발기금 전입금 확보 등의 방안은 현실적 대안으로 고려될 여지가

---

18 권해수·한인섭·박석희, "정부기금의 수익사업 타당성 분석과 재원대책 – 문화예술진흥기금을 중심으로," 한국행정학회 학술발표 논문집(한국행정학회, 2010), p.1212.
19 권해수·한인섭·박석희, 앞의 논문(2010), p.1224.

충분하다.

문화예술지원의 '교과서'로 통하는 영국의 경우 전체 복권수익금의 4분의 1이 넘는 금액(2012년 기준)을 문화예술분야에 지원했으며, 2008년 금융위기 이후 전체적인 국고보조금은 감소하고 있으나 복권기금을 늘림으로써 문화예술 예산의 감소폭을 줄이고 있다.[20] 이러한 관점에서 한국도 복권기금의 출연 비중을 높이는 것은 기금고갈 위기를 돌파할 수 있는 적시성 재원 대책의 하나가 될 수 있다.

반면 복권기금 비중이 커질 경우의 문제점도 제기할 수 있다. 지원사업 설계 제한이 생길 가능성이 그것이다. 영국 예술위원회는 복권기금 관리는 영국 문화부가 담당하고 있기 때문에 국고 보조금과 복권기금 모두 영국 예술위원회와 문화부 간의 관계에서 조정되고 있지만, 한국문화예술위원회의 복권기금 운영은 기획재정부와 복권위원회가 담당하고 있는 상황이다. 이러한 구조에서는 소외계층이나 지역주민 등과 같은 특정한 전략대상을 목표로 추진되는 복권기금사업 특성상 사업의 성격이 문화예술진흥 사업보다는 복지사업의 특성에 가까워 복권기금예산의 자율성은 제한될 수밖에 없다.[21] 따라서 복권기금 운용의 범주를 보다 넓힐 정책적 방안을 강구할 필요성이 존재한다.

관광진흥개발기금 전입 방안은 관광 분야가 문화예술을 기반으로 성장하는 산업이라는 점을 감안할 때 타당성과 명분이 충분한데, 이 경우 카지노사업자부담금과 출국납부금 등 관광기금 재원 일부를 문예기금에 출연하는 방식을 검토할 필요가 있다.[22]

---

20 채경진·박양우, 앞의 논문(2015), p.19.
21 신복용, "예술지원기관의 자율성에 관한 비교연구," 서울대학교 행정대학원 석사학위논문(2012), p.87.
22 미국 아이오와 주는 카지노 입장에 1인당 1달러의 세금을, 카지노 매출액에 대해서도 100만 달러 미만은 5%, 초과 200만 달러는 10%, 나머지 초과 매출액은 20%의 세금을 각각 매

2) 목적기금의 실종

그러나 이 같은 방식은 근본적인 한계를 지니고 있다. 문화예술관련 사업들에 대한 지원은 지속성을 유지할 수 있다는 장점이 부각될수 있지만, 반면에 문화예술분야 진흥을 위한 목적기금이 사라지는 후유증을 감내해야 한다는 사실이다. 문제는 이럴 경우 목적기금의 실종이라는 후유증으로만 끝나는 것이 아니라, 문화예술분야 지원은 매년정부가 수립하는 예술정책의 방향 계획을 비롯하여 정책적, 사회적 환경 변화에 의해 유동적으로 변화될 수 있다는 점이다. 이것은 문화예술분야에 대한 공적 지원의 불안전성의 결과로 이어질 수 있다는 점을경고한다고 볼 수 있다.[23]

2. 대안과 정책 의지

1) 문화세

간접세 형태의 문화세를 도입하는 방안도 검토 대상으로 분류할수 있다. 이는 문예기금 재원 확보를 목적으로 하는 목적세 형태의 문화세를 신설하는 것인데, 개별소비세 등 간접세로 징수되는 조세재원중 일부를 문예기금으로 전입하는 방법이다. 현재 시행되고 있는 교육세, 교통·에너지·환경세, 농어촌특별세처럼 간접세 형태의 문화예술분야 공공재원 마련을 위한 목적세(가칭 문화세) 도입은 하나의 방안이될 수 있다.[24]

기고 있다. 입장세와 카지노 세금으로 조성된 재원 중에서 매년 52만 달러가 주 문화부예산으로 귀속되고, 그 중 절반은 주정부 차원의 각종 문화예술활동 지원에, 나머지 절반은 지역사회 문화예술활동 지원비로 사용되고 있다. 양규혁, 『간접세 관련 법제도 개선을 중심으로한 기금신규재원조성 방안 연구』(한국문화예술위원회, 2011), p.53.
23 김세훈, 앞의 보고서(2015), p.38.

현행 교육세를 문화예술·교육세로 확대 개편하는 방안도 고려할 수 있다. 이러한 문화세는 문화예술진흥이라는 정책적 정당성이 있는 목적에 해당되는 것은 물론 일반 과세제도 체계 내에서 재정 조달을 하면서도 부담금처럼 정책 목적으로 사용할 공공 재원을 지속적으로 조성할 수 있다는 장점을 지닌다. 하지만 현행 세법상의 복잡한 과세 체계를 더욱 복잡하게 만든다는 비판과 함께 특별목적세는 법률상 한시적 징수가 일반적이므로 부담금의 법정 부과 기간을 입법해야 하고, 특별 목적세를 정리하고 있는 현행 추세에 부합하지 않는다는 지적에서 자유롭지 않다.

문예기금 고갈 위기를 벗어날 수 있는 또 다른 대안으로는 영화 상영 대기업의 수익 구조에서 그 돌파구를 찾을 수 있다. 문예기금은 헌법재판소의 위헌 판결로 모금제도 폐지와 함께 적립금 소진도 급격히 진행되면서 문예기금 고갈 위기가 초래된 측면이 크다. 이는 영화관과 극장 수익 모금이 계속됐다면 문예기금 역시 재정적 위기 상황을 겪지 않았을 것이라는 논의로 이어진다. 하지만 현행 규정으로는 문예기금의 영화관과 극장 등 수익 징수는 불가능하기 때문에 현실적인 대안이 요구된다. 그것은 CJ, 롯데, 메가박스 등 국내 3대 대기업 멀티플렉스[25]에 세금을 부과한 뒤 여기에 거둬들이는 세금을 문예기금으로 활용하는 방안이다. 이 방안은 영화 전체 수입의 50%를 영화를 상영하

---

24 최병곤·서희열, "문화예술계 지원을 위한 재원 확보 방안,"『재무와 회계 정보저널』제13권 제4호(한국회계정보학회, 2013), p.38.

25 2018년 말 기준으로 국내 극장의 수는 총 483개로, 스크린수는 2,937개이다. 이 중 94%가 복합상영관, 즉 멀티플렉스다. 매출액 기준으로 따지면 국내 극장 전체의 97% 규모다. 멀티플렉스에서는 매년 2억 명 이상이 영화를 보는데, 국민 1인당 연간 영화관람 횟수가 4회를 넘는 나라는 인구 35만명의 아이슬란드를 제외하면 한국이 유일하다. 정부가 2018년 조사한 '문화행사 관람 횟수'에서도 영화는 연간 4회로, 연극 및 미술전시, 무용(각 0.3회), 문학행사(0.2회), 서양음악(0.1회) 등 다른 문화예술 장르를 압도한다.

는 극장 측이 가져가고 있는 구조를 주목한다면 설득력이 있다고 본다. 이를 위해 문화예술진흥법 등 관련 법령에 이들 3대 멀티플렉스 수익의 일정 비율을 세금으로 부과할 수 있는 근거 조항을 신설하는 방안을 신중히 검토할 필요성이 있다.

2) 사업의 정비

다른 한편으로는 단기적으로 현재 문예기금 전체 예산의 2분의 1에 달하는 복권기금 사업과 4분의 1에 육박하는 단순 재원 경유 사업들을 정비하여 문화예술진흥법상의 '문화 예술의 창작과 보급'이라는 사업 비중의 균형성 확보가 선결 과제라는 시각도 있다.[26]

이처럼 문예기금 재원 확보를 위한 다양한 방안이 제시되고 있지만 핵심은 문예기금에 대한 정부의 정책적 의지가 뒷받침돼야 한다는 점이다. 문예기금의 고갈이 기초예술의 붕괴로 이어지고, 이것은 다시 기초예술을 기반으로 콘텐츠를 발전시켜야 하는 숙명 같은 과제를 안고 있는 문화산업 전반에도 악영향을 줄 수 있다는 측면에서 정부의 강력한 정책적 해결 의지야말로 확실한 해법이 될 것이다.

---

26 아르코혁신TF, 앞의 보고서(2018).

PART

05

결론

제11장 문화예술 지원체계 재설정

CHAPTER

11
문화예술 지원체계 재설정

I 중앙행정기관위원회 유형

　한국적 상황에서 문화예술지원의 핵심 기관은 한국문화예술위원회
이다. 한국문화예술위원회가 안고 있는 구조적 문제, 즉 자율성 및 독
립성의 한계는 합의제 기구인 위원회 체제의 한계를 의미한다고 볼 수
있다. 정부로부터의 지시를 원장 1명이 그대로 부서를 통해 집행하는
독임제 기구에서 벗어나 문화예술 분야 전문가들로 구성된 위원들 간
의 자유로운 논의와 토의 등을 거쳐 관련 사안을 합의해 처리함으로써
조직의 자율성 및 독립성 보장이 가능해질 것이라는 기대가 있었으나
현실은 그렇지 않다. 상위 부서인 문화체육관광부의 지시와 간섭, 통
제가 여전한 상황이 반복되면서 위원회 체제 취지 자체에 의구심이 생
기고 있음을 살펴보았다.
　이러한 이유 때문에 현행 위원회 체제를 대폭 개편하여, 기관의 자
율성 및 독립성을 제고할 수 있는 새로운 형태의 위원회 구성을 염두
에 둘 수 있다.

1) 독립규제행정기관

그 하나의 방안으로 검토될 수 있는 것은 중앙행정기관위원회 유형이다. 중앙행정기관은 국가의 행정사무를 담당하는 조직으로 전국적 관할권을 보유한 행정기관을 의미하는데, 18개부 5처 17청 4실 6위원회 설치 및 직무 범위는 정부 조직법 또는 개별법 등 법률에 규정하고 있다.

중앙행정기관위원회는 중립적인 위치에서 시장을 규율한다는 의미에서 독립규제행정기관으로도 불리는데 국가재정법상으로는 중앙 관서에 해당하며 조직은 정부 부처와 흡사하다. 실제로 조직 역사적으로 보면 주로 부처에서 분지하여 나온 경우가 대부분이며 단지 최고위층에 장관 대신 위원장이 있다는 점과 비상임위원들의 존재 정도가 다를 뿐이다. 중앙행정기관위원회의 위원들은 법규의 위반 여부 판단의 기준을 정한다는 점에서 준입법권을 갖고 있고 준사법권을 부여받아 단속도 하며 유죄 여부를 판정하기도 한다.[1]

표 11-1 중앙행정기관위원회 근거 법령

위원회	근거 법령
국민권익위원회	부패방지 및 국민권익위원회 설치와 운영에 관한 법률
방송통신위원회	방송통신위원회의 설치 및 운영에 관한 법률
공정거래위원회	독점규제 및 공정거래에 관한 법률
금융위원회	금융위원회의 설치 등에 관한 법률
국가인권위원회	국가인권위원회법
원자력안전위원회	원자력안전위원회의 설치 및 운영에 관한 법률

출처: 각 위원회 홈페이지를 참조하여 재구성.

---

1 조석준·임도빈, 『한국행정조직론』(법문사, 2019), pp.200~201.

중앙행정기관위원회는 국가인권위원회, 방송통신위원회, 공정거래위원회, 금융위원회, 국민권익위원회, 원자력안전위원회 등 6개 위원회로 분류할 수 있으며, 이는 다시 독립위원회와 대통령 소속 위원회, 국무총리 소속 위원회로 나눌 수 있다.

독립위원회는 정부조직에 포함되어 있는 위원회이지만 입법부, 사법부, 행정부 등 3부 어디에도 속하지 않은 유형으로 국가인권위원회가 여기에 해당한다. 국가인권위원회법 제3조 제2항에 따르면 국가인권위원회는 누구의 간섭이나 지휘를 받지 않고 국가인권위원회법에 정해진 업무를 독자적으로 수행하는 독립기구로 되어 있다.

하지만 조직의 구성을 보면 독립기구로서의 위상을 견지하고 있다고 보기 힘든 측면이 존재한다. 11명의 인권위원 인선부터 정치적 독립을 보장하기 어려운 구조라고 할 수 있다. 상임위원 2명을 포함한 4명은 국회가 선출하고, 상임위원 1명을 포함한 4명은 대통령이 지명하며 나머지 3명은 대법원장이 지명하면 대통령이 임명하도록 되어 있다. 결국 대통령 지명 및 임명이 7명이나 되고 국회 선출 몫으로 4명 등 인권위원 전원이 정치권에 의해 선출되는 구조인 것이다.

대통령 소속 위원회로 중앙행정기관인 방송통신위원회는 방송의 독립성을 보장하기 위하여 일부 사항에 대해선 국무총리의 행정감독권이 미치지 않고 있다. 방송통신위원회는 과거 체신부가 1994년에 정보통신부로 개칭되었다가 이명박 정부 때 우정사업업무는 지식경제부로 이관되고 나머지 업무만 방송통신위원회로 이관되었다. 박근혜 정부 들어서는 방통위 기능 일부가 미래창조과학부로 이관되면서 현재는 방송통신업무만 관장하고 있다. 방통위는 한국문화예술위원회처럼 독임제 기관에서 합의제 기관으로 변경된 사례여서 한국예술위의 자율성 및 독립성 제고를 위해 참고해야 할 사항들이 적지 않다고 본다. 그러나 위원회 체제가 되면서 다양한 의견을 수렴할 수 있다는 장점이 있지만 실제로는 방송통신위원 5명 중 3명은 여당, 2명은 야당 추천 위원으로 구성돼 사안마다 이른바 진영 논리에 의한 논쟁이 치열해져 오히려 정파적으로 흐르는 경향을 보이고 있다. 특히 법적으로는 중립성을 보장받지만 실제로는 많은 경우 청와대와 협의할 수밖에 없는 것이 현실이다.[2]

2) (가칭)국가문화예술위원회

중앙행정기관위원회 위원장에 중립적인 인사가 임명된 사례가 없고 대부분 정치인이거나 권력자에 줄을 댄 정치화된 관료 출신들이라는 사실은 시사하는 바가 적지 않다. 위원장이 대통령과 지나치게 가깝거나 위원회 결정에 위원장이 결정적 영향력을 행사할 때 합의제 위원회의 의미는 사라지고 정부 내 권력관계에서는 다른 장관이나 마찬가지가 되는 것이다.[3]

그러나 이러한 문제점에도 불구하고 국가인권위원회와 방송통신위원회 등의 중앙행정기관위원회 유형이 자율성 및 독립성이 제대로 보장되지 않아 그 역할에 대한 의문이 끊임없이 제기되고 있는 한국문화예술위원회의 대안으로 분명히 검토될 수 있다. 명목적으로는 기관의 자율성 및 독립성이 부여되어 있는 합의제 형태를 갖추고 있지만, 지금과 같은 문화체육관광부라는 상위 기관의 통제로부터 자유롭지 못해 자율성과 독립성이 보장되는 문화예술 합의제 중앙행정기관으로서의 운영 체제 재설정 요구에 직면해 있는 상황이기에 그 필요성이 증폭된다고 볼 수 있다.

---

2 박남기, "국가교육위원회 설치 필요성 논의에 비추어본 동 위원회 입법 동향," 『교육법학연구』 제29권 1호(대한교육법학회, 2017), pp.75~76.
3 조석준·임도빈, 앞의 책(2019), p.221.

그러나 중앙행정기관위원회 또한 독립위원회 형태(국가인권위원회)나 대통령 소속 위원회(금융위원회, 국민권익위원회 등) 등이 위원회 위원 선임과 관련하여 정치권의 영향력에서 자유롭지 않음을 확인한 것처럼 완전한 자율성 및 독립성 보장을 담보하기 힘들다는 점을 감안할 때, 한국문화예술위원회의 운영 체제 재설계 시 이에 대한 고려가 있어야 한다.

한국문화예술위원회가 중앙행정기관위원회 유형의 국가문화예술위원회 형태가 되려면 (가칭)국가문화예술위원회 설립이 필요한데, 이 경

표 11-2 중앙행정기관위원회 유형 비교

구분	독립 및 대통령 소속 중앙행정기관위원회	총리 소속 중앙행정기관위원회
주요 기능	• 문화예술지원 통합적 기획 기능 • 문화예술지원 유관기관 컨트롤타워 • 유관기관 간 기획 및 조정관리, 심의, 사업평가	내용 동일
필요 조건	• 문화예술 지원체계 관리자 역할 부여 등이 포함된 국가문화예술위원회법 제정	내용 동일
장점	• 합의제 중앙행정기관으로 문화예술지원 정책 집행력 강화 • 문화예술지원 총괄 기구로 업무 효율성 제고	• 합의제 중앙행정기관으로 문화예술지원정책 집행력 강화 • 독립 및 대통령 소속 위원회에 비해 실행 가능성 높음
단점	• 중앙행정기관으로 문화예술인 자율성 및 참여성 미흡 우려 • 중앙행정기관위원회 유형에 대한 문화예술인 부정적 인식 • 실행 가능성 상대적 미약	• 중앙행정기관으로 문화예술인 자율성 및 참여성 미흡 우려 • 중앙행정기관위원회 유형에 대한 문화예술인 부정적 인식 가능성

출처: 한국문화예술위원회, 『한국문화예술위원회 운영체계 재설정 연구』(한국문화예술위원회, 2019), p.78을 참조하여 재구성.

우 문화예술지원 총괄 기구로 업무 효율성 제고를 위해선 독립위원회 형태이거나 대통령 소속 중앙행정기관위원회보다는 국무총리 소속 위원회 출범이 효율적이라는 견해가 있다.[4]

하지만 한국문화예술위원회가 어떠한 형태의 중앙행정기관위원회로 변경될지에 대한 논의를 위해선 문화예술인들이 통상적으로 중앙행정기관에 대해 느끼는 부정적 인식이 적지 않음을 감안할 때, 운영체제 재설정에 앞서 예술계와의 소통이 전제되어야 함은 필수적이다.

Ⅱ 행정기관위원회 유형

1. 합의제 행정기관

예술지원 체계에서 핵심적 역할이 부여되어 있음에도 불구하고 자율성 및 독립성 논란에서 자유롭지 못한 한국문화예술위원회의 역할 정립과 관련하여 상정할 수 있는 국가예술위원회의 또 다른 유형으로 행정기관위원회를 들 수 있다.

기본적으로 행정기관위원회는 위원회, 심의회, 협의회 등 명칭을 불문하고 행정기관의 소관 사무에 관하여 자문에 응하거나 조정, 협의, 심의 또는 의결 등을 하기 위한 복수의 구성원으로 이루어진 합의제 기관으로 정의된다.

행정기관위원회를 설치하는 이유는 기존의 행정기관이 민주화된 사회 환경에 맞지 않기 때문인데, 이는 행정기관의 단독적 행정 행위

---

4 한국문화예술위원회, 『한국문화예술위원회 운영체계 재설정 연구』(한국문화예술위원회, 2019), p.78.

를 점점 받아들이지 않음에 따라 집행에 문제가 발생하는 논리로 설명할 수 있다.

행정기관위원회는 정부조직법,[5] 행정기관위원회법, 행정기관위원회법 시행령 등에 근거하여 운용되고 있으며, 행정위원회와 자문위원회로 구분된다.

행정위원회의 핵심은 합의제 행정기관으로, 행정기관의 의사를 결정하고 대외적으로 표명하는 권한과 이러한 행정권한을 위원회 명의로 직접 행사한다는 것이다.

즉, 행정기관 소관 사무의 일부를 독립하여 수행하거나, 준입법적·준사법적 기능을 수행하는 위원회가 여기에 해당되며, 행정기관 소관 사무의 일부를 독립하여 수행할 필요가 있을 경우 법률이 정하는 바에 따라 설치되는 합의제 행정기관도 범주에 들어있다. 국가의사를 대외적으로 표시할 권한이 있고 통상 사무국 등 하부조직을 설치할 수도 있다.

2. 민주적 거버넌스

행정위원회는 관료독점적 정책결정 과정에서 벗어나 집단적으로 권한을 공유하는 민주적 거버넌스라고 할 수 있는데, 장점은 크게 세 가지로 논의할 수 있다.

첫째, 폐쇄적인 성향의 관료들이 단독으로 결정할 경우 관료들이

---

5 정부조직법 제5조 "행정기관에는 그 소관사무의 일부를 독립하여 수행할 필요가 있는 때에는 법률로 정하는 바에 따라 행정위원회 등 합의제 행정기관을 들 수 있다"는 규정은 행정위원회에 관한 것이다. 같은 법 제4조 "행정기관에는 그 소관사무의 범위에서 필요한 때에는 대통령령으로 정하는 바에 따라 시험연구기관·교육훈련기관·문화기관·의료기관·제조기관 및 자문기관 등을 둘 수 있다"는 규정은 자문위원회에 관한 것이다.

이해하는 한정된 범위의 시각만 반영될 위험이 있는 반면 위원회 구성 시 다양한 시각의 사람들을 통해 여러 이해 관계를 정책에 균형감 있게 반영할 수 있다. 둘째, 고도의 전문성이 필요한 사안에 대하여 관련 전문가의 의견을 청취하며, 셋째, 분쟁의 소지가 있는 사항에 관한 사실을 분석적으로 조사하고 경우에 따라선 중립적 입장에서 심판한다.[6] 대통령 소속의 개인정보보호위원회, 규제개혁위원회, 국무총리 소속의 사행산업통합감독위원회, 문화체육관광부 소속의 10·27법난피해자명예회복심의위원회 등이 이러한 장점을 보유한 행정위원회에 해당된다.

행정기관의 권위주의적이고 일방적 의사 결정이라는 고질적인 문제를 완화시킬 수 있는 장치가 될 수도 있는 행정위원회는 다시 심의·조정위원회, 의결위원회 등으로 세분화 할 수 있다. 심의·조정위원회는 특정 문제의 조정에 관련된 부처나 이익 집단의 참석이 요구되므로 대체로 규모가 작은 편으로, 참여자들이 다른 분야에 대한 지식과 이해를 증진시킬 수 있다는 것이 특징으로 꼽힌다. 의결위원회는 심의위원회보다 의결 강제성이 더 큰데, 일종의 입법 혹은 사법 기능을 갖고 그 의사 결정이 기속력을 갖는다는 점에서 자문위원회와 구별된다.[7]

자문위원회는 행정기관의 자문에 응하여 행정기관에 전문적인 의견을 제공하거나, 자문을 구하는 사항에 관하여 심의, 조정, 협의하는 등 행정기관의 의사 결정에 도움을 주는 행정기관을 지칭하는데, 대부분 비상설위원회로 구성되며 원칙적으로 사무기구를 둘 수 없다. 특히 업무 내용이 전문적 지식이나 경험이 있는 자의 의견을 들어 결정할 필요가 있거나 업무의 성격상 신중한 절차를 거쳐 처리할 필요가 있을

---

6 조석준·임도빈, 앞의 책(2019), pp.511~512.
7 조석준·임도빈, 앞의 책(2019), pp.514~515.

때 설치하고 있다. 행정기관의 의사 결정을 지원하지만 대외적으로 표명하는 권한은 없으며, 행정 권한을 행정기관 명의로 행사하는 것이 전술한 행정위원회 권한과 두드러진 차이점이다. 최저임금위원회, 중앙징계위원회 등 그 결정이 행정기관을 법적으로 기속하는 자문위원회와 공공기관운영위원회, 책임운영기관운영위원회처럼 그 결정이 행정기관을 법적으로 기속하지 않는 위원회로 나뉘진다.[8]

표 11-3 행정기관위원회 유형 비교

구분	행정위원회	자문위원회
현황 (2018년 기준)	37개	521개
개념	정부조직법에 근거하여 행정기관 소관사무 일부를 독립할 필요가 있을 경우 법률에 따라 설치되는 합의제 행정기관	행정위원회를 제외한 위원회
권한	• 행정기관 의사 결정, 대외적 입장 표명 권한 • 위원회 명의로 행정 권한 직접 행사	• 행정기관 의사 결정 지원하지만 대외적 표명 권한은 없음 • 행정기관 명의로 행정 권한 행사
주요 설치 요건	• 기존 행정기관의 업무와 중복되지 않고 독자성 보유 • 업무의 계속성, 상시성	• 업무 내용이 전문가 의견 등을 들어 결정할 필요가 있어야 • 업무 성격이 신중한 절차 거쳐 처리할 필요가 있어야
사무기구	설치 가능	설치 불가

출처: 한국문화예술위원회, 『한국문화예술위원회 운영체계 재설정 연구』(한국문화예술위원회, 2019), p.57을 참조하여 재구성.

---

8 한국문화예술위원회, 앞의 보고서(2019), pp.52~53.

    2018년 기준으로 행정기관위원회의 숫자는 행정위원회 37개, 자문위원회 521개로 수적으로는 자문위원회가 압도적으로 많지만, 행정기관의 의사를 결정하고 준입법 및 준사법 기능을 보유함으로써 행정 권한이 우세한 행정위원회가 한국문화예술위원회가 변신을 시도할 경우 참고할 만한 유형의 범주에는 포함될 수 있을 것이다.

강동완, 『대북지원정책 거버넌스』 (한국학술정보, 2008).

구광모, 『문화정책과 예술진흥』 (중앙대학교 출판부, 2001).

구운모·임상오·김재준, 『문화산업의 발전 방안』 (을유문화사, 2000).

김경욱, 『문화재단』 (논형, 2006).

김기봉, 『새 정부 예술정책 토론회 자료집』 (문화체육관광부, 2017).

김민주·윤성식, 『문화정책과 경영』 (박영사, 2016).

김정수, 『개정2판 문화행정론』 (집문당, 2017).

김새미, 『한국의 문화정책과 세계의 문화정책』 (한국학중앙연구원출판부, 2017).

김세훈, 『2014년 문예기금 지원사업 종합진단 및 개선방안 연구』 (문화체육관광부, 2015).

김세훈, 『문화예술서비스 전달체계 구축방안 연구』 (문화체육관광부, 2013).

김원제 외, 『OECD 주요 국가의 콘텐츠 산업 및 주요 현황 비교』(문화체육관광부, 2010).

김종법 외, 『한국의 문화정책과 세계의 문화정책』 (한국학중앙연구원출판부, 2017).

김진, 『문화예술진흥기금 지원 실태조사 연구』 (한국문화예술위원회, 2017).

김화임, 『독일의 문화정책과 문화경영』 (성균관대학교 출판부, 2016).

문화체육관광부, 『2008 문화정책백서』 (문화체육관광부, 2009).

문화체육관광부, 『품격있는 문화국가 대한민국』 (문화체육관광부, 2012).

문화체육관광부, 『문화가 있는 삶, 행복한 대한민국 ─ 2013년 문화체육관광부 업무 계획』(문화체육관광부, 2013).

문화체육관광부, 『새 정부 예술정책 수립을 위한 예술지원체계 혁신 방향 토론회 토론집』 (문화체육관광부, 2017).

문화체육관광부 새예술정책수립특별전담팀, 『새 예술정책, 예술 사람 삶이 있는 문화』 (문화체육관광부, 2018).

문화체육관광부, 『2018 문화예술정책백서』 (문화체육관광부, 2020).

박광무, 『한국문화정책론』 (김영사, 2013).

박혜자, 『문화정책 문화행정』 (흔들의자, 2018).

박진우·김설아, 『한국의 문화정책과 세계의 문화정책』 (한국학중앙연구원출판부, 2017).

박선웅·최종렬·김은하·최샛별, 『문화사회학』 (살림, 2017).

서울문화재단, 『서울문화재단 예술지원체계 개선연구』 (서울문화재단, 2019).

서울시정개발연구원, 『선진국의 문화예술지원 프로그램 사례 보고시』 (서울시정 개발연구원, 2003).

성낙인, 『헌법학』 제19판 (법문사, 2019).

손정혁, 『예술지원사업 개선을 위한 장르 분류체계 재설정 연구』 (한국문화예술위원회, 2018).

송도영·이호영·조현영, 『프랑스의 문화산업체계』 (지식마당, 2003).

아르코 혁신 TF, 『예술행정의 민주주의와 환골탈태를 바라는 아르코혁신 TF 보고서』 (한국문화예술위원회,2018).

양건열, 『주요 국가 문화예술지원 주요 프로그램에 관한 연구』 (문화관광정책연구원, 2003).

양규혁, 『간접세 관련 법제도 개선을 중심으로 한 기금신규재원조성 방안 연구』 (한국문화예술위원회, 2011),

양승일, 『정책변동론』 (양서원, 2006).

양종회 외, 『미국의 문화산업체계』 (지식마당, 2003).

양현미, 『문화의 사회적 가치 – 행복연구의 정책적 함의를 중심으로』 (한국문화관광연구원, 2008).

양혜원 외, 『예술의 가치와 영향 연구: 국내외 담론과 주요 연구결과 분석』

(한국문화관광연구원, 2019).

윤명희, 『문화사회학』 (살림, 2017).

이남국, 『영국의 중앙정부조직』 (한국행정연구원, 2001).

이동연 외, 『문화권 NAP 수립을 위한 기초현황 실태조사와 정책연계방안』
(국가인권위원회, 2004).

이명석, 『거버넌스 신드롬』 (성균관대학교 출판부, 2017).

이상열·정종은, 『미래 문화정책의 방향과 과제』 (한국문화관광연구원, 2017).

이상철, 『가치창조 조직론』 (대영문화사, 2019).

이영욱, 『문화헌장 제정의의』 (한국문화관광정책연구원, 2005).

이토오 야스오 저·이흥재 역, 『예술경영과 문화정책』 (역사넷, 2003).

임학순, 『외국의 문화행정 업무 영역과 행정조직에 관한 조사연구』 (한국문화
정책개발원, 1997).

임학순 외, 『한국 문화예술위원회 역할 정립에 관한 조사연구』 (한국문화예술
위원회, 2012).

정용덕 외, 『신제도주의 연구』 (대영문화사, 1999).

정정길 외, 『정책학 원론』 (대명출판사, 2011).

조석준·임도빈, 『한국행정조직론』 (법문사, 2019).

전병태, 『예술지원의 원칙과 기준에 관한 연구』 (한국문화관광정책연구원,
2005).

전병태, 『영국 문화부와 예술위원회 간의 운영 협약 사례 연구』 (한국문화관
광연구원, 2018).

정광렬, 『예술분야 사후지원방식 평가·관리방안 연구』 (한국문화관광연구원,
2008).

정광렬, 『맞춤형 문화복지 정책 및 서비스 전달체계 구축방안 연구』 (한국문화
관광연구원, 2015).

정광렬, 『문화국가를 위한 헌법 연구』 (한국문화관광연구원, 2017).

중앙선거관리위원회, 『제16대 대통령선거 정책자료집』 (중앙선거관리위원회,
2005).

최보연, 『주요국 문화예술정책 최근 동향과 행정체계 분석 연구』(한국문화관 광연구원, 2016).

한국문화관광연구원, 『예술정책 미래비전과 전략 연구』(한국문화관광연구원, 2017).

한국문화예술위원회, 『사후평가를 통한 문화예술지원 확대 방안 연구』(한국 문화 예술위원회, 2019).

한국문화예술위원회, 『한국문화예술위원회 운영체계 재설정 연구』(한국문화 예술위원회, 2019).

한국문화예술위원회, 『지역문화예술지원 거버넌스 체계 연구』(한국문화예술 위원회, 2020).

한국문화예술위원회, 『문화예술지원방식 다변화 방안 연구』(한국문화예술위 원회, 2020).

한완상, 『현대청년문화의 제문제』(현암사, 1974).

한승준, 『문화예술정책 현황진단 연구』(한국문화예술위원회, 2017).

금성희, "문화예술정책 제도변화에 관한 연구," 단국대학교 대학원 박사학위 논문(2018).

김가현, "민간전통공연예술단체의 지원정책 개선방안 연구 – 문화민주주의 관 점에서 독일 문화정책과 비교를 중심으로," 『한국지방행정학보』 제15권 2호 (한국지방행정학회, 2018).

김경욱, "문화민주주의와 문화정책에 대한 새로운 시각," 『문화경제연구』 제6권 2호(한국문화경제학회, 2003).

김권식·이광훈, "다부처 연구개발 사업 추진체계의 조직론적 탐색: O'Toole & Montjoy의 조직 간 집행 이론의 관점에서," 『사회과학연구』 제52권 제2호 (강원대학교 사회과학연구원, 2013).

김덕호, "한국건강보험보장성정책의 거버넌스에 관한 연구 – 역사적제도주의 관점에서," 서울시립대학교 대학원 박사학위논문(2018).

김수정, "문화사회학적 시각으로 바라본 한국 문화정책사, 1910~2016," 이화 여자대학교 대학원 박사학위 논문(2018).

김순양, "정책과정분석에서의 정책네트워크 Policy Network 모형 — 이론적, 실천적 적실성의 검토 및 제언," 『한국정책학회보』 제19권 4호(한국정책학회보, 2010).

김은미, "한국 주택정책 변화 분석 — 역사적 제도주의 분석," 고려대학교 대학원 박사학위논문(2012).

김선명, "신제도주의 이론과 행정에의 적응성: 역사적 제도주의를 중심으로," 『한독사회과학논총』 제17권 1호(한독사회과학회, 2007).

김선미 · 최준식, "프랑스 문화정책 준거의 발전과 문화의 민주화," 『인문학 연구』 제21권(경희대학교 인문학연구원, 2012).

김세훈 · 서순복, "문화예술 공공지원정책의 공정성 인식에 관한 탐색적 연구," 『한국사회와 행정연구』 제23권 제1호(서울행정학회, 2012).

김여수, "문화정책의 이념과 방향," 『문화예술논총』 제1집(문화체육부, 1988).

김윤수, "한국건강보험제도 변화에 관한 연구 — 역사적 제도주의 분석을 이용하여," 성균관대학교 대학원 박사학위논문(2006).

김의석, "예술인 중심의 문화예술 지원정책에 관한 연구," 단국대학교 경영대학원 석사학위논문(2017).

김종성, "신제도주의의 행정학적 함의 — 역사적 신제도주의를 중심으로," 『사회 과학 연구』 제13권(충남대학교 사회과학연구소, 2002).

김정인, "문화예술지원 거버넌스 분석: 기업 메세나 활동을 중심으로," 『문화정책』 제2권(한국문화정책학회, 2014).

김진, "문화예술진흥기금 존치평가 연구," 『문화경제연구』 제17권 1호(한국문화경제학회, 2010).

김진각, "문화예술지원기관의 역할 정립 방안 연구: 합의제 기구 전환 15년, 한국 문화예술위원회를 중심으로," 『한국동북아논총』 제24권 2호(한국동북아학회, 2019).

김진각 · 김형수, "문화예술분야 공공지원금의 재정 안정성 및 정책적 개선방안에 관한 탐색적 연구: 문화예술진흥기금을 중심으로," 『한국동북아논총』 제25권 1호(한국동북아학회, 2020).

김형수, "한국 다문화 정책공동체의 연계방안에 관한 연구,"『한국동북아논총』제13권 1호(한국동북아학회, 2008).

김형수, "한국 정부의 문화정책에 대한 비교 고찰: 정책 목표와 기능을 중심으로,"『서석사회과학논총』제3권 1호(조선대학교 사회과학연구원, 2010).

김흥수, "문화 거버넌스 모형 평가에 관한 연구," 세종대학교 대학원 박사학위 논문, 2004).

김희석, "박근혜 정부의 순수예술분야 지원정책-'문화융성'의 예산 반영도 고찰,"『문화예술경영학 연구』제9권 1호(한국문화예술경영학회, 2016).

김태운, "문화정책 의제로서 문화민주주의 실천에 관한 고찰,"『인문사회 21』제2권 2호(아시아문화학술원, 2011).

권해수·한인섭·박석희, "정부기금의 수익사업 타당성 분석과 재원대책-문화예 술진흥기금을 중심으로,"『한국행정학회 하술발표 논문집』(한국행정학회, 2010).

남경호, "역대정부의 문화예술지원정책 연구-전통 예술분야를 중심으로," 고려대학교 대학원 박사학위논문(2018).

류정아, "문화예술지원정책의 진단과 방향 정립: '팔길이 원칙'의 개념을 중심으로," (한국문화관광연구원, 2015).

류지성·김형수, "동북아문화공동체 구성에 관한 이론적 논의,"『서석사회과학논총』제1집 2호(조선대학교 사회과학연구원, 2008).

박남기, "국가교육위원회 설치 필요성 논의에 비추어본 동 위원회 입법 동향,"『교육법학연구』제29권 1호(대한교육법학회, 2017).

박민정, "민간보조금 운영실태와 지대추구 현상의 고찰: 문화예술 보조금을 중심으로,"『한국행정논집』제27권 4호(한국행정학회, 2015).

박소현, "박근혜 정부 문화융성정책의 실체와 문제점,"『문화과학』제89호(문화과학사(2017).

박세인, "한국과학기술 국제협력의 제도적 진화 분석,"고려대학교 대학원 박사학위논문(2010).

변동건, "국가관료제에 관한 엘리트론적 접근과 시각들,"『사회과학연구』제6권

1호(국민대학교 사회과학연구소, 1994).

배관표, "한국문화예술위원회 조직 운영체계 개선 방안 검토,"『이슈와 논점』 제1555호(국회입법조사처, 2019).

배관표·성연주, "한국문화예술위원회 블랙리스트 실행: 관료의 책임성 관점에 서,"『문화정책논총』 제33권 2호(한국문화관광연구원, 2019).

서성아, "독립규제기관의 독립성이 조직성과에 미치는 영향: 공정거래위원회 를 중심으로,"『한국행정학보』 제45권 2호(한국행정학회, 2011).

서순복, "문화의 민주화와 문화민주주의의 정책적 함의,"『한국지방자치연구』 제8권 3호(대한지방자치학회, 2007).

선우 영, "지방자치단체의 예술지원에 관한 고찰,"『지방정부연구』 제14권 3 호(한국지방정부학회, 2010).

성연주, "한국문화예술위원회의 퇴색된 자율성 - 2005~2013년을 중심으로," 『경제와 사회』 제108권(비판사회학회, 2015).

성연주, "명목적 균형인가 실질적 자율성인가?: 한국문화예술위원회에 대한 조 직사회학 연구," 서울대학교 대학원 석사학위논문(2015).

손경년, "문화적 전환의 시대 - 지원기구의 역할 재구성,"『새정부 예술정책 수 립립을 위한 예술지원체계 혁신 방향 토론회 자료집』(문화체육관광부, 2017).

신복용, "예술지원기관의 자율성에 관한 비교연구," 서울대학교 행정대학원 석 사학위논문(2012).

심원섭, "한국관광정책의 변화과정 연구,"『관광학연구』 제33권 7호(한국관광 학회, 2009).

양혜원, "문화예술지원체계 변동 연구 - 한국문화예술위원회의 설립을 중심으 로," 서울대학교 행정대학원 석사학위논문(2006).

염재호, "국가정책과 신제도주의,"『사회비평』 제11권(나남출판사, 1994).

원도연, "참여정부 문화정책의 의미와 차기 정부의 과제,"『경제와 사회』 제 79호(비판사회학회, 2008).

원도연, "이명박 정부 이후 문화정책의 변화와 문화민주주의에 대한 연구,"『인 문콘텐츠』 제32권(인문콘텐츠학회, 2014).

이동연, "새 정부 예술정책의 혁신에서 거버넌스의 의미와 실천,"『새 정부 예술정책 3차 토론회』(문화체육관광부, 2017).

이민아, "예술지원정책의 자율성에 관한 연구 – 한국문화예술위원회의 예산 분석을 중심으로," 서울대학교 대학원 박사학위논문(2018).

이명석, "거버넌스의 개념화: '사회적 조정'으로서의 거버넌스,"『한국행정학보』제36권 4호(한국행정학회, 2002).

이병량·황설화, "정책 이념과 정책의 변화: 노무현 정부와 이명박 정부에서의 문화 정책,"『한국정책연구』제12권 3호(경인행정학회, 2012).

이병수·김일태, "지방정부와 NGO 간의 로컬 거버넌스 형성 조건에 관한 연구,"『도시행정학보』제14권 2호(한국도시행정학회, 2001).

이종열, "미국의 문화 거버넌스 연구: NEA를 중심으로," 한국행정학회 동계학술대회 발표논문(한국행정학회, 2002).

이종열, "한국 문화예술진흥원 조직의 개편방안: 문화예술위원회로의 전환에 따른 몇 가지 논쟁점,"『문화정책논총』제16집(한국문화관광연구원, 2004).

이종원, "문화예술위원회를 중심으로 한 예술지원정책 변화 고찰," 문화와 관광 심포지엄 자료집(문화미래포럼·경기개발연구원, 2007).

이창길, "공공기관 거버넌스 모형의 탐색적 연구: 조직 간 네트워크 관점에서,"『한국조직학회보』제14권 3호(한국조직학회, 2017).

이혜경, "공공 예술지원과 예술의 공공성: 영국의 경험,"『문화정책논총』제13집(한국문화관광연구원, 2001).

임보영·류영아, "공공기관 개혁에 관한 연구 – 공공기관 직원들의 인식조사를 중심으로,"『지방행정연구』제22권 1호(한국지방행정연구원, 2008).

임인자, "통제와 감시 체제로서의 예술행정에서 문화예술의 공공성 회복, 그리고 자율적인 문화행정을 위한 예술가 주도의 문화예술행정으로,"『새정부 예술정책 수립을 위한 예술지원체계 혁신 방향 토론회』, 문화체육관광부(2017).

임학순·정종은, "예술위원회 역할체계 비교 분석 – 영국, 캐나다, 미국, 호주, 한국의 사례," 한국문화정책학회 학술대회논문집(한국문화정책학회, 2013).

용호성, "미국의 공연예술시장에 대한 정부의 개입방식," 『문화정책논총』 제
　10집(한국문화관광연구원, 1998).

유란희, "네트워크 거버넌스 유형과 효과성에 대한 연구: 남양주시 사회복지전
　달 체계를 중심으로," 『지방정부연구』 제22권 2호(한국지방정부학회, 2018).

정광호 · 권기헌, "비영리조직의 자율성과 자원의존성에 관한 실증연구: 문화예
　술 단체를 중심으로," 『한국정책학회보』 제12권 1호(한국정책학회, 2003).

정인숙, "한국 문화예술 지원 정책의 팔길이 원칙 이념과 실현의 문제," 『언론
　정보연구』 54권 3호(서울대학교 언론정보연구소, 2017).

정종은, "예술위원회의 역할 및 기능에 대한 비교 분석 – 영국, 미국, 캐나다,
　호주의 사례," 『문화정책』 제1권(한국문화정책학회, 2014).

정창호, "정책문제 구조화를 통한 문제정의에 관한 연구: 한국문화예술위원회
　설립 과정을 중심으로," 『한국행정연구』 제22집 3호(한국행정연구원, 2013).

정창호, "정책이전 프레임웍 연구: 한국문화예술위원회 설립 과정 분석," 중앙
　대학교 대학원 박사학위논문(2013).

정창호 · 박치성 · 정지원, "문화예술지원정책 정책변동과정 분석," 『한국정책학
　회보』 제22권 4호(한국정책학회, 2013).

주성돈, "원자력발전정책의 변동과정 연구 – 역사적 제도주의 관점에서," 『한
　국사 회와 행정연구』 제22권 3호(서울행정학회, 2011).

주효진 · 장봉진, "문예진흥기금 확보방안에 관한 연구." 『한국자치행정학보』
　제31권 2호(한국자치행정학회, 2017).

최도인, "예술지원체계 재구성 방향과 예술지원기관 혁신 의제," 『새정부 예
　술정책 수립을 위한 예술지원체계 혁신 방향 토론회 자료집』(문화체육관광
　부, 2017).

최병곤 · 서희열, "문화예술계 지원을 위한 재원 확보 방안," 『재무와 회계 정
　보널』 제13권 4호(한국회계정보학회, 2013).

채경진 · 박양우, "공공기금의 고갈과 재원조성 방안 – 문화예술진흥기금을 중
　심으로," 『예술경영연구』 제33권(한국예술경영학회, 2015).

하연섭, "신제도주의의 최근 경향: 이론적 자기혁신과 수렴," 『한국행정학회

보』 제36권 4호(한국행정학회, 2002).

하연섭, "신제도주의의 이론적 진화와 정책연구," 『행정논총』 제44권 2호(서울대학교 한국행정연구소, 2002).

하태수, "제도의 이전, 토착화, 그리고 신제도주의," 한국행정학회 춘계학술대회 발표 논문집(한국행정학회, 2002).

한승준·박치성·정창호, "문화예술지원 거버넌스 체계에 관한 비교연구: 영국, 프랑스, 한국 사례를 중심으로" 『행정논총』 제50권 2호(한국행정연구소, 2012).

하현상, "문화예술진흥기금 지원사업 평가의 현황과 문제점," 한국문화정책학회 학술대회 논문집(한국문화정책학회, 2015).

홍기원, "문화정책의 유형화를 통한 비교연구," (한국문화관광연구원, 2006).

홍석한, "국가역할의 변화에 따른 규제된 자율규제에 관한 연구-개인정보보호 영역을 중심으로," 성균관대학교 대학원 박사학위 논문(2008).

홍석한, "새로운 국가역할 모델로서 보장국가론의 의미와 가능성," 『공법학연구』 제17집 2호(한국비교공법학회, 2016).

황설화, "김영삼 정부 이후 한국의 문화정책이념에 관한 연구: 문화적 민주주의인가, 문화의 민주화인가?," 『한국정책연구』 제19권 1호(경인행정학회, 2019).

황인주, "부산시 무용공연 지원실태 및 발전방안," 『한국무용기록학회지』 제10권(무용역사기록학회, 2007).

ACE, *National Portfolio Organisations and Major Partner Museum: Key data from the 2013/14 annual submission*, ACE(2015).

Agranoff, R. & McGuire, M., *Collaborative Public Management: New Strategies for Local Governments,* Washington, D.C.: Georgetown University Press(2003).

Aguayo, *An arts Council: what for?, Knowledge Politics and Intercultural Dynamics,* United Nations University(2012).

Alexander, V.D., *Sociology of the arts: exploring fine and popular forms,* Blackwell Publishing Ltd(2003).

Baumol, W. and Bowen, W., *Performing Arts -The Economics Dilemma: A Study of Problems Common to Theater, Opera, Music and Dance,* The Twentieth Century Fund(1966).

Bryson, J.M., Crosby, B.C., & Stone, M.M., *The Design and Implementation of cross-sector Collaboration: Propositions from the Literature,* Public Administration Review(2006).

Carnwath, J.D. & Brown, *A.S., Understanding the value and impacts of cultural experiences : A literature review,* Arts Council England (2014).

Chartrand, H. H., & McCaughey, C, *The arm's length principle and the arts: an international perspective-past, present and future. In M. C. Cummings Jr. & J. M. Schuster (Eds.), Who's to pay? For the Arts: The international search for models of support,* American Council for the Arts(1989).

Clofelter, C, *Who Benefit from the Nonprofit Sector?,* London: The University of Chicago(1992).

Cummings, Milton C. and Richard S. Katz eds, *The Patron State: State Government and the Arts in Europe, North America, and Japan,* Oxford and New York: Oxford University. press(1987).

David Throsby., *Economics and Culture,* Cambridge University Press (2001).

Friedland, Roger and Robert R, Alford, *Bringing Society Back In: Symbols, Practices, and Instituitonal Contradictions,* in Walter W. Powell and Paul J. Dimaggio(eds), *The New Instituitionalism in Organizational Analysis,* Chicago: University of Chicago(1991).

Goldstein, J. & R. Keohane., *Ideas and Foreign Policy,* Ithaca: Cornell

University Press(1993).

Heilbrun, J., *The Economics of Art and Culture 2nd ed,* Cambridge University Press(2001)

Heibrun & Gray, "*Public and/or private support for the arts In the United States, Australia, Canada, and Western Europe,*" The Economics of Art and Culture, Cambridge University Press(2001).

Hill, Michael & Hupe, Peter., *Implementing Public Policy,* London: Sage Publications(2002).

House of Commons, Culture, Media and Sport Committee, *Funding of the arts and heritage: Third Report of Session 2010−2011,* Culture, Media and Sport Committee(2011).

Jessop, B., *The Social Embeddeness of the Economy and Its Implications for Economic Governance,* Montreal: Black Rose Book(1999).

Jon Pierre and Guy Peters, *Goverance, Politics and the State,* London: Palgrave Macmillan(2000).

Joshua Guelkowl, *How the arts impact communities: An introduction to the literature on arts impact studies,* Princeton University(2002)

Klijn, E. H., *Policy and implementation networks: Managing complex interactions,* The Oxford handbook of inter-organizational relations (2008).

Kooiman, Jan., *Modern Governance: New Government−Society Interaction,* London: Sage(1993).

Lee, Ho Chul, *Political Economy of Land Reform: A Historical Institutional Explantion,* Ph D, Dissertaion of Rutgers University (1993).

Lynn, Jr., L.,C.Heinrich & C.Hill., *Improving Governance: A New Logic for Empirical Research,* Washington. D.C,: Georgetown University Press(2001).

Matthias, Knauff., *Der Gewahrlesistungsstatt: Reform der Daseinsvorsorge: eine rechtswissenschaftliche Untersuchung unter besonderer Berucksichtigung des OPNV*, Duncker & Humblot(2004).

McCarthy, K. F., Ondaatje, E. H., Zakaras, L. & Brooks, A., *Gifts of the Muse: Reframing the Debate About the Benefits of the Arts*, RAND Corporation(2004).

Mulcahy, K. and Swaim, R., *Public Policy and the Arts*, Boulder: Westview Press(1982).

Pierre, J., *Debating Governance*. Oxford: Oxford University Press (2000).

Rigaud, J. *Pour une refondation de la Politique culturelle*, Paris: Documention fran caise(1996).

Ripley, R. and Franklin, G., Congress, *the Bureaucracy and Public Policy Homewo od*, Ill: Dorsey Press(1981).

Rhodes, Roderick AW., *Governance and Public Administration,* In Debating Govern ance: Authority, Steering, and Democracy, Edited by Pierre,J. Oxford: Oxf ord: Oxford University Press(2000).

Rhodes, Roderick AW., *Policy network analysis,* The Oxford handbook of public policy(2006).

Stephen Hetherington, *Arm's length funding of the arts as an expression of laissez−faire,* International journal of Cultural Policy (2015).

Streeck, Wolfgang. and Kathleen Thelen., *Introduction: Institutional Change in Advanced Political Economics,* in Wolfgang Streeck and Kathleen Thelen(eds), *Beyond Continuity: Institutional Change in Advanced Political Economics*, New York: Oxford University Press(2005).

Werner Maihofer., *Kulturelle Aufgaben des modernen Staates*, Walter de Gruyter Berlin New York(1983).

The Department for Culture, Media& Sport, *Tailored Review of Arts Council England*, the Department for Culture, Media&Sport(2017).

Thelen, Kathleen & Sven Steinmo., *Historical Institutionalism in Comparative Politics*, in Sven Steinmo, Kathleen Thelen & Frank Longstreth(eds). *Structuring Politics: Historical Institutionalism in Comparative Analysis*, Cambridge: Cambridge University Press(1992).

Thomson, J.D., *Organizations in Action: Social Science Bases of Administrative Theory*. New York: McGraw—hill Book Company (1967).

Brown A. S., *An Architecture of Value*, in Grant makers in the Arts Reader, Vol.17. No.1(2006).

Cheryl Simrell King and O.C. McSwite, *Public Administration at Midlife?*, Public Administration Review, 59, Vol.59. No.3(1999).

Christensen, Tom. & Per Laegreid., *Regulatory Agencies—The Challenges of Balancing Agency Autonomy and Political Control*, Governance, Vol.20. No.3(2007).

Freeman, J. L. and Stevens, J. P., *A Theoretical and Conceptual Re—examination of Sub—system Politics*, Public Policy and Administration, Vol.21(1987).

Frey, B. *State Support and Creativity in the Arts: Some New Consideration*, Journal of Cultural Economics, vol.23(1999).

Fung, A & Wright, E.O., *Deepening Democracy; Innovations in Empowered Participatory Governance*, Politics & Society, Vol.29. No.1(2001).

Hall, Peter A. and Rosemary C. R. Taylor, *Political Science and the Three New Institutionalism*, Political Studies, Vol.44. No.5(1996).

Ikenberry, G. John., *Conclusion: An Institutional Approach to American Foreign Economic Policy*, International Organization, Vol.42. No.1 (1988).

Immergut, Ellen M., *The Rules of Game: the Logic of Health Policy—*

making in France, Switzerland and Sweden, Structuring Politics: Historical Institutionalism in Comparative Analysis, Studies in Comparative Politics, Cambridge, Vol.26. No.1(1992).

Jordan, G., Sub－Governments, Policy Communities and Networks Refilling the Old Bottles?. Journal of theoretical politics, Vol.2. No.3(1990).

Kickert, W., Public Governance in the Netherlands: An Alternative to Anglo－American Managerialism, Public Administration, Vol.75(1997).

Keith, Dowding., Model or Methphor?: A Critical Review of Policy Network, Political Studies, Vol.43(1995).

Krasner, Stephen D., Sovereignty: An Institutional Perspective, Comparative Political Studies, Vol.21. No.1(1988).

Krause, George., The Institutional Dynamics of Policy Administration: Bureaucratic Influence over Securities Regulation, American Journal of Political Science, Vol.40. No.4(1996).

Langstead, Jorn., Double Strategies in a Modern Cultural Policy, The Journal of Arts, Management and Law(1990).

Lecours, Andre, Theorizing Cultural Identities: Historical Institutionlism as a Challenge to the Culturalist, Canadian Journal of Political Science, Vol.33. No.3(2000).

Lowi, Theodore J., Four Systems of Policy, Politics and Choice, Public Administration Review, Vol.32(1972).

Lowndes, Viven, Varieties of New Institutionalism: A Critical Appraisal, Public Administration, Vol.74. No.2(1996).

Mahoney, James & Richard Snyder., Rethinking Agency and Structure in the Study of Regime Change, Studies in Comparative International Development, Vol.34. No.2.(1999).

Mayntz, R., Modernization and the Logic of Interorganizational

Networks. Knowledge & Policy, Vol.6. No.1(1993).

Ostrom, E, *An Agenda for the Study of Instituitions,* Public Choice, Vol.48. No.1(1986),

O'Toole, Laurence J., Jr., and Robert S. Montjoy., *Interorganizational policy implementation: A theoretical perspective.* Public Administration Review, Vol.44. No.6(1984).

Jones, C., Hesterly, W.S. & Borgatti, S.P., *A General Theory of Network Governance: Exchange Conditions and Social Mechanism,* Academy of Management Journal, Vol.22. No.4(1997).

Park, S. H., *Managing an interorganizational network: A framework of the institutional mechanism for network control,* Organization studies, Vol.17. No.5(1996).

Pierson, Paul., *Increasing Returns, Path Dependence, and the Study of Politics,* The American Political Science Review, Vol.94. No.2(2000).

Provan, K.G. & Kenis, P., *Modes of Network Governance: Structure, Management, and Effectiveness,* Journal of Public Administration Research and Theory, Vol.18. No.2(2007).

Quinn, R. B. M., *Distance or intimacy?—The arm's length principle, the British government and the arts council of Great Britain 1,* International journal of cultural policy, Vol.4. No.1(1997).

Rod, M.R.M. & Paliwoda, S.J., *Multi−sector Collaboration: A Stakeholder Perspective on a Government, Industry and University Collaborative Venture,* Science and Public Policy, Vol.30. No.4(2003).

Selwood, S., *The politics of data collection: gathering, analysing and using data about the subsidised cultural sector in England,* Cultural Trends, Vol.47(2002).

Weitz, M., *The Role of Theory in Aesthetics and Art Criticism,* Vol.15. No.1(1956).

Uzzi, B., *The Sources and Consequences of Embeddedness for the Economic Performance of Organizations: The Network Effect,* American Sociological Review, Vol.61. No.4(1996).

기타

저자 약력

김진각

성신여자대학교 문화예술경영학과 교수로 재직중이다. 문화예술학 박사로 문화예술정책과 문화예술홍보 분야를 주로 연구하고 있다. 순수예술과 대중예술의 융합에 관심을 기울이면서, 문화예술 콘텐츠에 대한 기획도 직접 하고 있다. 한국동북아학회 문화예술분과 위원장 겸 학회 이사를 맡고 있으며, EBS 시청자위원을 지냈다.

주요 연구 논문으로는 <문화예술지원기관의 역할 정립 방안 연구: 합의제 기구 전환 15년, 한국문화예술위원회를 중심으로>, <문화예술분야 공공지원금의 재정 안정성 및 정책적 개선 방안에 관한 탐색적 연구: 문화예술진흥기금을 중심으로>, <문화예술 지원체계 개선을 위한 연구> 등이 있다.

문화예술지원론: 체계와 쟁점

초판발행   2021년 5월 7일

지은이   김진각
펴낸이   안종만 · 안상준

편 집   배근하
기획/마케팅   김한유
표지디자인   이미연
제 작   고철민 · 조영환

펴낸곳   (주) **박영사**
              서울특별시 금천구 가산디지털2로 53, 210호(가산동, 한라시그마밸리)
              등록 1959. 3. 11. 제300-1959-1호(倫)
전 화   02)733-6771
f a x   02)736-4818
e-mail   pys@pybook.co.kr
homepage   www.pybook.co.kr
ISBN   979-11-303-1279-8 93680

copyright©김진각, 2021, Printed in Korea

＊이 저서는 2021학년도 성신여자대학교 학술연구비 지원으로 이루어진 것입니다
＊파본은 구입하신 곳에서 교환해 드립니다. 본서의 무단복제행위를 금합니다.
＊저자와 협의하여 인지첩부를 생략합니다.

정 가   20,000원